심리학이 어린 시절을 말하다

내면아이의 상처를 껴안는
화해의 심리학

심리학이 어린 시절을 말하다

우르술라 누버 지음
김하락 옮김

RHK
알에이치코리아

어린 시절 경험에 매달리지 마라
인생은 결국 스스로 만드는 것이다

_우르술라 누버

한국의 독자들에게

_2023년 초, 우르술라 누버

대다수 사람들은 성공적이고 행복한 삶의 여부가 자기 자신에게 달려 있다고 여긴다. 이것은 세계화된 세상에서 지배적인 생각이다.

직장에서 더는 성과를 내지 못할 때, 인간관계가 어그러졌을 때, 가정에 위기가 닥쳤을 때 사람들은 종종 그 원인을 자기 자신에게서 찾는다. 그리고 자신과 다른 사람의 기대에 부응하려고 더욱 애를 쓴다. 그로써 오히려 더 위험한 상황에 빠진다. 모든 것을 바로잡기 위한 노력은 결국 계속된 과부하를 가져온다. 무기력증을 앓게 될 위험이 점점 커진다. 수많은 사람들이 괴로움에 빠져 자살까지 생각하고 있으며, 실제로도 적지 않은 수가 스스로 목숨을 끊는다.

한국의 자살률은 끔찍하게 높다. 자살을 최후의 해결책으로 여기는 젊은이와 어른들이 너무 많다. 그 원인에는 여러 가지가 있다. 그중에서도 지난 수십 년간 한국 사회가 이룩한 인상 깊고 성공적인 변화의 과정은 확실히 중대한 영향을 끼쳤다. 이 변화의 과정은 어린아이, 청소년, 어른을 포함한 수많은 사람들에게 큰 대가를 치르도록 했다. 전통적인 가족 구조의 해체, 높은 성과와 교육 수준, 개인주의와 고립 등은 모두 자기 의심과 정체성 문제를 야기하기도 한다. 급속한 발전과 그에 수반된 도전들에 보조를 맞출 수 없다고 생각하는 사람은 종종 두려움 속에 홀로 남게 된다.

사회 기관들은 이 변화의 과정에서 그들과 함께해야 할 책임이 있다. 우울증에 대한 인식을 강화하고 적절한 지원을 하는 것은 큰 도움이 된다. 우울증을 예방하는 가장 좋은 방법은 개인의 회복력resilience이다. 이것은 아이가 어릴 때부터 자존감과 자립심이 계발되도록 지지할 때 이상적으로 발달한다. 물론 그 시기 이후로도 정신은 강해질 수 있다. 이 책은 어린 시절의 경험과 오늘날 삶의 문제 사이에서 그 연관성을 설명한다. 그리고 지금껏 가져온 신념을 검토해 긍정적으로 변하도록 격려한다. 주도적으로 삶을 이끌어 나가는 것은 그 시기가 언제든 늦지 않기 때문이다.

내 안의 상처받은 아이와 함께
행복한 어른으로 사는 법

당신은 이유 없이 우울함을 느낀 적이 있을 것입니다. 혹은 다른 사람 같으면 대수롭지 않게 넘길 만한 아주 작고 사소한 이유 때문에 깊이 상처 받은 적이 있을 것입니다.

그럴 때는

"나는 왜 이 모양이지?"

"나에게 무슨 문제가 있는 게 아닐까?" 생각하기도 합니다.

그리고 대개 이런 생각들은

"어릴 때부터 나는 늘 이 모양이었어."

"우리 엄마, 아빠가 나를 이렇게 만든 거야" 하는 책망으로 이어지기 쉽습니다.

그다음은 어떻게 될까요?

"나는 이미 이렇게 되어버렸어. 이런 내가 너무 싫지만 어

쩔 수 없어" 하며

더 깊은 우울에 빠지는 사람도 있고,

"에잇! 옛날 일은 빨리 잊어버리자" 하며

일이나 게임, 혹은 술로 관심을 돌리는 사람도 있습니다.

하지만 이런 일들은 반복될 수밖에 없고, 그때마다 다시 우울한 기분에 빠집니다. 그래서 의기소침하게 자기를 비하하며 침체되어 있거나 무언가 전혀 다른 일에 일부러 에너지를 쏟으며 하루하루를 버텨나갑니다.

이렇게 일생을 사는 것도 나쁘지 않습니다.

혼자일 때는.

하지만 만약 사랑을 나누고픈 사람이 생기거나, 운 좋게 그 사람과 결혼을 해서 부모가 되면 이야기는 달라집니다.

'이 모양 이 꼴'인 나를 비하하며 슬퍼하거나 그런 나를 잊기 위해 다른 것에 몰두하다 보면 나의 사랑을 필요로 하는 사람들에게 상처를 주고, 또 그들에게 상처를 받게 됩니다.

과거 내 부모와 다른 부모가 되고자 했지만 결국 그들보다 별로 나을 것이 없거나 그들보다도 못한 부모가 되어가는 것이지요. 이럴 때 내 자녀가 받는 상처는 내가 어린 시절에 받은 상처보다 더 클 수밖에 없습니다.

"우리 세대 부모는 모두 그랬잖아요. 다들 먹고살기 바쁘고 힘들고…. 우리 부모도 늘 저를 혼자 내버려 두셨지만 저는 알아서 잘 컸어요. 우리 엄마에 비하면 저는 아이를 잘 돌보는 편이에요. 힘들고 우울해도 아이에게 신경 쓰려 노력했는데, 애는 왜 이렇게 문제투성이인지 모르겠어요. 요즘 애들은 너무 약해 빠진 것 같아요."

담임선생님과 나눈 면담에서 아이가 수업 시간에 집중도 잘 못하고 친구들과 잘 어울리지 못한다는 이야기를 듣고 방문한 엄마는 자신이 얼마나 차갑고 냉정하게 아이를 대하는지 알지 못했습니다.

이어지는 대화에서 부모의 보호나 사랑 없이 혼자 모든 일을 감당해야 했던 어린 시절 때문에 지금 누군가를 돌보고 사랑하는 일이 무척 버겁다는 것과 남편과의 성적 접촉 역시 매우 고통스럽다는 고백이 이어졌습니다.

사랑을 표현하거나 나눌 여유가 없는 부모를 가진 아이가 슬프거나 화나는 감정을 느끼지 않기 위해 부모에 대한 기대감을 낮추고 스스로 모든 일을 알아서 하는 것은 최선의 생존 전략이었을 것입니다. 부모에게 사랑을 요구하다 욕을 먹거나 매를 맞지도 않았고, 부모에게 반항하기 위해 집을 뛰쳐나오지도 않았고, 결과적으로 사회적 성공도 이루었으니까요.

하지만 이제 성인이 된 아이는 어릴 때처럼 감정을 억압하며 살 필요가 없습니다. 왜냐하면 화나는 감정을 표현해도 때릴 부모가 없으니까요.

오히려 감정을 자유롭게 느끼고 표현해야만 합니다. 왜냐

하면 자신과 사랑을 주고받고자 하는 새로운 가족이 있으니 까요.

힘이 없고 선택의 여지가 없었던 어린 시절 취했던 생존 전략은 이제 더 이상 필요가 없습니다. 이제는 적극적으로 새로운 생존 전략을 찾아야 합니다.

부모의 사랑 없이 버텨온 자신처럼 자신의 아이도 부모에게 사랑을 요구하지 않고 알아서 잘 자라주면 좋겠다는 바람과는 달리 자신의 아이는 온몸으로 사랑을 요구하며 부모에게 상처를 입힙니다. 그리고 만약 부모가 과거의 생존 전략을 계속해서 고수한 채 아이를 키우면, 이 아이 역시 부모가 된 후 과거 자신의 부모를 원망하며 그 부모와 비슷한 (혹은 그보다 더한) 모습으로 자식에게 상처 주며 살기 쉽습니다.

그렇다고 어린 시절 부모로부터 상처받은 사람 모두가 그 그늘 속에서 사는 것은 아닙니다. 그들 중 많은 사람들은 어린 시절 부모로부터 받은 상처가 없었던 사람들과 마찬가지로 건강한 가정을 꾸리며 행복하게 살아갑니다. 성인이 된 자신에게 적합한 새로운 생존 전략을 택했기 때문이지요.

《심리학이 어린 시절을 말하다》는 어린 시절 상처를 안고 살면서도 그 상처로부터 다시 상처받지 않기를 바라는 사람들에게 필요한 책입니다.

어린 시절 마땅히 받았어야 하는 부모의 보호와 사랑을

받지 못한 채 겪어야 했던 자신의 고통을 무시하지도, 잊으려 하지도, 저항하지도 않으면서 살아가는 방법을 알려주니까요.

물론 타인의 사소한 말이나 행동에 마음이 쓰이고 기분이 나빠지거나, 자신의 작은 실수 하나하나를 모아 "그러니까 나는 문제투성이야"라는 결론에 이르는 것이 반드시 어린 시절 부모로부터 입은 상처 때문만은 아닐 수도 있습니다. 하지만 우리가 부모로부터 받은 영향은 실로 크고 무겁습니다.

만약 당신이

"어릴 때부터 나는 늘 이 모양이었어."

"우리 엄마 아빠가 나를 이렇게 만든 거야" 하는 생각과 함께

"나 정도의 상처에 엄살 부리면 안 돼. 세상에 더 힘들게 자라고도 성공한 사람들이 얼마나 많은데. 우리 엄마 아빠도 어쩔 수 없었을 거야" 하며 마음을 추스르려 애쓰는 중이라면 이 책은 당신에게 훨씬 더 도움이 될 것입니다.

편안하게 과거를 바라보고, 이해하고, 수용할 수 있게 이끔과 동시에 자신에게 필요한 새로운 생존 전략도 함께 찾아줄 것입니다.

현재의 나는 과거로부터 이어졌지만, 현재의 나는 과거의 나와 다르다. 내 내면의 상처받은 아이를 보듬어 안고 위로

하면서 행복한 어른이 되어라.

이 책 곳곳에서 강조하는 내용입니다.

"그래? 어떻게?"

궁금한 마음이 든다면, 편안한 마음으로 책을 읽어 내려 가세요.

유명한 사람의 일생을 다룬 픽션 드라마를 보듯, 자기 고백을 많이 담은 수필을 읽듯 쉽고 편안하게 책장을 넘길 수 있는 것도 이 책의 큰 장점입니다. 손에 펜을 잡고 공감되는 부분에 밑줄도 긋고 자기 고백도 끼적이며 이 책을 읽는다면 더할 나위 없이 좋을 듯합니다.

몸은 어른이 되었지만 마음은 여전히 상처받은 어린아이로 가득 차 있는 누군가가 이 책을 통해 상처받은 내면의 어린아이와 함께 행복하게 지낼 수 있는 성숙한 어른이 되는 방법을 찾아나가기를 기대해봅니다.

이명경
교육학 박사 · 아동심리전문가 · 한국집중력센터 소장

차례

나는 왜 요 모양 요 꼴일까?

"나는 언제나 아버지의 어린 아들로 살아갈 것이다,
아버지의 어린 아들임을 자각하면서.
아버지가 나를 낳아준 아버지이자
나의 모든 행동을 심판하는 아버지로서 살아가는 것처럼."

_ 필립 로스 Philip Roth

"당신의 어린 시절은 어떠했습니까?" 이런 질문을 받으면
대답하지 못하고 쩔쩔매는가? 아주 어릴 때 어떤 경험을 했
는지 한참 생각해보아야 하는가? 어린 시절에 일어난 사건
이나 분위기를 기억해내기가 어려운가? 그렇지는 않을 것
이다. 당신도 언제부턴가 부모가 어떤 사람이고 어떤 영향

을 받았는지 질문해보았을 테니까. 어떤 대답을 찾아내느냐에 따라 "당신의 어린 시절은 어떠했습니까?"라는 질문에 대한 반응은 크게 달라질 수 있다.

대부분의 부모가 아이 교육이나 교육학에 대한 지식이 턱없이 부족하다. 십중팔구 당신도 자서전에서 다음과 같이 밝힌 피아니스트 엘렌 그리모처럼 말할 것이다. "어린 시절이 행복했느냐는 질문을 받으면 응당 '그렇다'라고 대답하지만 이 질문을 곰곰 생각해보고 나서 어린 시절을 회상해보면 '그렇지 않다', '단연코 그렇지 않다'라고 대답하게 되는 데, 참 묘한 일이다."

"당신의 어린 시절은 어떠했습니까?"라는 질문에 딱 잘라서 '불행했다'라고 대답하는 경우도 얼마든지 있을 수 있다. 이 질문을 받으면 겨우 억눌렀던 원망이 되살아날 것이고, 어릴 때 이미 모두 일그러져버린 당신 삶이 주마등처럼 떠오를 것이고, 남들이 당신을 부당하게 대한 것이나 심지어 학대한 일이 생각날 것이다. 그 기억은 마치 어제 일어난 일처럼 생생하다. 당신은 다른 부모를 만나 더 나은 출발을 했다면 지금 딴사람이 되어 있으리라고 확신한다. 그랬다면 자립심이 더 강한 사람이 되었을 것이고, 문제도 더 적었을 것이고, 대인 관계도 더 원만했을 것이라고 생각한다. 또 애정 문제도 더 잘 풀렸을 것이고, 더욱 긍정적인 자아상自我像을 가지게 되었을 것이고, 더욱 낙천적인 사람이 되었을 것이라고 생각한다. 요컨대 어린 시절이 더 행복했다면 딴사람이 되었으리라고 생각한다.

하지만 어린 시절에 대한 구체적인 기억은 나지 않을 것이다. 어린 시절에 대한 기억은 안개처럼 희미하다. 당신은 그저 생각나는 대로 판단할 따름이다. 어린 시절에 있었던 일에 누가 관심을 가지겠는가? 과거의 기억을 들쑤셔서 좋을 것이 무엇인가? 당신은 어린 시절이 좋았는지 나빴는지 모르고, 그 답을 알면 이로울 것이 별로 없다고 생각한다. 지나간 일은 지나간 일이다. 누군가 당신의 어린 시절에 대해 알려고 하면 당신은 손사래를 친다. 다른 사람이 당신의 불행한 어린 시절에 실제로 있었던 일을 해명하려고 하거나 정당화하려고 하면 당신은 거부하거나 신경질적인 반응을 보일 것이다. 당신은 자신의 일은 자신이 책임져야 한다고 믿고 있고, 운명은 스스로 개척하는 것이니 좋은 일이든 나쁜 일이든 자신이 책임져야 한다고 믿는다.

자신의 어린 시절에 대해 그렇게 생각한다면, 어린 시절에 대해 기억하고 있는 것이 전혀 없거나 거의 없다면, 어린 시절을 뚜렷이 기억하는 것이 너무 고통스러워 이를 기억하지 않으려고 방어기제를 발전시켰을 것이다. 그러고는 어린 시절에 있었던 일을 잊어버렸을 것이다. 최고의 해결책이 어린 시절에 있는데도 말이다. 이는 방어기제가 사건의 진실을 완전히 파악하지 못하게 하기 때문이다. 참담한 환경에 처한 당신은 이 방어기제 덕분에 정이 뚝뚝 떨어지고 무섭기만 한 부모와 그나마 함께 지낼 수 있었다. 이것은 지금도 당신에게 큰 도움을 준다. 이 방어기제 덕분에 아버지와 어머니가 좋은 부모이고 부모는 당신을 사랑하고 당신의 인생을 그르치지 않았다는 환상을 가질 수 있기 때문이다.

세 번째 결혼이 파경에 이른 후 인생을 정리하려고 상담하러 온 어떤 60세 남자가 상담 치료 중에 어머니에 대한 기억을 털어놓는다. 어머니는 남자 사로잡는 법을 잘 알고 있는 예쁜 여성이었다. 어머니는 아들에게도 이 방법을 적용하려고 한 모양이다.

남자는 어릴 때 어머니가 툭하면 자기 앞에서 옷을 갈아입고 목욕할 때는 등에 비누칠을 해달라고 했으며, 걸핏하면 벌거벗은 모습을 보여주었다고 회상한다. 이 남자는 다른 여자보다 훨씬 아름다운 어머니를 유달리 자랑스러워했다. 여자 상담사가 '당신은 어머니의 친아들이 아닐지도 모르고 어머니의 거울, 즉 대체 파트너 역할을 할지도 모르며 그것은 당신의 여자 문제와 관련이 있을지도 모른다'고 하자 남자는 강한 거부 반응을 보인다. 이 남자는 어머니가 더할 나위 없이 좋은 분이라고 생각하고 있었다. 어머니는 이 남자의 여자 문제와는 전혀 관계가 없다.

우리를 원격조종하는
어린 시절의 경험들

어린 시절에 겪은 경험은 자국을 남긴다. 그것은 우리의 '인생 지도'에 표시된다. 제대로 된 지도에는 도로, 큰 건물, 강 등이 표시되어 있듯이 정신의 지도에도 어린 시절에 본받고 싶은 인물을 비롯해 우리가 쌓은 경험이 모두 표시된다. 당신의 외모, 미소, 옷 스타일, 견해, 욕구, 칭찬, 비난, 상냥함, 무관심 등이 지도에 표시되고 각인된다. 프랑스 소설가 J.M.G. 르클레지오J.M.G. Le Clezio는 다음과 같이 썼다.

"누구에게나 생부, 생모가 있다. 하지만 누구나 생부, 생모를 무조건 사랑하지는 않는다. 이들을 신뢰하지 않을 때도 있다. 그러나 생부와 생모는 존재한다. 이들의 얼굴, 행동, 스타일, 욕구, 환상, 희망, 손 모양이나 이빨 모양, 눈 색깔이나 머리카락 색깔, 책 읽는 폼, 사고방식, 그리고 이들이 몇 살 때 죽었느냐는 것 등이 우리 안에 수용된다."

어린 시절 부모와의 경험은 인생의 안내자 구실을 한다. 긍정적인 것이든 부정적인 것이든 간에 우리 인생은 이 경험에 따라 방향이 정해진다. 애인을 선택할 때 부모 외모의 영향을 받는다는 연구 결과가 많이 나와 있다. 예를 들면 남자는 눈 색깔과 머리카락 색깔이 어머니와 닮은 여자에게 반하고, 여자는 아버지와 비슷하게 생긴 남자를 선택한다는 것이다.

사람들은 특정 색을 좋아하는데 이것도 어린 시절의 즐거운 기억과 관련이 있다. 제비꽃 색깔을 예로 들어 보겠다. "그 여자는 숄이 딸린 제비꽃 색깔의 옷을 가지고 있었다. 나는 아직도 그 옷을 정확히 기억하고 있다. 그 여자는 저녁에 외출할 때 이 옷을 입고 나에게 인사하러 왔다. 아빠는 벌써 성급하게 현관에서 발을 쿵쿵 구르고 있었다. 그 여자는 매우 자극적인 냄새를 풍겼다. 나는 얼굴을 그 부드러운 천에 비비고 싶었다, 옷을 조금도 구기지 않기를 바라면서." 케토 폰 바베러Keto von Waberer의 소설 《전화 걸기nruf》의 주인공은 어린 시절 기억을 이렇듯 신나게 이야기한다.

그러나 인생 지도의 그 밖의 표시, 다시 말해 애정 어린 관심을 받지 못한 것, 역할 모델이 될 인물이 아예 없거나 불확실한 것, 학대받은 것, 제멋대로 행동하게 자라온 것, 과보호 받은 것은 인생을 힘들고 고통스럽게 만든다. 우리의 정신 지도에 이와 같은 것들이 표시되어 있으면 평생 방향 감각을 잃은 채 헤맬 것이고, 순탄한 길을 발견하지 못할 것이다.

뿐만 아니라 삶의 전부는 아닐지라도 대부분은 의미를 잃게 된다. 또 자신과 관계되는 것에 확신을 가질 수 없고, 자신의 가치와 장점을 알지 못하게 된다. 대인 관계도 불확실해진다. 아주 어릴 때의 경험은 다른 사람을 인식하고 대하는 방법을 결정한다. 다른 사람을 대할 때 친근감을 가지고 대하느냐 아니면 불신과 경계의 눈초리로 대하며 끊임없이 독립심과 자립심을 강조하느냐를 결정하는 것이다.

"난 왜 요 모양, 요 꼴일까?"라고 한탄하면서 몇 번이고 의문을 던지는 문제를 비롯한 많은 문제에 대한 답은 어린 시절에서 찾을 수 있다. 당신은 스트레스를 받거나 위기에 처할 때마다 골머리를 앓으며 다음과 같은 질문을 할 것이다.

- 왜 사랑 문제에서 비슷한 고민을 되풀이할까?
- 왜 죽어라고 일만 하고 자신은 돌보지 않을까?
- 왜 자녀와 소원하다고 느낄까?
- 가까운 사람을 인정하기가 왜 그렇게 어려울까?
- 왜 자꾸만 불안하고 자신감이 없어질까?
- 왜 이렇게 완벽주의자일까?
- 인정받고 싶은 사람이나 사랑받고 싶은 사람한테 왜 자꾸만 끌린다고 느낄까?
- 왜 '아니요.'라고 말하지 못할까?
- 왜 걸핏하면 의기소침해질까? 이런 낙담감과 실망감은 어디서 오는 걸까?
- 나는 늘 다른 사람을 먼저 생각하고 자신을 맨 나중에 생각한다. 왜 자신을 다른 사람보다 소중히 여기지 않을까?
- 왜 하찮은 것에도 시샘을 할까?
- 왜 다른 사람을 진정으로 신뢰하지 못할까?

심리학이 어린 시절을 말하다

- 왜 성생활이 만족스럽지 않을까?
- 왜 걸핏하면 과음하거나 과식할까? 또 담배는 왜 그렇게 많이 피울까?
- 왜 번번이 친구한테 이용당할까?
- 고약한 편두통에 오랫동안 시달리는 건 무슨 이유일까?
- 이놈의 허리는 왜 이렇게 아플까?
- 왜 이렇게 우유부단할까?
- 왜 헤어지지 못할까?
- 왜 진정한 관계를 맺지 못할까?

외롭다, 절망적이다, 자포자기한 심정이다, 무기력하다, 무가치하다고 느끼게 하는 괴로운 상황이나 때로는 전혀 자랑스럽지 못한 생각이나 감정이 느닷없이 덮쳐온다. 당신은 대개 그 이유를 잘 알지 못한다. 과중한 부담이나 스트레스 또는 이와 비슷한 것들 때문일 것이라고 짐작할 따름이다. 또 우리가 느끼는 감정이 어떻게 생겨나는지도 알지 못하고, 성인에게 어울리지 않는 기이한 행동이 대개 과거와 관련이 있다는 것도 알지 못한다. 게다가 이런 감정과 행동의 기원을 찾을 생각은 아예 하지도 않는다. 그러니 이런 감정과 행동이 제멋대로 우리 인생을 힘들게 만드는 것이다.

우리는 현재의 감정이나 행동이 과거의 감정이나 행동과 비슷하다는 사실을 알지 못한다. 현재와 과거의 연관성을 알지 못하기 때문에 흔히 현재 감정이나 행동의 원인이 현재에 있다고 생각한다. 그러면서 왜 어떤 일을 겪고도 아무런 교훈도 얻지 못하는지, 왜 같은 일이 자꾸 반복되는지 의아해한다. 우리는 스트레스와 갈등에 대처하는 방식이 어린 시절에 배운 스트레스와 갈등 대처 방식과 같다는 것을 알지 못한다. 현재 겪는 어려움이나 감정을 어린 시절에 경험한 일, 특히 부당한 경험과 결부시키지 못한다.

우리는 과거의 꼭두각시인가?

성대한 생일상이 차려져 있었다. 상 가장자리에는 해바라기꽃이 빙 둘러 놓여 있고, 가운데에는 장미꽃 모양의 마르치판(갈아 으깬 아몬드를 설탕으로 버무린 과자-옮긴이)으로 장식한 커다란 케이크가 있었다. 케이크에는 커다랗게 '90'이라고 쓰여 있었다. 실내에는 커피 향이 떠돌았다. 벌써 손님들이 다 모여 있었다. 조촐한 모임이었다. 식구도 많지 않았고, 친구는 몇 명뿐이었다. 모두들 그날의 여주인공을 기다리고 있었다. 문이 열리고 휠체어에 앉은 할머니가 들어오자 모두들 박수를 치며 생일 축하 노래를 불렀다. 혼자 거동하기는 힘들지만 정신은 말짱한 터라 할머니는 잠자코 노래를 듣고 있었다. 그런데 할머니의 표정이 언짢아 보였다. 잔치 준비를 한 딸은 조금 초조해졌다. "뭔가 언짢은 일이 있어요?" 아무런 대답이 없었다. "케이크 참 근사하지요?" "그래." "해바라기꽃 참 예쁘지요?" 아무런 반응이 없었다. 잠시 후 어머니가 말했다. "화환이 이것밖에 없어?" 딸은 그 말뜻을 금방 알아차렸다. 예전부터 어머니는 화환 수를 보고 자신이 얼마만큼 사랑받는지 판단했던 것이다. 화환을 마치 트로피처럼 여기는 듯했다. 그런데 오늘은 달랑 세 개만 놓여 있었다. 딸은 죄책감에 사로잡혔다. 손님들에게 실내가 너무 좁으니 화환은 사양한다고 말했기 때문이다. 얼마나 어리석은 짓인가! 문득 이 실수를 만회할 기발한 생각이 떠올랐다.

딸은 노모에게 멋진 추억을 남겨주려고 가수와 피아노 연주자를 불렀다. 노래도 신경 써서 어머니가 좋아하는 것으로 골랐다. 노모는 휠체어에 앉아 노래하는 모습을 마뜩잖은 표정으로 바라보고 있었다. "저 사람들 지금 뭐 하는 거지?" "어머니를 위해 준비한 선물이에요." 초조해진 딸이 말했다. "어머니를 기쁘게 해드리려고 두 분이 노래를 하고 피아노를 치고 있어요. 잘 들어보세요. 다 아는 노래일 거예요." 가수는 신나게 노래하고 있었다. 딸이 어머니에게로 몸을 숙이며 물었다. "저 노래 알지요?" 어머니가 고개를 흔들었다. "몰라요? 엄마가 잘 아는 노래인데." 딸은 노래를 따라 불렀다. 그래도 어머니는 아무런 반응이 없었다. 그다음 곡에도 반응을 보이지 않았다. 그 노래는 예전에 야외로 놀러 갈 때마다 어머니가 부른 '아침 이슬'이었다. "몰라. 난 몰라." 딸이 잘못 알고 있는 걸까? 어머니의 표정이 점점 뿌루퉁해졌다. 점점 더 초조해진 딸은 어머니의 옛 추억을 되살려내려고 안간힘을 썼다. 그래도 아무 소용 없었다. 노래가 한 곡 끝나자 어머니가 말했다. "나를 위한 거라고는 하지만 아무래도 쓸데없는 준비를 한 것 같구나." "그게 무슨 말이에요?" "뭔가 이상하게 돌아간다는 걸 모르겠니?" 딸은 무슨 말인지 이해하려고 애썼다. 그러다 가수가 다음 노래를 부를 때 딸은 기어이 눈물을 흘리고 말았다. 60대 딸은 낙심해 90세 노모 옆에 멍하니 앉아 있었다. 자신이 마치 다섯 살 아이 같다고 느껴졌다. 딸은 준비를 잘못한 것이었다. 모두 딸의 잘못이었다.

정신분석학의 창시자 지그문트 프로이트Sigmund Freud는 과거의 경험에 매여 반응하는 것을 '아기렌agieren 한다'('행동하다', '작용하다'라는 뜻임 – 옮긴이)라고 했다. 이런 사람은 어른처럼 행동하지 않고 어린아이처럼 행동한다. 상사에게 꾸지람을 들으면 대들거나 몹시 침울해져 틀어박힌다. 또 사랑하는 사람이 무언가 해주지 않으면 금세 사랑받지 않는다고 느끼고, 일을 완벽하게 처리하지 못하면 자신을 쓸모없는 사람으로 여긴다. 잔뜩 눈만 높은 늙은 어머니 때문에 눈물을 흘리는 예순 넘은 딸의 예가 이를 잘 보여준다.

과거와 현재 사이의 연관성은 특히 아프거나 실패했을 때 더 분명해진다. 그런 상황에서는 감정과 생각이 스스로도 놀랄 만큼 격해지는데, 우리는 이에 따라 행동한다.

45세의 아내는 어느 날 남편이 오래전부터 바람을 피우고 있다는 사실을 알았다. 아내는 분명 하늘이 무너져 내리는 듯한 기분이 들었을 것이다. 그녀는 분노하고 슬퍼하며 절망에 빠졌다. 극단적인 상황에 처했을 때 그런 감정을 느끼는 것은 당연하다. 하지만 그녀는 거기에서 그치지 않고 바람직하지 않은 감정에 사로잡혔다. 며칠 동안 잠을 이루지 못한 채 자신이 쓸모없는 사람이라고 생각한 것이다. 금세 자살이라도 할 듯이 이제 자기 인생은 끝났다고 여겼다.

36세의 여성은 노부모를 위해 헌신하고 있었다. 이 여성은 85세인 아버지와 79세인 어머니를 정성껏 모셨다. 거의 매일 부모님 집에 들렀다. 쇼핑도 해주고, 음식도 마련해주고, 청소도 해주었다. 그녀가 어느 날 남편이 생일 기념으로 잠시 여행이나 다녀오자고 한다고 말하자, 아버지는 여행을 허락하지 않았다. 딸은 처음에는 잠자코 있었다. 그러나 집에 돌아와서 서럽게 울고 나서 남편에게 여행을 취소해야 한다고 말했다. 노부모만 놓아둘 수 없었던 것이다.

젊은 아내가 임신을 했다. 축복해야 할 일인데도 남편은 전혀 기쁘지 않았다. 아이를 낳으면 가정이 이루어진다는 것을 안 후부터 그는 심한 우울증에 시달렸다. 그는 자신을 이해하지 못한다. 솔직히 그로서는 아이가 생기는 것이 달갑지 않다. 오히려 아빠가 되는 것이 두렵다. 이 불안은 그가 두 살 때 아버지가 가정을 버린 것과 관련이 있지만, 그는 그 사실을 전혀 모른다.

기한을 잘 지키지 못하는 젊은 남자가 있다. 마냥 차일피일 미루다가 기한이 임박해서야 부랴부랴 일에 매달리곤 했다. 그는 새 직장을 잡자 이 나쁜 버릇을 떨쳐버리려고 결심했다. 하지만 이 버릇은 이미 고질이 되어버렸다. 그는 대학 교육을 받은 부부의 외동아들이다. 그의 부모는 오랫동안 아이를 갖고 싶어 했다. 이윽고 늦둥이를 가지자 부모는 아이에게 모든 관심과 정성을 쏟아부었다. 어머니는 아이를 위해 모든 것을 조정하고, 아이 자신의 시간은 조금도 허락하지 않았다. 그러면서 끊임없이 간섭했다. 옷차림, 교우 관계, 숙제, 방 정돈까지, 어떤 것에서도 어머니의 눈을 벗어날 수 없었다. 거부하는 것이 그가 할 수 있는 유일한 자주적 행동이었던 것 같다. 그는 자신이 시간을 지키지 못하고 일을 미루는 사람이 된 것을 어머니 탓으로 돌렸다.
이 연관성을 깨닫고 나서야 밀린 일을 막판에 가서 해치우
는 버릇을 고칠 수 있었다.

　61세의 보험 회사 부장이 몇 년째 괄목할 만한 성과를
내고 있었다. 동료 중에서 그만큼 성공한 사람은 없었다.
경영진은 그가 연말이면 보너스를 꼬박꼬박 챙겨 간다고
칭찬했다. 하지만 그는 칭찬에도, 자신의 성과에도 기뻐하
지 않았다. 아무도 모르는 사이에 고등 사기꾼이 되어가는
것은 아닌가 하는 회의에 사로잡혀 있었다. 자신의 성공이
모래 위에 세워진 것이라고 생각하고 조만간 상사들이 이
사실을 알아챌까 봐 두려워했다. 학교 다닐 때 아무리 좋은
성적을 받아도 부모가 칭찬은 고사하고 떨떠름한 표정을
지은 것이 자신의 문제와 관련이 있다는 사실을 그는 모르
고 있었다.

　40세의 여비서는 아침에 자가용에 올라타려고 하다가
밤새 바퀴 네 개가 모두 펑크 나버렸다는 것을 알고 쇼크를
받았다. 그러고는 안절부절못하며 불안해했다. 평소에 활
달한 그녀는 깊은 절망감에 빠졌다. 이 여자는 자포자기한
심정으로 다시 집에 들어가 사장에게 전화를 걸었다. 차가
고장 나 대중 교통수단을 이용하게 되어 늦겠다고 말하지

않고 아프다고 말했다. 그러고는 침대에 누워 흐느꼈다. 그녀는 자신이 스트레스를 받으면 언제나 깊은 절망감에 빠진다는 것을 잘 알고 있었다. 그녀는 다섯 살 때 며칠간 지하 창고에서 지냈다는 이야기도 털어놓았고, 이 무렵에 사랑하는 아버지가 가정을 버렸다는 이야기도 했다. 하지만 그것이 성인 여성의 절망감과 어떤 연관이 있다는 말인가?

이상하고 이해할 수 없는 반응이라는 생각이 드는가? 얼핏 보면 그렇게 여겨질 수도 있다. 그러나 당신 자신도 이상한 반응, 이해할 수 없는 반응, 얼토당토않은 반응을 보인 적이 없었는지 한번 곰곰 되짚어보라. 악의가 전혀 없는 비판적 발언에 발끈한 적은 없었는가? 애인이 며칠간 여행 갔을 때 마음속 깊이 외로움을 느낀 적은 없었는가? 자신의 성공이 무가치하다고 생각한 적은 없었는가? 어떤 실수 때문에 너무 오랫동안 부끄러워한 적은 없었는가?

과거의 경험에 매여 과민하게 반응하거나 어린 시절에 겪은 일을 지금까지 무의식적으로 되풀이하는 한 문제의 본질을 알 수 없다. 당신의 이야기에 맑은 눈길을 던지기만 하면 어린 시절에 겪은 경험이 때때로 얼마나 무거운 짐이 되는지 알 수 있다. 그렇지만 '맑은 눈길'을 던지는 것은 결코 쉬운 일이 아니다. 과거와 현재의 연관성에 대한 인식은 결코 저절로 생기지 않는다. 지그문트 프로이트가 말한 '정신

심리학이 어린 시절을 말하다

작업psychische arbeit'을 거쳐야만 얻을 수 있다.

이는 여러 가지 방법으로 행해질 수 있다. 치료를 받을 수도 있고, 자신의 행동과 감정 중에서 자기 파괴적인 요인을 스스로 찾을 수도 있다. 일중독, 알코올 중독, 마약 중독, 섭식장애(거식증, 과식증 따위를 말함–옮긴이), 자살 욕구 또는 자살 기도, 우울, 불안, 정신적 공황 상태에 빠지는 것, 언제나 순수해지려는 것, 모든 것을 완벽하게 처리하려는 것, 남을 지배해야 직성이 풀리는 것, 모든 것을 가지려는 것, 자신을 쓸모없는 사람으로 여기는 것, 스스로를 제대로 평가하지 못하는 것. 이런 것들은 어린 시절 경험이 우리를 원격 조종한다는 증거이고, 과거에서 날아온 스팸메일 곧 어린 시절의 부정적 정보가 우리 인생을 엉망으로 만든다는 증거이기도 하다. 자기 파괴적인 행동을 하거나 자신을 부정적으로 보는 것은 대체로 어린 시절의 경험 때문이라고 할 수 있다.

이것은 유행성 감기와 같은 것이다. 바이러스가 몸에 침투하면 열이 난다. 이 열은 아프다는 징후가 아니라 우리의 '반응'이 부적절했다는 표시이다. 현재로서는 어쩔 수 없는 것이지만 뿌리를 어린 시절에 둔 그 무엇이 우리 몸에 침투했다는 증거이다.

자기 인식에
이르는 길

"나는 왜 요 모양 요 꼴일까?" 이런 질문을 할 때 어린 시절의 환경에 관심을 가지면, 다시 말해 어린 시절의 자신을 더욱 신뢰하면 유익하고도 중요한 대답을 얻을 가능성이 커질 것이다.

행동 방식이나 문제를 모두 어린 시절의 경험으로 설명할 수는 없다. 현대 심리학은 우리 인격이 상당 부분 유전자에 각인되어 있다는 사실을 알고 있다. 쉽게 말하자면 선천적인 기질이 인격 형성에 적지 않은 영향을 미친다는 것이다. 여러 가지 행동 방식이 유전될 수 있다는 것을 입증하는 연구 결과도 많다. 그렇지만 어린 시절의 환경도 어느 정도 영향을 미친다. 사람은 자신에게 맞는 환경에서 어린 시절을 보낼 때 - 심리학에서는 '매칭passung'이라고 한다 - 가장 잘 발달할 수 있다.

어린 시절은 자신을 더 잘 인식할 수 있는 열쇠를 제공한다. 어린 시절은 발달과 인격 형성의 토대라 할 수 있다. 정신적 지향점이 되는 소중한 사람을 어린 시절에 어떻게 만나는지, 이들이 얼마만큼 관심과 애정을 보였는지, 우리가 그것을 얼마만큼 느꼈는지 등이 우리의 생물적 특성과 함께 작용해 현재의 우리를 만든다. 정신적 지주가 되는 소중한 사람을 제대로 이해하지 못했을 때, 자기 자신과 싸울 때, 불행한 순간에 맞닥뜨렸을 때 자신의 과거를 되짚어보면 도움이 된다.

어린 시절 경험이 반드시 이후의 삶에 부정적인 영향을 미치는 것은 아니다. 어린 시절이 불행했다 하더라도 얼마든지 성공할 수 있다. 누구나 자기 인생의 감독이 될 수 있다. 결정은 스스로 내리는 것이기 때문이다. 어린 시절은 인생의 방향을 바꿀 수도 있다. 그러나 우리는 평생 어떤 방향을 따라가라고 선고를 받지는 않았다. 우리는 얼마든지 인생의 방향을 바꿀 수 있다.

인생을 연출하기 위해서는 감독이 지시한 것과 그 지시가 무엇을 야기했는지부터 살펴보아야 한다. 만만치 않은 이 과제가 겁나 뒤로 물러나거나 이 과제를 행하지 않으면 더 나은 인생을 기대하기는 어렵다. 여러 나라의 역사를 살펴본 미국의 철학자 조지 산타야나George Santayana는 역사를 알지 못하는 나라는 과거를 되풀이할 수밖에 없다고 했다. 개인도 마찬가지이다. 새로운 것을 시도하려면 과거를 통찰하거나 과거에 일어난 사건을 이해하는 일부터 해야 한다. 이 일을 하지 않는 사람에게는 어린 시절이 정말로 운명이 될 수 있다. 철학자 쇠렌 키르케고르Søeren Kierkeggard는 "우리는 과거를 이해할 수 있다. 그러나 우리는 미래를 살아야 한다"라고 말했다.

이 말은 발달 과정에 주의를 기울여야 한다는 뜻이다. 최면요법가 밀턴 에릭슨Milton Erickson도 "과거를 이해하는 것은 매우 유익하다"고 말했지만 과거를 이해하지 못하면 자신도 모르게 어린 시절에 일어난 일을 되풀이할 수밖에 없다. 우리의 행동은 현재의 상황이 결정하기도 하지만 경우에 따라서는 수십 년 전에 일어난 상황에 좌우되기도 한다. 우리는 직접적 사건, 직접적 행동에 반응한다고 믿지만 사실은 이전에 한 경험이나 그와 비슷한 것에 반응한다.

어린 시절에 무슨 일이 일어났는지 모르고 이 일이 우리의 생각, 감정, 행동에 지금 어떤 영향을 미치는지 모르는 사람은 사막에서 물을 구하려는 사람과 다를 바 없다. 정신분석학자 안드레아스 벤츠Andreas E. Benz는 일찍이 이 비유를 들어 불행한 어린 시절이 우리를 사막에서 필사적으로 물을 구하려는 사람으로 만든다는 것을 분명히 보여주었다. 사막에서 물을 구할 수는 없다. 이는 다른 사람과 교환할 수 없는 것을 교환하려는 것과 같다. 벤츠는 어린 시절에 입은 상처에 눈이 먼 사람에 대해 이렇게 말했다. "오랫동안 물을 구하지 못해 목이 마르면 마를수록 무엇이 잘못 됐는지 바로잡을 생각은 하지 않고 기진맥진할 때까지 필사적으로 땅을 더 깊이 파려고 하게 마련이다."

우리는 어떻게 해서든 물을 찾고자 땅을 팔 것이 아니라 사막을 빠져나갈 길을 찾아야 한다. 이 책 후반부에서는 길을 찾는 법을 다룰 것이다. 어린 시절이 행복하지 않았더라도 더욱 활기차고 만족스럽게 사는 법을 다룰 것이다. 4장부터는 과거를 알면 어린 시절이 운명이 아니라는 것을 깨닫게 된다는 사실을 분명히 보여줄 것이다.

우리는 어린 시절의 경험이 현재의 삶에 미치는 영향을 스스로 조절할 수 있다. 어린 시절에 사랑과 관심을 거의 받지 못해 부정적인 기억밖에 없다 해도 현재의 삶이 가시밭길 걷듯이 힘들어야 한다는 법은 없다. 삶은 두 부분으로 이루어진 책과도 같기 때문이다. 그중 하나는 낯선 저자, 이를테면 부모나 형제자매 또는 친척이 쓴 것이다. 당신은 이 첫 부분에 전혀 영향을 미치지 못했고, 지금도 그렇다. 당신은 이 첫 부분의 문체를 받아들여야 하고, 심지어 내용까지 받아들여야 한다. 이제는 그것을 편집하거나 정정할 수도 없고, 보완할 수도 없다.
그러나 당신 삶 중 두 번째 부분은 상황이 완전히 다르다. 여기서도 낯선 저자들이 책을 쓰게 할지, 직접 쓸지는 당신이 결정해야 한다. 당신이 자기 삶의 이야기를 직접 쓴다면 이 두 번째 부분을 슬픔과 실패로 채울 것인지, 앞부분보다 더 밝은 내용으로 채울 것인지, 비관주의보다 낙관주의를 다룰 것인지, 희망과 확신이 제대로 된 역할을 하게 할 것인지 스스로 결정해야 한다. 요컨대 주인공을 더 행복한 사람으로 만들 것인지 아닌지 스스로 결정해야 한다.

어떻게 하면 그 두 번째 장을 자신이 직접 쓸 수 있느냐는 것이 이 책의 주제이다.

○ 이 책은 '어린 시절'이라는 당신이 인생의 길에서 안전하게 나아가지 못하게 방해했을 수도 있는 수많은 장애물을 다룬다.

○ 이 책은 당신의 인생을 위해 힘겨웠던 어린 시절에서 어떤 결론을 이끌어내야 하는지 보여준다.

○ 이 책은 코앞에 구덩이가 있어도 순탄하게 나아가는 방법, 인내와 끈기를 가지고 옛 구덩이에 떨어지는 횟수를 점점 줄이는 방법 등 구체적인 해결책을 제시한다.

먼저 다음 장에서는 자신의 어린 시절에 대해 조금은 알고 있었지만 성인이 되어 감독의 자리에 앉아 자신의 인생 각본을 바꾸는 데는 여지없이 실패한 사례들이 등장한다.

1

어린 시절 경험이
미치는 영향

스타들의
어린 시절 이야기

우리는 말이 없었다. 그때 나는 문득 생각했다, 어머니에게 한번 물어봐야겠다고. 이미 오래전 일이지 않은가? 그것에 대해 적어도 말이라도 한 번쯤 해볼 수 있는 것 아닌가? 어쩌면 어머니가 '그땐 미안했어' 하고 말할지도 모를 일이다. 나는 어머니에게 물었다. '그때 왜 그렇게 저를 때렸어요?' 어머니가 바로 대답했다. '난 때린 적 없는데.'

_ **엘케 하이덴라이히** Elke Heidenreich

다음 이야기는 남녀 유명 인사의 삶을 묘사한 것이다. 책 제목(어린 시절을 뒤로하고LASS DIE KINDHEIT HINTER DIR)을 반박이라도 하듯 해피엔드로 끝나는 이야기는 하나도 없다. 사실 이들 명사의 어린 시절은 운명이었다. 이들의 어린 시절 경험은 이후의 삶에 결정적인 영향을 미쳤다. 하지만 꼭 그렇게 되라는 법은 없다. 얼마든지 달리 전개될 수도 있었을 테니까. 어린 시절이 불행했다 하더라도 이후의 삶이 행복했다면 이들 남녀는 어린 시절의 경험을 긍정적으로 볼 수도 있었을 것이다. 4장에도 쓰라린 어린 시절을 겪은 명사들의 이야기가 소개된다. 그러나 이들의 이야기는 긍정적으로 전개된다. 이들은 어린 시절 경험은 좋게도 볼 수 있고 나쁘게도 볼 수 있다고 말하면서 어린 시절이 운명을 결정할 수 없다는 사실을 감명 깊게 보여준다.

"어린 시절 경험은 운명이다"라는 말을 실감하게 해주는 사례부터 살펴보기로 하자. 다음 이야기는 각 명사들의 전기와 이들이 직접 한 말을 토대로 하고 있다. 아주 어릴 때 일어난 일에 대해 알고 있는 내용이 사실인지 여부는 중요하지 않다. 중요한 것은 이들 남녀가 어떻게 기억하고 있느냐는 것이다. 머릿속에 각인되어 떠나지 않는 것이 기억이니까.

이야기의 주인공 실명은 밝히지 않는다. 주인공들이 어릴 때 과연 얼마나 행복했을지 곰곰 생각해보면 좋을 것이다. 읽어보면 주인공이 누군지 짐작이 가겠지만, 감이 잡히지 않는다고 실망할 필요는 없다. 뒤에 답이 나오니까. 읽으면서 깊은 감동에 젖어보기 바란다.

외로운 소녀, 외로운 스타

소녀의 어머니는 명예욕이 대단한 사람이다. 명예욕의 화신이라 불릴 만도 하다. 어머니는 평생 영화에 빠져 산다. 다른 것에는 관심이 없다. 아이에도 관심이 없어 처음에는 아이도 가지지 않는다. 하지만 이 유명한 여배우는 딸을 낳아 엄마가 된다. 그러나 아이를 낳자마자 또다시 일에 몰두한다. 엄마 역할에는 아예 관심이 없다. 배우인 아버지도 가정적인 남자가 아니다. 아버지는 새 출연 계약이 성사되기를 기다리면서 기껏 닷새 동안 집에 붙어 있다. 태어난 첫해에 소녀에게는 부모가 손님이나 마찬가지다. 외조부모와 보모도 어린 소녀를 살갑게 대해주지 않는다. 어머니는 근사한 해결책을 생각해낸다. 후에 어머니는 자서전에 이렇게 썼다. "이렇게 해서 우리 딸애는 유아원 신세나 보육원 신세를 면했다."

부모는 딸이 다섯 살이 되었을 때 헤어진다. 물론 이혼하기 전에 심한 말다툼과 심각한 불화가 있었다. 그 후 어머니는 깊은 슬픔에 빠지고, 자살까지 생각한다. 어린 딸 앞에서도 감정을 숨기지 않는다. 딸은 어머니의 고민과 절망을 바로 곁에서 함께 겪는다. 그리고 그 때문에 너무 힘들어한다. 딸은 아버지를 몹시 그리워한다. 하지만 딸의 감정과 아픔이 들어설 자리가 없다. 아무도 딸의 감정에 관심을 보이지 않는다. 소란을 피우는 어머니가 주위의 관심을 독차지했기 때문이다. 소녀는 차츰 운명에 순응하면서 정상적인 가정생활에 대한 희망을 깡그리 접는다. 소녀가 열 살이 되자 어머니는 딸을 기숙학교에 보낸다. 소녀는 거기서도 따돌림당하고 있다고 생각한다. 이 무렵 소녀는 어머니한테 실망했음에도(또는 실망했기 때문에) 어머니의 길을 따르기로 마음먹는다. 엄마처럼 배우가 되려고 결심한 것이다. 꿈은 멋지게 실현된다. 엄마처럼 딸도 크게 성공해 세계적인 스타가 된다. 하지만 성공은 직업에 한정된다. 이 여자는 언젠가 인터뷰에서 이렇게 말했다. "제가 너무 쉽게 말한다면 용서하세요. 어쨌든 어린 시절을 그렇게 보내지 않았다면 제 인생은 훨씬 잘 풀렸을 겁니다." 이 여성의 사생활은 좌절, 이별, 운명의 타격으로 점철된다. 남자관계도 순탄하지 않다. 그녀는 자살 시도를 하기도 했는데, 40대 초반에 심부전증으로 세상을 떠난다. 스스로 인생을 개척해나갈 수 있을 텐데, 하는 생각이 지금도 머릿속을 떠나지 않는다.

여성 정치가의 딸

딸은 쌍둥이 동생이 최고라고 생각한다. 어머니가 뭐라고 트집 잡든 말든 딸은 훨씬 다감하고 사근사근한 동생과 함께 다닌다. 방이 지저분해도 신경 쓰지 않고, 옷차림에도 신경 쓰지 않는다. 어머니는 딸이 하는 행동을 모두 못마땅하게 생각한다. 이와 달리 딸은 어머니가 완벽하다고 생각한다. 게다가 어머니는 명사이기도 하다. 워낙 대단한 사람이라 어린 딸에게는 두려운 상대이기도 하다. 어머니는 어린 딸을 돌보는 것보다 더 중요한 일을 해야 한다. 어쨌든 성공한 여성 정치가니까. 딸은 성장하는 과정에서 늘 같은 상황에 직면한다. 딸이 무슨 얘기를 하든지 어머니의 생각은 늘 다른 곳에 가 있다. 딸은 생각한다. '뭐, 내가 언제나 쓸데없는 얘기만 하니까 그렇겠지. 엄마는 늘 세련된 대화만 하잖아.' 10대 소녀인 딸은 자신을 어머니와 비교해보고 나서 좌절감을 느낀다. 딸은 어머니가 더욱 매력적이고 옷도 더욱 세련되게 입고 재능을 타고났다고 생각한다.

딸은 사랑받지 못하는 아이일까? 아니다. 그 정도는 아니다. 하지만 엄마에게 가장 소중한 존재는 아니라는 것은 확실하다. 어머니한테는 일이 가장 중요하다. 딸은 어머니가 때로는 하고 싶은 말도 여비서를 통해 한다는 것을 알고 있다. 어머니의 생각이 늘 일 주위를 맴돌 수밖에 없다고도 생각한다. 일 다음으로는 동생이 두 번째 자리를 차지한다. 그다음 세 번째 자리는 아마도 딸의 차지일 것이다. 하지만 그것도 확실치는 않다. 딸이 관심을 받을 만한 때면, 예컨대 졸업시험을 볼 때면, 어머니는 더 바빠진다. 하필 그럴 때면 직장에서 문제가 터지곤 하니까.

그러면 아버지는 어떤가? 최소한 딸이 원하는 사랑을 줄 수 있는가? 다 자란 딸은 특별한 부녀 관계는 없다는 것을 알고 있다. 딸은 아버지와도 가깝지 않다고 느낀다. 아버지는 애당초 아이들에게 관심이 없었던 게 분명하다. 아버지는 출산이 다 끝난 후 뒤늦게 병원에 나타난다. 그러고는 아기들을 보고 깜짝 놀라며 이렇게 말한다. "토끼처럼 생겼네. 이제 데려가요." 어머니의 생각도 두 아이한테 있지 않다. 어머니는 병원에서도 다음 경력에 대해 생각한다.

그 후 딸은 직업을 선택하고, 그 덕분에 좀 유명해진다. 저널리스트 겸 저술가가 된 것이다. 이윽고 딸도 각광을 받는다. 텔레비전 프로그램 〈나는 스타다 — 여기서 나를 꺼내줘!(최근 독일에서 높은 시청률을 올린 민영방송 RTL의 정글 쇼. 말 그대로 참가자들이 정글 담력 테스트에 참가해 승자와 패자를 가리는 오락 쇼이다. -옮긴이)〉의 영국판 제작에도 참여한다. 시청자들이 딸을 밀림의 여왕으로 뽑아준다. 딸은 인생의 정점에 이른 듯이 보인다. 마침내 딸은 유명한 엄마 대신 무대의 중심에 선다.

어린 시절이 없는 아이

부모는 아홉 명의 자녀를 먹여 살리는 일이 버겁다. 아침부터 저녁까지 쉬지 않고 일만 해야 한다. 아이들도 어느 정도 나이가 들면 생계를 거들어야 할 판이다. 어느덧 아이들도 클 만큼 컸다. 그렇다고 다른 아이들과 놀 수 있을까? 그럴 시간이 없다. 집안일이란 해도 해도 끝이 없는 법이니까. 어느 아이든 시키는 대로 하지 않으면 아버지한테 얻어맞는다. 전선과 허리띠가 체벌 도구로 사용된다. 그러고도 후에 아버지는 아들을 때린 적이 없다고 발뺌한다. 대개 회초리로 때리게 마련인데 자기는 한 번도 회초리를 든 적이 없다는 것이다!

아이들은 음악에 천부적인 재능을 지녔다. 부모는 아이 다섯 명으로 악단을 만든다. 아이들은 무대에 나서기 시작하고, 시간이 지나자 꽤 성공을 거둔다. 어린 악사들이 집으로 가지고 오는 돈은 살림에 적지 않게 보탬이 된다.

가장 재능이 뛰어난 일곱째 아이는 다섯 살 때 벌써 무대에 선다. 이 아이의 춤과 노래 솜씨는 금세 다른 형제들을 무대 뒤로 내몰아버린다. 나중에 이 아이는 단독 콘서트를 열고 세계적 스타가 된다. 이 스타는 인터뷰 때 아버지에 대해 질문을 받자 아버지의 교육 방식에 감탄을 금치 못한다면서 아버지를 감싼다. 그러고는 형제들은 부모를 공경하고 아버지가 엄하긴 하지만 어떻게 보면 그 덕분에 자신을 비롯한 형제들이 성공하게 되었다고 말한다.

하지만 이 스타는 아버지와는 다른 사람이 되려고 한다. 이 스타는 자신의 코가 아버지와 비슷해 보이는 게 싫어 성형수술을 한다. 코 수술에만 그치지 않는다. 몇 년에 걸친 성형수술로 얼굴을 모두 뜯어고친다. 그래서 남자인지 여자인지 구분도 안 되고 나이도 종잡을 수 없으며 마치 서커스에 나오는 인물처럼 기괴한 얼굴이 되어버린다. 이런 것이 트레이드마크가 된 이 스타는 성인이 되어 구매한 대체가족과 인조 어린이 나라에서 마음의 안정을 찾는다. 이 스타는 이색 동물, 만화영화 캐릭터, 쇼윈도용 마네킹 인형을 수집하는 한편, 자신에게 부모형제 역할을 해줄 유명인들을 끌어모은다. 마침내 이 스타는 어린 시절의 꿈을 실현한다. 1천 헥타르나 되는 큰 농장에 자신이 꿈꾸던 대형 놀이공원과 동물원을 지은 것이다. 이 스타는 자기가 어릴 때 누리지 못한 것들을 아이들에게 제공하고 싶어 한다. 아이들은 이곳에서 마음껏 뛰놀고 기뻐하며 아무 걱정 없는 아이로 자라야 한다고 생각한다.

이 스타는 유독 아이들에게 관심을 보인다. 하지만 성공의 정점에서 아동 학대 혐의로 고발되어 간신히 무죄 선고를 받는다. 그러고는 오랫동안 모습을 드러내지 않는다. 신곡도 발표하지 않고, 콘서트도 열지 않고, 새 CD도 발매하지 않는다. 이제 그의 복귀를 진지하게 기대하는 사람은 없다. 그러나 어느덧 50세가 된 이 스타는 2009년 3월 기자회견을 열고 2009년 7월에서 2010년 3월까지 런던에서 콘서트를 무려 50회나 개최할 거라고 발표한다. 그러나 이 콘서트는 성사되지 않는다.

고향을 잃어버린 천사

어린 소녀는 태어난 지 13일 만에 양부모에게 맡겨진다. 양부모는 매우 종교적인 사람이라 아이를 엄격히 청교도적으로 키운다. 친아버지는 누군지 모르고(소녀는 어른이 되어서야 생부를 잠깐 만난다), 친어머니는 심각한 정신 질환을 앓고 있다. 소녀는 후에 생모가 어린 자신을 교살하려고까지 했다고 밝힌다.

소녀가 일곱 살이 되었을 때 친어머니는 소녀를 양부모한테서 데리고 온다. 하지만 여전히 소녀를 키울 형편이 못

된다. 불과 몇 달 후 생모는 병이 재발하고, 심한 우울증 때문에 병원을 찾는다. 이어서 조현병 진단을 받고 정신병원에 보내진다. 생모의 여자 친구가 소녀의 후견인이 된다. 하지만 소녀는 이 집에서도 곧 발붙일 곳이 없어진다. 이 여자가 아이 셋 딸린 남자와 결혼해버린 것이다. 소녀는 보육원에 보내졌다가 2년 후에는 다시 이모 집으로 간다. 후에 성인이 된 이 딸은 어머니에 대해 이렇게 말한다. "엄마는 절 원하지 않아요. 전 길에서 엄마를 만나면 피했어요. 제가 살아 있다는 게 엄마한테는 수치스러운 일이었어요."

어느덧 다 자란 이 예쁜 10대 소녀는 열여섯 번째 생일이 보름쯤 지난 후 이웃에 사는 다섯 살 연상의 공장 노동자와 결혼한다. 그러나 이 결혼은 몇 년 안 가 파경을 맞는다. 하지만 이혼하기도 전에 어떤 사진작가가 이 예쁜 젊은 여성에게 관심을 보인다. 이 사진작가는 이 여자를 데리고 다니며 사진을 찍는다. 모델이 된 것이다. 그녀는 계약을 맺고 영화 촬영을 하기에 이른다.

그녀는 갈색 머리를 금발로 물들이고 예명藝名을 쓴다. 그러고는 서서히 배우 경력을 쌓아간다. 그리고 타고난 재능 덕분에 금방 이 분야에서 자리를 잡는다. 귀여운 블론드의 섹스 심벌이 된 것이다. 그녀는 옆도 돌아보지 않고 이 역할에 매진한다. 어떤 작가는 그녀를 두고 "우리의 천사이다. 귀여운 섹스 천사이다"라고 찬사를 보낸다.

1954년 그녀는 열한 살이나 많은 야구 선수와 재혼한다. 그러나 이 결혼도 행복하지 못하고 오래가지 않는다. 이 여자는 처음에는 농담으로, 나중에는 버릇처럼 '아빠'라고 부른 유명한 작가와 세 번째 결혼을 한다. 섹스 심벌로서 뭇 남성들의 상상력을 자극하고 여성들의 찬탄의 대상이 된 그녀의 사생활은 불행하다. 세 번째 남편은 그녀에게 "당신만큼 가엾은 여자는 처음 봤소."라고 말한다.

1962년 8월 5일, 그녀는 스스로 목숨을 끊는다.

사랑이 없는 어린 시절

어린 시절이 '아름답지' 않았던 명사들의 비극적인 전기를 읽은 사람은 "어린 시절은 운명이다"라는 논거에서 빠져나오기 힘들다.

이들 전기는 어린 시절에 겪은 일이 인생에 큰 영향을 미칠 수 있다는 사실을 보여준다. 이들 명사는 발달을 긍정적인 것으로 바꿀 기회를 전혀 잡지 못한 것처럼 보인다.

이들의 인생 뒤에는 누가 숨어 있는가?

외로운 소녀, 외로운 스타. 이 소녀는 로미 슈나이더 Romy

Schneider 이다. 로미는 혼신의 힘을 다해 시시Sissi 황후 역을 연기하고 또 〈파리의 연인(원제는 '산 소치의 산책자Die Spaziergaengerin von Sans Souci'임 - 옮긴이)〉에서도 열연하여 세계적 스타가 되었으며, 팬들의 열렬한 찬탄과 숭배를 한 몸에 받았다. 사람들은 로미한테서 자신의 모습과 희망을 보았다. 로미는 섹시함뿐만 아니라 사생활 때문에 대중 잡지의 관심을 끌었다. 알랭 들롱Alain Delon과의 불행한 관계가 파경에 이르고 열네 살 된 아들 데이비드가 사고로 죽는 등 로미의 사생활은 불행하기 그지없었다. 사람들은 성공한 이 여배우의 가면 뒤에 감추어진 불행, 즉 어린 로미가 태어날 때부터 이미 시작된 불행을 알아내려고 안달했다. 작가 위르겐 트림보른Juergen Trimborn은 부모의 이혼이 로미의 성장에 결정적인 영향을 미쳤다고 본다. "아버지가 집을 나간 것은 로미에게 완전히 치유할 수 없는 상처였다. 로미는 사랑과 남자관계에 관한 한 평생 만족을 얻지 못할 것이다. 로미는 어릴 때 벌써 사랑에 대한 낭만적인 생각을 접었다. 이미 열세 살 때 일기장에 '진실한 남자는 거의 없다'고 적었다."

로미 슈나이더는 고독감에 몹시 시달리고 있다. 곁에 아무도 없어 외롭고 보호를 받지 못한다고 느낀다. 전기 작가 트림보른에 따르면 "로미는 촬영이 끝난 다음 날은 술과 알약으로 외로움을 달랜다. 수면제를 먹어야 잠이 오고 각성제를 먹어야 잠이 깬다. 로미는 수면제와 각성제를 복용하면서 와인, 위스키, 샴페인을 엄청나게 마신다."고 한다. 시나리오 작가이자 감독인 클로드 소테Claude Sautet는 로미에 대해 이렇게 말한 적이 있다. "로미는 촬영이 끝나고 저녁이 되면 술을 엄청 많이 마셨다. 끊임없는 불안을 달래는 방법은 그것밖에 없었다." 배우이자 영화감독인 두 번째 남편 해리 메이언Harry Meyen과 이혼한 후 로미의 감정은 더욱 흔들린다. 로미는 자신에 대해 "난 외로운 여자야. 패배한 여자야." 라고 말한다.

유명 여성 정치가의 딸 이름은 캐럴 대처Carol Thatcher이다. 캐럴의 어머니는 '철의 여인'이라고 불리는 마거릿 대처Margret Thatcher 전 영국 총리다.

캐럴 대처는 다우닝가 10번지에서 정치밖에 생각하지 않는 어머니와 함께 생활했다. 사람들이 존경하고 두려워하는 어머니와 달리 딸은 자신만의 방법으로 이름을 날린다. 캐럴은 삼류 텔레비전 쇼에 출연해 자신의 음주 문제와 금전 문제를 공개적으로 털어놓기도 했다. 캐럴 대처를 '좀 별난 사람'이라고 한 기사도 있고, '경멸, 연민, 동정을 한 몸에 받는 사람'이라고 한 기사도 있다.

캐럴 대처는 유명한 어머니의 딸이라는 유명세를 톡톡히 치러야 했다. 캐럴은 자서전 《어항 안의 금붕어A Swim-on-Part in a Goldfish-Bowl》에서 어머니를 경탄할 만한 여성으로 설명하고, 어머니 역할을 소홀히 한 것을 공공연히 비난하는 것을 삼가기도 했다. 그러나 굳이 그럴 필요도 없었다. 많은 인용문이 한 가지 사실을 분명히 입증해주었으니까. 예컨대 어머니는 크리스마스 때 딸에게 이런 편지를 보냈다. "귀여운 캐럴, 난 크리스마스를 어떻게 보내야 할지 모른단다. 앞으로 여섯 달 동안은 정치적으로 어려운 시기야. 무엇보다도 실업 문제 때문에 말이야. 하지만 우린 이 문제를 잘 극복할 거야."

오늘 시험이 있어 몹시 초조해하는 딸의 말에 어머니가 보인 반응은 의미심장하다. "나처럼 초조해하면 안 돼." 어머니는 당내 표결을 코앞에 두고 있었던 것이다.

어린 시절이 없는 아이. 50년 넘게 가족의 생계를 책임져왔으나 이제 자신의 경력과 인생이 엉망이 되어버린 이 슈퍼스타는 마이클 잭슨Michael Jackson이다. 마이클 잭슨을 모르는 사람은 없다. 그가 불우한 어린 시절을 보냈다는 사실은 널리 알려졌고, 오랫동안 대중 잡지의 인기 있는 주제였다. 그러나 사람들은 그의 기괴한 외모, 그의 농장 네버랜드Neverland에서 일어난 사건, 그가 아동 학대 혐의로 기소된 것, 그를 둘러싼 명사들에게 더 큰 관심을 보였다. 식구를 먹여 살리기 위해 무대에 올라야 하고 때로는 얻어맞아 가면서 노래하고 춤춰야 했던 어린 시절 경험과 50년간의 삶이 어쩌면 연관성이 있을지도 모른다는 사실을 사람들은 알지 못한다. 아이들은 마이클 잭슨을 보호받지 못하고 어린 시절을 빼앗긴 아이로만 기억할 것이다. 잭슨은 자기가 누리지 못했던 것을 아이들에게 돌려주려고 했을 것이다. 또 아이들이 응석을 부리며 자라는 것을 보고 싶어 했을 것이고, 아이들을 보살펴주고 싶어 했을 것이고, 아이들답게 마음껏 뛰놀 수 있는 세상을 만들고 싶어 했을 것이다.

한편 자기가 겪은 일을 되풀이시키는 어린 시절의 마귀가 마이클 잭슨 안에도 도사리고 있었다. 그 때문에 잭슨은 어린아이를 학대했을지도 모른다. 성적으로 학대했다는 말이 아니라 잃어버린 어린 시절에 대한 대리만족으로 그렇게 했을지도 모른다는 말이다. 이 학대 속에는 자신이 받지 못한 사랑과 관심을 어린아이들에게 주려고 하면서 자신의 이야기를 새롭게 쓰려는 필사적인 시도가 담겨 있을 것이다.

물론 이런 것은 모두 억측이지만 마이클 잭슨이 괴로워했다는 것은 확실하다. 잭슨은 괴로워했다. 어린 시절에 이미 많은 어려움을 겪었고 아무도 이 짐을 덜어줄 수도 없었으며, 또 덜어주려고 하지도 않았으니까. 잭슨이 자신의 복귀를 알리는 기자회견을 연 후 언론은 그의 건강에 대해 의구심을 가졌다. 기자들이 여윌 대로 여윈 그의 모습을 이상하게 여긴 것이다. 이 억측은 들어맞았다. 이 '고독한 황제(《슈피겔Spiegel》은 잭슨을 이렇게 불렀다)'는 2009년 6월 심부전

심리학이 어린 시절을 말하다

증(공식 사인 死因이다)으로 죽는다.

고향을 잃어버린 천사, 노마 진 모텐슨 Norma Jeane Mortenson 은 유명하고 세인의 찬탄을 받는 사람이지만 평생 "찾아갈 곳도, 찾아갈 사람도 없었다." 세 번째 남편인 작가 아서 밀러 Arthur Miller 는 노마에 대해 이렇게 말했다. 밀러는 흔히 메릴린 먼로 Marilyn Monroe 라는 예명으로 불리는 노마 진과 1956년에 결혼했다. 그러나 1960년에 파경을 맞았다. 결혼 직전에 노마는 정신과 치료를 받기 시작해 1955년부터 1962년 사망하기까지 정신과 의사 랠프 그린슨 Ralph Greenson 을 정기적으로, 어떤 때는 하루에 두 번 찾아갔다. 먼로는 밀러와도 자신의 과거에 대해 이야기를 나누었다. 보육원에 도착했을 때의 심정도 밀러에게 털어놓았다. 먼로는 이루 말할 수 없는 충격을 받고 절망적으로 부르짖었다. "난 고아가 아니야! 고아가 아니란 말이야!" 밀러는 회상록에 이렇게 썼다. "먼로는 어머니가 자기를 버리고 다른 사람한테 넘겨주었다는 데 충격을 받았다." 밀러가 묘사한 다음 문장도 이 체험을 설명해줄 것이다. "시간이 지남에 따라 나는 먼로가 변덕이 심하다는 것과 나이 든 여자를 주위에 두고 그 여자들에게 이용당하면서 비정상적인 만족감을 느끼고 있다는 것을 알게 되었다."

노마 진은 슈퍼스타 메릴린 먼로로서도 행복해질 수 없

었다. 아서 밀러는 이렇게 말했다. "먼로의 어머니는 정신 질환을 앓았다. 언젠가는 먼로의 신세를 망칠 여자였다. 게다가 엄격한 청교도적 교육이라는 종교적 배경도 가세했다. 공교롭게도 먼로가 택한 직업, 곧 쇼 비즈니스, 배우라는 직업은 유달리 저주받은 일로 여겨졌다. 금지된 일을 하고 있는 죄인이라는 오명이 평생 먼로를 따라다녔다. 먼로는 카메라에 다가갈 때마다 마음속으로는 처벌을 기다리기 위해 카메라에 저항했다."

먼로가 느끼는 공허감을 지속적으로 채워줄 사람이 나타날지도 모른다는 희망은 아서 밀러와의 결혼 생활이 파탄 났을 때 여지없이 깨졌다. 밀러와 이혼한 지 22개월 만에 먼로는 자살했다.

어린 시절 이야기 네 개에 운명이 네 개 있다. 이들의 어린 시절은 낙원과는 거리가 멀었다. 이들은 혹사당하고 따돌림 받고 무시당하고 얻어맞았다. 애정 어린 관심을 받은 사람은 없었다. 그럼에도 메릴린 먼로, 로미 슈나이더, 마이클 잭슨, 캐럴 대처는 인생에서 무언가 이루는 데 성공했다. 캐럴 대처는 유명한 저널리스트가 되었고, 나머지 사람은 사람들의 선망과 찬탄을 한 몸에 받는 스타가 되었다. 하지만 행복하고 만족스러워하지는 못했다. 이들은 자신이 원하는 삶을 살지 못했다. 왜 그렇게 되었을까? 오로지 어린 시절의 경험 탓일까? 아니면 어린 시절에 입은 상처를 극복하지 못하게 하는 다른 이유라도 있을까? 누가 이 질문에 명확히 대답할 수 있을까?

노마, 로미, 마이클, 캐럴의 삶에는 무언가 중요한 것이 결여되어 있었다는 것은 확실하다. 어린 시절에 이들에게 필요한 것이 충족되었다면 그 후의 삶이 순탄하고 만족스럽고 행복했을까? 우리는 흔히 아이들에게 필요한 것은 무엇일까, 인생을 제대로 살기 위해 '기본적으로 갖추어야 할 정신적 자산'은 무엇일까 하는 질문을 받는다. 당신은 이것을 갖추었는가? 아니면 당신이 이런 중요한 경험을 하는 것이 불가능했는가? 당신에게는 건전한 정신이 발달할 수 있는 토대가 없었는가?

2

어린 시절에
필요한 것들

방향 설정

"사람들은 아이를 일찍 세상에 내보내 평범한 것에 익숙해지도록 가르쳤다. 걸핏하면 '지금 해야 한다'느니 '그건 하면 안 돼'라고 말하는 환경에서 아이는 행복해질 수 없다. 이런 말을 들을 때마다 아이는 말의 세계에서 빠져나와 반은 보이고 반은 그늘이 덮인 세계, 마음속에서 멀리서만 들을 수 있는 세계로 몸을 감춘다."

_ 한스 게오르크 베르 Hans-Georg Behr

사람들은 메릴린 먼로, 로미 슈나이더, 마이클 잭슨, 캐럴 대처의 부모를 '훌륭한' 부모라고 할 수 있을지 물을 것이다. 부모는 아이를 보살피고, 아들이나 딸이 잘되기를 바라며, 만족해하고 행복한 성인으로 자라기를 바란다. 유명 인사의 가정은 겉으로는 매우 정상적인 듯 보인다. 당신의 집안처럼 말이다. 당신의 집안에도 꽤나 중대한 문제(아버지 또는 어머니가 실직하거나, 부모가 이혼하거나, 자주 이사를 하거나 아픈 사람이 있는 경우 등)가 있겠지만 전반적으로는 특이한 점이 눈에 띄지 않는 아주 평범한 가정일 것이다. 여느 부모와 마찬가지로 당신의 부모도 집안이 바르게 돌아가게 하려고 노력했을 것이다. 또 당신의 부모는 훌륭한 부모가 되려고 애쓰고, 당신에게 최상의 기회를 제공하려고 애썼을 것이다.

이런 점에서 당신의 부모는 당신이 행복하기를 바라고

성공하기를 바라는 훌륭한 부모였다. 부모는 당신을 기르고 교육시켰다. 또 아플 때 보살펴주고, 당신의 재능이 꽃피도록 도와주었다. 그 덕분에 좋은 교육의 '조건'이 갖추어졌을 것이다. 어린 시절이나 청소년기에 폭력이나 학대를 당한 사람이 아니라면 당신은 매우 정상적인 가정에서 자랐을 것이다.

그런 정상적인 환경에서 자랐을지라도 당신이 제대로 보살핌을 받으려면 - 다른 아이들도 마찬가지이지만 - 중요한 권리가 마땅히 당신에게 주어져야 할 것이다. 이 권리는 유엔 아동권리협약 맨 앞에 규정되어 있는 것으로 사랑, 안전, 이해에 둘러싸여 자랄 권리를 말한다. 이는 모든 부모에게 인생에서 가장 필요한 것이 결여되어 있더라도 실현할 수 있는 권리이다. 이 중요한 권리에는 돈이 들지 않고, 특별한 훈련이나 그 밖의 어떤 전제 조건도 필요하지 않다. 이러한 자녀의 권리를 실현하기 위해서는 자녀에 대한 사랑만 있으면 된다. 그러나 이 사랑마저 주지 않는 부모가 많다.

당신은 어린 시절을 어떻게 기억하고 있는가? 아무 걱정 없이 안전하게 보호받고 행복해하던 때가 있는가? 어릴 때 어떤 사람에게서 무조건적인 사랑을 받은 적이 있는가? 활짝 웃으며 당신에게 목말 태워준 사람이 있는가? 어떤 사람이 참을성 있게 들려주는 이야기를 듣고 나서 기분 좋게 이불을 덮은 적이 있는가? 어릴 때 해야 할 중요한 일이 무엇인지 가르쳐준 사람, 같이 숲속을 거닐며 당신이 궁금해하는 새 이름이나 꽃 이름을 가르쳐준 사람이 있는가? 당신의 잠재력을 알아보고 그것을 꽃피우게 해주려고 신경 써준 사람이 있는가? 무릎을 다쳤을 때 달래준 사람, 열이 날 때 침대 곁에 있어 준 사람이 있는가? 반려동물을 떠나보내던 날 당신이 좋아하는 음식을 만들어준 사람이 있는가?

이 질문의 대부분에 그렇다고 대답할 수 있다면 당신은 사랑, 안전, 이해에 둘러싸여 자랐을 것이다. 그러면 당신의 부모는 아이의 이 기본권을 인정하고 이에 맞게 행동했다고 볼 수 있다. 또 처음부터 따뜻한 감정으로 당신을 대했고, 철학자 마르틴 부버Martin Buber가 말한 '순수한 관심'을 보였다. 당신의 부모는 미소와 상냥함으로 당신을 대했다. 또 당신이 바라는 것을 해주었고, 주의를 기울이며 존중한다는 것을 보여주었고, 독립심을 북돋아 주었다. 또 당신이 원하는 것과 불안해하는 것에 귀를 기울였고, 당신에게 건전한 한계를 정해주고 후원해주기도 했으며, 자신의 행복이 아니라 당신의 행복을 염두에 두면서 당신을 지원하고 방향을 제시하기도 했다.

아이의 행복을 중시하고 사랑, 안전, 이해를 바탕으로 아이의 권리를 인정하는 교육의 결과가 어떤 것일지 한번 상상해보라. 당신의 인생을 보물 상자라고 상상해보라. 태어날 때 이 보물 상자는 비어 있다. 부모나 그 밖의 어른이 이 상자를 채워야 한다. 당신이 적절한 보살핌을 받을 때, 안전과 애정을 경험할 때, 어른에게서 미소를 배울 때, 불안이 없어질 때, 독립심이 생겨날 때, 칭찬과 인정을 받을 때, 실수를 하고 그럼으로써 무언가 배울 수 있을 때 이 상자는 가득 찬다. 이런 전제 조건이 충족되면 당신은 인생의 보물 상자에 소중한 것을 담을 수 있고, 그 덕분에 세파를 헤쳐 나갈 수 있다. 인생의 도전에 맞닥뜨리는 데 필요한 든든한 배경을 가지고 있다는 것을 알고 있으니까. 가득 찬 보물 상자는 값진 것으로 이 상자를 가득 채워준 사람한테 끌리고 있음을 보여주는 증거이기도 하다.

그러나 당신 인생의 보물 상자가 가득 차지 않고 반쯤 비어 있으면 당신은 불안해지고, 부족한 것을 끊임없이 채우려고 하게 마련이다. 그래서 당신에게 부족한 것을 채워 주려고 안간힘을 쓰는 사람, 반쯤 빈 인생의 보물 상자를 가진 다른 사람한테 끌릴 위험에 처한다. 당신의 보물 상자에 소중한 것이 가득 차느냐 아니냐는 어린 시절에 같이 산 어른에게 달려 있다. 당신이 성장하는 과정에서 같이 생활한 사람이나 부모는 당신이 어렸을 때 당신의 소중한 기본적 욕구를 채워주는 데 신경 썼어야 한다. 이 욕구가 무시되면 당신은 어른이 된 뒤에도 흔들리는 땅 위에 서 있는 듯 온갖 불안한 감정에 사로잡힐 것이다.

어린 시절의
욕구

어린아이는 주위에 있는 가장 가까운 어른에게 의지한다. 어른들이 자신을 돌보아주고 감싸준다고 믿고, 함께 기뻐해주고 자신에게 관심을 가지고 있다고 믿는다. 또 부모가 자기만 생각해주고 자신의 욕구에 적절하게 반응한다고 믿는다. 부모가 어린아이의 욕구를 알아채고 충족시켜주는지 여부와 그 방법은 아이가 어떤 사람으로 성장하는지에 결정적인 영향을 미친다. 이렇게 한 사람의 인생에 중요한 역할을하는 어린 시절의 욕구는 다음과 같다.

- 안정된 관계를 추구하려는 욕구
- 사랑받으려는 욕구
- 독립하려는 욕구
- 존중받으려는 욕구
- 능력을 인정받으려는 욕구
- 공감을 얻으려는 욕구
- 안전한 경계를 확보하고 방향을 설정하려는 욕구
- 자신의 감정과 견해를 표현하고 싶어 하는 욕구
- 적절히 고무받으려는 욕구

어린 시절에 부모나 그 밖의 사람과 어떤 관계를 맺느냐에 따라 이후의 정신 건강, 대인 관계, 스트레스 저항력이 크게 달라진다. 태어난 후 3년간 소중한 사람과 바람직하고 안전한 관계를 맺는다면 어린 시절에 매우 중요한 정신적 안정을 확보할 수 있다. 정신적 안정은 인생을 순탄하게 해주는 항공모함과도 같은 역할을 한다. 한 살 때 부모나 그 밖의 소중한 사람과 긍정적인 관계를 맺지 못한 것이 평생 좋지 않은 영향을 미칠 수도 있다. 당신은 인생을 바꿔놓을 수도 있는 이 관계 규칙을 생후 첫해에 배운다. 예컨대 "난 누군가에게 의지해야 해", "난 완벽해야 해", "난 울면 안 돼"와 같은 규칙이 있다.

정신적 안정은 어린 시절에 받는 애정에서 생겨난다. 젖먹이와 부모 간의 친근한 접촉은 인생의 방향을 결정한다. 이 접촉 덕분에 정신적 안정을 확보할 수 있다. 그러나 이 접촉이 불안전, 냉대, 거절로 이어지면 관계가 불안해진다.

어린 시절에 주변 사람과 불안한 관계를 맺었다면 성장한 뒤 대인 관계에 어려움을 느낄 수 있다. 다른 사람과 친밀한 관계를 맺길 기피하는가 하면 관계가 너무 가까워도 불안해하며 "다른 사람은 없어도 돼. 혼자서도 잘 지내니까"라고 중얼거릴지도 모른다. 그러나 사실은 어린 시절처럼 실망할까 봐 두려워 다른 사람이 다가오지 못하게 하는 것이다.

사랑받으려는 욕구

프랑크푸르트 공항 대합실. 20여 명이 마중 나와 있다. 어떤 젊은 남자가 회사 이름이 적힌 표찰을 들고 있다. 회사 직원을 마중 나온 모양이다. 새빨간 장미를 든 채 초조히 서성대는 40대 중반의 뚱뚱한 남자도 있다. 아무리 봐도 어머니를 기다리고 있는 것 같지는 않다. 두 살 남짓한 금발의 딸을 데리고 초조히 접근선 너머 화물 검색대 쪽을 자꾸 쳐다보는 젊은 여성도 있다. 이 여성은 도무지 종잡을 수가 없다. 누구를 기다리는 걸까? 아기 아빠일까? 친구일까? 아니면 친척일까?

이윽고 승객들이 나오기 시작한다. 한꺼번에 우르르 몰려 나오는 사람도 있고, 컨베이어벨트에서 짐을 찾는 대로 한두 명씩 자동문을 빠져나오는 사람도 있다. 인사하는 모습도 제각각이다. 얼싸안는 사람이 있는가 하면 기뻐서 눈물을 흘리는 사람도 있고, 어깨를 살짝 치는 사람도 있으며, 악수만 하고 마는 사람도 있다. 문득 그 젊은 아기 엄마가 눈에 들어온다. 그녀는 방금 자동문을 빠져나온 나이 지긋한 남자에게 손을 흔든다. 그러고는 어린 딸을 번쩍 들어 올리더니 팔을 쭉 내뻗고 있는 55세 남짓한 남자에게 넘겨준다. 남자는 아이를 받아 뺨에 쭉 키스하고 나서 품에 꼭 껴안는다. 아이는 배시시 웃으며 할아버지인 듯한 남자의 목에 착 달라붙는다. 이 수염투성이 남자는 어린아이를 안은 채 젊은 여성과 안부를 주고받는다. 아이의 얼굴은 기쁨으로 빛난다.

이 아이는 매우 소중한 경험을 한다. 이 아이에게는 진심으로 자기를 사랑해주는 할아버지가 있다. 이 아이는 인생에서 아주 중요한 시기인 어린 시절에 자신의 존재를 아무 조건 없이 기뻐해 주는 사람이 있다는 것을 체험한다. 아이가 앞으로 어떤 일을 겪으며 살아갈지 몰라도, 이 경험을 빼앗아 갈 수 있는 사람은 없다. 물론 할아버지의 사랑이 아이가 행복한 사람으로 성장하는 것을 보증해주지는 않는다. 할아버지의 사랑 덕분에 실제로 이 아이가 더 나은 삶을 살게 될지 아닐지는 아무도 모른다. 하지만 자신의 존재를 기뻐해 주는 사람이 없는 아이보다 더 나은 조건에서 출발하는 것은 분명하다. 어린 시절에 '자기를 몹시 사랑해줄 어른'을 찾으려고 헛되이 발버둥 치는 아이보다 이 아이가 맞닥뜨릴 수밖에 없는 인생의 걸림돌을 더욱 자신 있게 극복해내고 성공하리라는 것은 쉽게 짐작할 수 있다. 이런 조건은 누군가 어린아이의 존재에 대해 무조건적으로 기뻐해 줄 때 생긴다.

당신도 공항에서 본 그 아이처럼 당신을 몹시 사랑해준 어른이 있었는가? 그렇다면 어린 시절에 매우 소중한 경험을 한 셈이다. "나는 사랑받고 있다. 나는 환영받고 있다. 보다시피 나는 정상이다!" 이렇게 외칠 수 있다면 세상은 당신에게 더욱 안전한 곳이 될 것이다. 당신은 어린 시절에 부모나 그 밖의 소중한 사람을 무조건 신뢰하고 이들의 애정과 호의에 언제나 의지할 수 있다는 것을 깨달았다. 이제 당신은 어른으로서 이 기본적인 신뢰를 다른 사람에게도 적용한다. 당신에게는 다른 사람과 관계를 맺고 이를 유지하는 것이 어렵지 않다.

그러나 당신은 부모가 호의를 어떤 조건과 결부시키지 않을 때에만 사랑받고 있다고 확신할 수 있다. 음식을 말끔히 먹어 치우고 좋은 성적을 받고 부모 말을 고분고분 잘 듣기 때문에 사랑받는 아이는 안정된 자아 존중감을 발전시킬 수 없다. 불가피한 실수를 걸핏하면 성격 탓으로 돌리면 자아 존중감이 뿌리째 흔들린다. 어릴 때 '나쁜 놈', '고집불통', '멍청이'라는 말을 반복해서 들으면 자신이 정상적인 사람이 아니라는 확신이 마음속에 자리 잡게 된다.

그러면 자신이 쓸모없다고 생각하게 되고, 다른 사람이 언제나 더 낫고 더 똑똑하고 더 사랑받고 있으며 더 성공하고 있고 독립심이 더 강하다고 생각한다. 약한 자기 존중감은 행복을 느끼는 데 걸림돌이 될 수 있다. 자기 존중감이 떨어지면 절호의 기회를 놓칠 수 있고, 심각한 문제에 부닥칠 수도 있다. 또 자신의 능력을 의심하고, "난 아무것도 할 수 없어", "난 번번이 실패하기만 해", "난 바보야"와 같은 자기 비하에 시달리게 된다. 그뿐 아니라 자신을 믿지 못하는 만큼 남도 믿지 못하게 된다. 당신이 다른 사람의 애정과 인정을 받을 수만 있다면! 어릴 때 애정과 인정을 받지 못해 고통받았던 당신은 언제나 그것들을 갈망한다. 또 다른 사람과 관계를 맺으려고 한다. 그러나 이 소망은 결국 또 따돌림 받고 말 것이라는 걱정과 결부되어 있다.

정신적 안정을 확보하는 데 필요한 소중한 것을 어릴 때 경험하지 못하면 자기 존중감이 약해질 수밖에 없다. 요컨대 공항에서 본 그 아이처럼 어릴 때 사랑과 인정을 받는다고 느낄 때에만 당신은 정신적인 안정을 얻을 수 있다.

독립하려는 욕구

당신은 자기 주관이 뚜렷하고 무엇을 하고 싶다거나 하고 싶지 않다고 분명히 말할 수 있는 사람인가? 당신은 쉽게 "아니요"라고 거절하거나 맺고 끊을 수 있는가? 속으로는 "아니요"라고 말하고 싶으면서도 번거로운 것이 싫어서 "네"라고 말하기도 하는가? 당신이 자신의 의지보다 다른 이의 의지를 더 중요하게 여기는 사람이라면 분명 어릴 때 중요한 발달 단계를 거치지 않았을 것이다.

이를테면 당신은 약 2년간 주변 환경을 살폈다. 보는 것마다 신기해서 호기심이 생겼다. 당신은 집 안에 있는 온갖 물건과 다른 사람에 대해 관심을 가졌을 뿐만 아니라 한 가지 사실에 유달리 매혹되었다. 두 살 남짓 되었을 때 아버지나 어머니와 떨어져서 존재할 수 있다는 사실을 깨달은 것이다. 당신은 자기 의지가 있는 독립된 사람이라는 것을 처음으로 경험했다. 또 거부라는 것을 알았고, 부모의 뜻을 거스를 수 있다는 것을 알았다. 완전히 새로운 세계가 열렸다. 제 발로 걸을 수 있게 되어 어머니 품을 벗어나 움직일 수 있게 되고 주변 환경을 살피게 된 것이다. 이것은 굉장히 멋지고 즐거운 일이었다. 하지만 만일 어머니나 정신적 지주가 되는 사람이 가까이에 있거나 무슨 말이든 해준다고 확신할 때에만 기쁨을 느낄 수 있었다. 안전하게 지켜주는 사람과 멀어지면 바로 불안해지기 때문이다. 이것은 완전히 혼자 있다는 불안, 어머니나 정신적 지주와 떨어져 있다는 불안이다. 두 살 무렵에 주변 환경을 살펴보는 여행이 성공적인 체험으로 이어지느냐와 혼자 돌아다니기를 좋아하느냐 여부는 어른의 반응에 달려 있다.

어렸을 때 엄마나 아빠가 곁에 있다는 사실을 분명히 인지하고 발견자의 기쁨을 맛보거나 '넓은 세계'로 나갈 수 있었다면 성인이 된 뒤에도 자신의 의지에 관련된 문제는 겪지 않을 것이다. 자신의 의지를 알고 이를 표현할 수 있기 때문이다. 하지만 이 중요한 발달 단계에서 실패를 맛보았다면 당신은 지금 자신이 정말로 무엇을 하고 싶어 하는지 전혀 모를 것이고, 따라서 다른 사람의 의지에 따르려고 할 것이다.

작가 마리안 크륄은 어머니에 대해 이렇게 썼다. "어머니가 일일이 간섭해 나는 주변 세계를 탐색할 여유가 없었다. 또래 친구도 없었다. 그렇다고 아쉽지도 않았다. 어머니만 있으면 되었으니까." 자립심을 발전시켜야 할 아이에게 과보호와 지나친 간섭은 그야말로 독이다. 부모가 아이에게 기회를 충분히 주고 그들 자신의 욕구를 충족시키기 위해 아이를 이용하지 않을 때에만 아이는 독립하거나 자립할 수 있다고 느끼기 때문이다. 부모가 아이를 자신한테 너무 묶어두면 아이는 자신의 것은 아무것도 가지지 못하고 부모의 욕구가 자신의 욕구보다 더 중요하다고 생각하게 된다. 그 때문에 아이는 자신의 능력을 계발하지 못하고, 부모의 생각과 보호에 매달리게 된다.

아이의 욕구가 체계적으로 무시당하고 억압당하면 아이는 언젠가 자립하기를 포기하고 순응하게 되며 '얌전한' 아이가 되어버린다. 그리고 부모의 기대를 저버릴 것 같은 행동은 뭐든지 억압한다. 어린 시절에 자신을 너무 억압하면 극단적인 결과를 초래할 수 있다. 이렇게 자신을 억압하며 자란 아이는 자신의 인격이 지닌 가치를 경험하지 못한 탓에 성인이 되어 우울증에 걸리기 쉽다. 아버지나 어머니가 아이를 소유물로 여기거나 자기 자신의 연장延長으로 여기면 아이는 "나는 나다"라는 소중한 경험을 하지 못한다.

자립심이 충분히 발달하지 못하면 우울증에 걸리는 것에

그치지 않는다. 자립심이 결여되면 꿈을 실현하지 못한다. 정신분석학자 우테 아우하겐 슈테파노스Ute Auhagen-Stephanos 는 본의 아니게 아이를 가지지 못한 여자를 오랫동안 연구한 끝에 다음과 같은 사실을 확인했다. "불우한 어린 시절을 보낸 여성 중에는 어머니의 소유물 역할을 한 경우가 많다. 어머니는 자신의 부족한 면을 메우기 위해 아이를 이용한다. 어머니는 아이를 낳고도 아이의 자아를 인정하지 않는다." 슈테파노스의 견해에 따르면 이런 딸들은 어린 시절의 경험 때문에 커서 아이를 가지기 어렵다. "이런 여성은 아이를 가지기 전에 자신이 진정으로 원하는 것이 무엇인지부터 알고 싶어 하는 것 같다." 이런 여성들은 자신에게 기쁨을 주기 위해 아이를 가지려고 하지는 않는다.

존중받으려는 욕구

'존중respect'이라는 단어는 '레스피케레respicere'라는 라틴어에서 나왔다. 이 말은 누군가를 보는 것, 자신의 욕구와 약점을 되돌아보는 것을 의미한다. 어른들은 존중받고 싶어 하고, 자존심에 상처를 입으면 명예훼손 소송을 제기하기도 한다. 그러면서도 아이도 존중받아야 하는 존재라는 생각은 하지 못한다. 오히려 대개는 그 반대로 생각한다. 아이는 어른을 존중해야 한다고 생각하는 것이다. 하지만 아이에게도 존중받고 싶다는 강한 욕구가 있다. 그럼에도 아이는 존중받지 못할 때가 많다. 존중받기는커녕 모욕, 조소, 경멸을 받기 일쑤다.

모욕에는 여러 가지가 있다. 그저 단순히 놀려대거나, 말 혹은 행동을 조롱하거나, 외모를 비웃는 행동이 이에 속한다. "야, 저기 꼬마 뚱보 온다"라는 말이나 "어젯밤 또 오줌 쌌대"라는 말을 들으면 아이는 "난 좀 모자라는 아이인가 봐. 그러니 요 모양이지. 난 아무짝에도 쓸모없어"라고 생각하게 마련이다. 끊임없는 비난, 다짜고짜 휘두르는 폭력, 반복되는 비방("얼간이 같으니라고. 뭐 하나 제대로 하는 게 없어!")은 아이의 자기 가치감을 크게 흔들어 자신의 능력을 불신하게 할 수 있다.

또 성 니콜라우스 축일(12월 6일 – 옮긴이)이 다가왔다. 그는 이번에는 용감해지기로 마음먹었다. 꼭 그렇게 하리라고 거듭 다짐했다. 이번에는 그들이 자기를 비웃지 못하게 하고, 자기를 '겁쟁이'라고 부르지 못하게 할 참이었다. 작년처럼 방에 숨지 않고 두 눈을 부릅뜨고 똑바로 쳐다보려고 했다. 어쨌든 그는 여섯 살이고 학교에도 다녔다. 조마조마함이나 손이 떨리는 것 따위는 무시하기로 했다.

그는 식구들 몰래 계단으로 살금살금 다가가 현관 바로 앞의 계단 맨 아래에 앉았다. 성 니콜라우스와 무시무시한 크람푸스 Krampus(성 니콜라우스의 시종으로 악마 모습을 하고 있고 나쁜 아이를 벌준다고 함-옮긴이)가 나타나기를 기다렸다. 날이 추워 몸이 얼어붙을 지경이었다. 시간이 지나면서 그는 추워서 떠는지 무서워서 떠는지조차 구분할 수 없었다. 이번에는 무슨 불호령이 떨어질까? 올해에는 장부에 빚이 얼마라고 적힐까?

얼마나 오래 기다렸을까? 시간이 멈춰버린 듯했다. 하지만 아무 일도 일어나지 않았다. 갑자기 문 열리는 소리가 들렸다. 어머니가 나타났다. 자기를 찾고 있는 것이 틀림없었다. "여기 있었구나. 저녁상을 차려놓고 기다리고 있었어. 도대체 이 추운 데서 뭐 하는 거니?"

바야흐로 그가 승리할 시간이 왔다. "니콜라우스를 기다리고 있어요." 그는 단호한 목소리로 말했다. 불안감은 조금도 느껴지지 않았다. 이제 어머니가 자기를 다 큰 아이로 인정해줄 것이 틀림없다고 생각했다. 하지만 어머니는 시큰둥한 표정을 짓더니 피식 웃기만 했다. 그러고 나서 아버지와 형을 데리고 왔다. 모두들 그를 보고 웃었다. 쩔쩔매는 그를 보고 아버지가 말했다. "올해는 니콜라우스가 안 와. 넌 이제 그런 짓 할 나이가 아니야."

능력을 인정받으려는 욕구

"어머니는 수건을 들고 사다리에 올라가 있는 나를 보더니 '또 금방 더러워졌구나'라고 꾸짖었다. 그러고는 내가 진

달래 가지치기를 마구잡이로 했다는 것을 알아챘다. 어머니는 고맙다고 말한 적이 없었고, '니나, 참 잘했어'라고 말한 적도 없었다. 그런 말은 아예 할 줄 몰랐다. 집에 같이 있을 때도 한 번도 칭찬해준 적이 없었다. '그만하면 됐어'라는 말이 나를 인정해주는 최고의 찬사였다. 어릴 때 학교에서 좋은 성적을 받아오면 '그래. 그만하면 됐어'라고 말했다."

엘케 하이덴라이히의 소설《가장 아름다웠던 날들 Die Schoensten Jahre(우리나라에는 '세상을 등지고 사랑을 할 때'라는 제목으로 출간됨 - 옮긴이)》의 한 대목이다. 이 이야기는 많은 사람들이 어린 시절에 겪었을 경험, 즉 칭찬에 인색한 부모 밑에서 자란 사람들의 경험을 잘 보여준다.

어렸을 때 칭찬을 받아본 적이 거의 없다면, 잘했다는 말은 들어보지 못하고 잔소리만 들었다면 당신도 스스로 무언가 성취할 수 있고 다른 사람에게 인정과 격려를 받을 능력이 있다는 생각을 거의 하지 못했을 것이다. 부모가 실수만 꼬집고 잘한 일은 당연한 것으로 여기면 당신은 지금도 자신의 능력을 계발하거나 자긍심을 갖기 힘들 것이다. 자신의 능력을 의심하면 마지못해 일을 하거나 아예 손을 대지 않게 된다. 당신은 실패를 언제나 자신의 그릇된 행동 탓으로 돌리기 때문에 실패를 하면 "난 되는 일이 없어!"라면서 낙담한다.

어릴 때는 어른의 말을 듣고 온갖 생각을 하게 마련이다.

"솜씨가 그것밖에 안 돼!", "입 다물어!", "어른이 말할 땐 잠 자코 있어", "아직 그것도 몰라!" 등과 같은 말을 반복해서 들으면 당신은 방해만 하는 사람이고 당신의 의견은 쓸모없 는 것이라고 생각하게 된다. 어린 시절에 부모가 자신의 능 력을 신뢰한다고 느끼지 못했다면 성인이 된 지금 자아 존 중감이 몹시 흔들릴 것이고, 그 결과 다른 사람의 인정에 의 존할 가능성이 크다.

그런데 반대로 지나친 칭찬은 지나친 꾸지람만큼 해롭다. 자녀를 이상화하고 자녀의 행동이 죄다 마음에 든다고 생각 하는 부모는 바라는 것과 정반대되는 결과를 초래한다. 아 이는 자신의 장단점을 있는 그대로 평가하지 못하고, 늘 꾸 지람만 듣는 아이처럼 불안한 반응을 보인다.

오스트리아의 소설가 마리 폰 에브너 에셴바흐 Marie von Ebner-Eschenbach는 "산이라도 옮길 수 있는 믿음이 있다면 그 것은 바로 자신의 힘에 대한 믿음이다"라고 말했다. 다른 사 람이 우리를 신뢰하고 우리의 능력을 파악해 북돋아 주고 우리가 하고 있는 일이 옳다는 느낌을 심어줄 때에만 자신 의 힘에 대해 믿음을 가질 수 있다.

공감을 얻으려는 욕구

아이가 무슨 일을 당했을 때는(무슨 일인지는 중요하지 않다) 아이의 고통을 살펴보고 확인해줄 어른이 있어야 한다. 아이가 넘어지거나 무릎을 부딪치면 몸의 상처뿐만 아니라 정신적 고통(넘어질 때 느낀 공포)도 알아채고 돌봐줄 누군가가 그 자리에 있어야 한다. 집에서 기르던 토끼가 죽었을 때 느끼는 슬픔, 친구한테 거절당했을 때 느끼는 창피함, 선생님에 대한 두려움, 나쁜 성적을 받았을 때 치미는 분노 같은 사소한 감정에 신경 써주는 어른, 즉 귀담아 들어주고 보고 위로해줄 어른의 존재는 아이에게 아주 중요한 문제다. 이런 어른을 통해 아이는 귀중한 체험을 할 수 있다.

어릴 때 당신은 부모의 공감 능력에 의존했다. 어른들은 당신에게 주의 깊고도 민감하게 반응하고 당신이 경험하고 겪은 일을 이해해주었을 것이다. 당신에게는 슬프거나 외롭고 불안할 때 당신을 달래주고, 이런 감정을 일으키는 원인을 없애줄 수 있는 사람이 필요했다. 어릴 때 아버지나 어머니가 없었거나 있어도 당신이 처한 어려움을 알아주지 못해 위안을 받지 못했다면 적지 않은 스트레스를 받았을 것이다. 그 때문에 아무도 당신의 감정에 관심을 보이지 않고, 믿을 사람이 없다고 지레짐작했을 것이다. 당신은 버림받았다고 느끼고, 부모의 반응에 대한 감정을 표현하지 않아야 한다는 교훈을 얻었다. 그래서 자신의 불안을 가슴에 묻어두었다. 당신은 아무도 당신의 감정에 관심을 가지고 있지 않다는 것과 위로와 호의는 없다는 것을 알았다. 그래서 겉으로는 아무 일도 없는 것처럼 얌전하고 침착하게 행동했을

심리학이 어린 시절을 말하다

것이다. 그러나 실제로 마음속에는 감정이 들끓고 있었다. 어른의 행동을 보고 "아무도 내 슬픔에 관심을 가지지 않아" 라고 결론을 내리거나 "난 감정을 가슴속에 묻어둘 거야"라고 결심한 아이는 엄청난 대가를 치른다. 최근의 연구 결과에 따르면 관심을 받지 못한 아이는 어려운 상황에서도 겉으로는 태연자약하지만 생리학적으로 측정해보면 심장이 몹시 뛰고 혈중 스트레스 호르몬 수치도 높아진다. 이런 아이에게는 전류가 통하고 있지만, 아무도 눈치채지 못한다.

　　여덟 살 난 소녀가 배를 움켜쥔 채 교실에 앉아 있었다. 여선생님은 더는 이 아이를 바라볼 수 없었다. 아이가 걱정되었는지 집으로 돌려보냈다. 어머니가 보니 딸은 벌써 얼굴이 꽤 노래져 있었다. 그런데도 딸은 말이 없었다. "도대체 왜 그러니? 배 아프니? 그렇게 우거지상을 하면 못써!" 어머니가 집에 있을 때 딸은 집안일을 거들어주어야만 했다. 딸은 꼭 참고 조심스럽게 가구의 먼지를 떨려고 했다. 말 그대로 이를 악물었지만 고통이 점점 심해졌다. 딸은 가녀린 몸을 비비 틀다가 심한 산통을 겪는 여자처럼 무너지듯이 쓰러졌다. 그제야 어머니가 화들짝 놀라 의사를 불렀다. 의사는 급성 맹장염 진단을 내리고 맹장이 파열되었을지도 모른다면서 구급차를 불렀다. 딸은 병원에서 즉시 긴급 수술을 받았다.

딸은 참을 수 없이 아픈데도 이를 가슴에 묻어두기만 하고, 너무 오랫동안 아무에게도 이야기하지 않았다. 아프다고 해봤자 "뭐 그까짓 것 가지고"라고 말하면서 거들떠보지도 않는다는 사실을 뻔히 알고 있었기 때문이다. 딸이 입원해 있을 때 어머니가 어색하게 사과하려고 했다. 하지만 딸은 차갑게 대했다. 아픔, 분노, 슬픔과 야릇한 승리감이 뒤섞인 감정이 마음속에서 꿈틀대고 있었던 것이다.

어린 시절에는 무조건 공감, 동정, 연민이 필요하다. 이런 것들이 없으면 우리에게 일어나는 일과 우리가 느끼는 것이 정녕 중요한 것인지 아닌지 모른다. 하지만 이것을 모르는 어른이 많다. 아이에게는 아플 권리가 없을까? 슬픈 일이 있을 때 슬퍼하고 탄식할 권리가 없을까? 아이가 눈물 흘리는 것을 아무도 봐주지 않고, 눈물을 흘릴 권리마저 없다면("다 큰 애는 울지 않아", "강한 사람은 절대로 아프다고 하지 않아") 자신의 감정을 신뢰하지 못하게 된다. 그 결과 아무도 모르게 어린 시절에 받은 상처 주위에 높은 벽을 쌓는다. 아무도 이 벽을 뛰어넘을 수 없을 뿐 아니라 자신도 누군가가 이 벽 가까이에 오게 허락하지 않는다. 애정과 관심이 억지로 받은 것이라면 우리 주위에는 배려해주는 사람이 하나도 없는 셈이다. 그래서 우리는 다른 사람이 진심으로 우리를 이해하고 있다고 믿지 않는다.

심리학이 어린 시절을 말하다

당신은 어릴 때 이 세상이 어떤 규칙에 따라 움직인다는 것을 배웠는가? 이 규칙이 유익하다는 것과, 옳고 그른 것을 구별하게 해준다는 것을 경험했는가? 그런 경험이 없다면 너무 응석받이로 자랐거나 과보호를 받았을 것이다.

양육자가 아이에게서 잠시도 눈을 떼지 않고 시시콜콜 간섭하고 아이의 뜻에는 아랑곳없이 무턱대고 사랑과 애정을 듬뿍 쏟아붓는 것을 심리학에서는 '과보호'라고 한다. 과보호를 받은 아이한테는 자신의 욕구를 발견하거나 발전시킬 기회가 주어지지 않는다.

정신분석학자 아르노 그륀Arno Gruen은 "아이를 응석받이로 키우면 그 아이는 경계를 모르게 된다"라며 "경계를 두는 것은 옳은 일이자 중요한 일이다. 하지만 자신이 좋은 부모라는 것을 확인하기 위해 아이한테 특정한 행동을 기대하는 부모가 많다. 이를 실현하기 위해 부모는 벌은 주지 않고 제멋대로 하게 내버려두거나 칭찬만 해준다. 하지만 그렇게 하면 아이는 마지못해 복종할 때처럼 창조성이 없어진다. 응석받이로 자란 아이도, 무관심 속에 자란 아이도 커서 문제를 일으키기 쉽다."라고 했다.

정신분석학자 알프레트 아들러Alfred Adler도 응석받이를 연구해 아이를 응석받이로 키우는 부모는 아이에게 장점뿐만 아니라 단점도 심어준다는 사실을 확인했다. 아들러의 말에 따르면 '응석받이로 자란 아이'는 언젠가 경계를 부순다. 응석받이로 자란 사람은 "응석을 부릴 수 있는 친밀한 관계를 맺지 못하면 배반당했다고 느낀다. 이들은 사회를 적으로 여기고 동료에게 복수하려고 한다. 사회가 이들의 행동을 올바르지 않은 것으로 보면 이들은 이를 자신이 부당하게 취급받는 증거로 여긴다."라고 했다.

영국의 정신분석학자 도널드 위니코트Donald W. Winnicott도 이는 어머니 입장에서는 '좋은 것'일지 몰라도 사실은 '그다지 좋은 것은 아니다'라고 했다. 자녀를 좋게만 보는 어머니는 자녀를 망칠 수 있기 때문이다. 위니코트는 어머니는 처음에는 아이의 욕구를 충분히 충족시켜주어야 하지만, 아이가 커갈수록 중요한 능력을 스스로 계발할 기회를 주어야 한다고 했다. 예컨대 아이에게 무슨 일이 생겼을 때 어머니가 곧장 달려가지 않으면 아이는 스스로 문제를 해결할 기회를 갖게 된다. 이와 달리 어머니가 항상 달려갈 준비를 하고 있다면 아이는 소중한 학습 기회를 놓친다. 위니코트는 "생후 1개월이 지났는데도 아기의 욕구를 해결해주는 어머니는 좋은 어머니가 아니다"라고 하면서 좋은 어머니가 되는 법을 설명한다. "좋은 어머니는 처음에는 아이의 욕구를 다 들어준다. 그러나 아이의 능력이 커짐에 따라 스스로 능력을 더 키워나갈 수 있도록 아이가 원하는 것을 점점 적게 들어준다." 이런 방법으로 어머니는 아이가 독립할 수 있다는 것과 마냥 '어머니의 보살핌'에 의존해서는 안 된다는 것을 가르쳐줄 수 있다. 지나치게 잘해주는 어머니(아버지도 마찬가지이다) 밑에서 자란 아이는 한 사람 몫을 거뜬히 해내는 성숙한 존재가 될 수 없다.

어릴 때 너무 응석받이로 자라거나 과보호를 받으면 독립심에 심각한 문제가 생길 수 있다. 그러면 성인이 된 후에도 누군가 자기를 돌봐주기를 바라게 되고, 남한테 지나친 기대와 요구를 하기 쉽다. 영국의 정신분석학자 주디스 잭슨Judith Jackson은 "어머니가 뭐든지 들어준다고 생각하는 어린아이는 커서 이기적인 사람이 되기 쉽다"라고 말한다. 뭐든지 제 마음대로 할 수 있는 아이는 "난 뭐든지 할 수 있어. 내 마음대로 해도 뭐라고 하는 사람이 없어"라고 생각한다. "아이한테 끌려가는 교육 방식은 건전하지 못한 나르시시즘을 조장하고, 최악의 경우에는 병적인 행동을 유발한다. 이런 아이는 커서도 여전히 왕자나 공주 역할을 하기를 기대한다. 하지만 자신이 많은 사람 중 하나에 지나지 않는다는 사실을 알게 되면 큰 충격을 받는다. 그러면 성인이 된 후 학교에서나 직장에서 경쟁을 견뎌내지 못할 수도 있고, 상사와 함께 일하는 것을 버텨내지 못할 수도 있다." 주디스 잭슨은 응석 부리기를 일종의 '홀대'를 받는 증거라 본다. "너무 심하게 응석을 부리는 아이는 그렇지 않은 아이와 마찬가지로 홀대받고 있다."

분명한 규칙, 이치에 맞게 선 긋기, 일관된 교육 방식을 통해 부모는 자녀에게 안정된 가치관을 심어준다. 어릴 때 '옳은 것'과 '그른 것', '좋은 것'과 '나쁜 것'을 구별하는 법을 배울 수 있었다면 당신은 자신의 존재 가치가 흔들리기 전에 보호를 받을 것이다. 어린 시절에 이런 경험을 했다면 지금 스스로 결정을 내릴 때 그 경험이 결정에 정당성을 부여하는 길잡이 역할을 할 것이다. 그러나 어린 시절에 이런 경험을 하지 못했다면 스스로 결정을 내리거나 주관을 확립하기가 쉽지 않을 것이다.

자신의 감정과 견해를 표현하고 싶어 하는 욕구

어린 시절에 당신에게 주의를 기울이고 관심을 보여준 사람이 있었는가? 하고 싶은 말을 하고 당신의 주관을 내세울 수 있었는가? 당신이 생각하고 느끼는 것과 자신이 쓸모 있는 사람이라는 신념을 발전시킬 수 있었는가? 어릴 때 어른들이 당신이 행복하다고 느낄 수 있도록 신경 써주고 당신이 잘되도록 애써준 것이 틀림없는가? 당신이 뜻을 펼치려고 했을 때 부모가 당신을 인격체로 받아들이고 당신의 뜻을 표명하게 했는가? 어른들이 걸핏하면 이것 하라느니 저것 하라느니 지시하면서 일일이 간섭하고 당신이 말하고 싶어 하는 것을 표현하지 못하게 했다면 당신의 삶은 불확실해질지 모른다.

아이의 뜻에 따른다는 것은 무턱대고 아이의 말을 믿고 아이에게 책임을 떠넘긴다는 뜻이 아니다. 그렇게 하면 아이는 제 맘대로 할 것이고 '작은 폭군'이 될 것이다. 아이를 독립된 인격체로 인정해주느냐와 어른 자신의 행동을 통해 이를 아이에게 보여주느냐 여부는 어떻게 보면 어른의 마음가짐에 달렸다. 어른이 그렇게 해줄 때 아이는 자신의 능력을 체험할 수 있고, 평생 지속될 자기 안정감을 얻을 수 있다.

"입을 다물어라. 말하고 나면 누군가 질문할지 모르니까." 50세인 한 남자가 아주 어릴 때부터 어머니에게서 귀가 따갑게 들은 말이다. 하지만 그가 무슨 생각을 하는지, 그가 무엇을 원하는지 묻는 사람은 없었다. 아직도 생생히 기억하고 있는 일이 하나 있다. 대여섯 살 무렵의 일이었다. 어머니한테 알려주고 싶은, 아니 알려주어야 할 일이 일어났다. 아니나 다를까 어머니는 이번에도 호통을 쳤다. "어른들이 허락할 때만 말하라고 그렇게 말했는데도⋯." 여느 때처럼 어머니는 이번에도 따귀를 때리며 예의 그 훈계를 했다. 그가 어머니에게 하려고 한 말은 고양이 미미가 발코니에서 떨어졌는데 아무리 찾아도 보이지 않는다는 것이었다. 그는 깜짝 놀라 몹시 흥분한 상태였고, 고양이가 몹시 걱정되어 이번에는 포기할 수 없었다. 그래서 한참 후에 다시 말을 꺼냈다. 하지만 따귀를 한 대 맞고 욕을 들었을 뿐이었다. "왜 냉큼 말하지 않았어!" 그때 입은 상처는 어린 시절 내내 그를 괴롭혔고, 지금도 마음속에 남아 있다. 때때로 어머니는 그를 구석에 서 있게 했는데 그는 자기가 무슨 잘못을 저질렀는지, 왜 구석에 서 있어야 하는지조차 몰랐다. "잘못했어요. 용서해 주세요"라고 말해야 비로소 풀어주었다. 이미 중년이 된 지금도 그는 영문도 모른 채 다른 사람한테 사과하는 자신의 모습을 자주 발견한다.

적절히 고무받으려는 욕구

어른에게는 아이에게 세상을 보여주고 설명해주어야 할 의무가 있다. 또 아이의 재능과 능력을 알아보고 형편이 닿는 한 계발해줄 의무가 있다. 그러나 이를 지나치게 조장하는 것은 모자라는 것만큼 해롭다. 성과만 중시할 때, 노력과 땀이 창의성과 유희보다 높이 평가될 때 아이는 인생이 가시밭길이라고 생각하게 된다. 또 끊임없이 노력하지 않으면 자기가 원하는 만큼 인정받을 수 없다는 것을 깨닫게 된다.

한 여성의 아버지는 모든 면에서 파괴적인 사람이었다. 그는 차가운 사람이었고, 누구도 가까이 다가오지 못하게 했다. 딸은 아버지를 철저히 부정적인 사람으로 여겼다. 아버지가 죽은 지 몇 년이 지난 지금도 그녀는 이렇게 말한다. "아버지는 제게 준 게 하나도 없어요. 정서적인 면에서는 말할 것도 없어요. 제게 기쁜 일이 생기면 모두 망쳐버렸어요. 제가 무슨 계획을 세우면 으레 '또 쓸데없는 짓을 하는군'이라고 말했죠." 이 여성은 아버지에게서 "참 잘했어"라는 말을 들어본 기억이 없다. 학교 성적이 좋아도, 졸업시험 성적이 좋아도 모두 당연한 것으로 치부되었고, 말을 꺼낼 필요도 없는 것으로 여겨졌다. 그녀가 늘 아버지에게 바라는 것은 단 한 가지 반응이라는 사실은 말할 것도 없다. 사실은 지금도 그것을 기다리고 있다.

보호받고, 사랑과 존중을 받고, 자신의 능력을 계발해주고, 자신의 견해를 받아들이는 것. 어린 시절에 이런 중요한 기본 욕구가 충족되었다면 당신은 평생을 어느 정도 안전하게 이끌어줄 소중한 신념 체계를 확보했을 것이다. 이런 신념 체계는 자아 존중감의 토대이다. 이것이 있으면 인생이 그렇게 빨리 망가지지는 않을 것이다. 왜냐하면 다음과 같은 사실을 알고 있기 때문이다.

○ 나는 지금처럼 사랑받을 것이다.
○ 나는 뭔가 할 수 있다.
○ 나는 옳고 그른 것을 안다.
○ 나는 내 뜻대로 할 수 있다.
○ 다른 이들이 나를 인정해준다.

자기 확신에 가득 차 있으면 당신은 분명히 인생의 어려움을 잘 헤쳐 나갈 것이다. 그리고 패배나 운명의 타격 또는 불안이나 분노 같은 감정이 자신의 삶이나 다른 사람의 삶에 영향을 미치지 않도록 능숙하게 다룰 것이다. 당신은 그렇게 할 수 있다. 살아가는 데 중요한 것들을 어린 시절에 배웠으니까.

- 당신은 훌륭한 사람이고 훌륭한 일을 할 수 있다는 것을 알고 있다.
- 당신은 자신에 주의를 기울이고 자신을 돌볼 수 있다는 것을 알고 있다.
- 당신은 스스로 무언가 해낼 수 있다는 사실을 알고 있다.
- 당신은 다른 사람을 신뢰하는 법을 알고 있다.

그러나 당신이 이런 중요한 경험을 하지 못했다면 정반대되는 신념 체계를 가질 것이다.

- 감정을 드러내지 않았어야 하는데….
- 입을 다물었어야 하는데….
- 모든 것을 언제나 옳게 처리하려고 했어야 하는데….
- 지금 내 모습대로 행동하지 않았어야 하는데….
- 자신과 타협했어야 하는데….

의사교류분석 이론의 창시자 에릭 번Eric Berne은 "누구나 왕자나 공주로 태어나는데 부모가 이를 개구리로 만들어버린다"라고 한 적이 있다. 한 살 때 어떤 경험을 하느냐에 따라 당신은 독특한 행동 방식, 관점, 신념 체계를 발전시킨다. 어린 시절에 바람직한 환경에서 자라면 자유롭고 독립적인 사람으로 성장할 수 있지만, 그렇지 못했다면 당신에게 주어진 것으로 힘겹게 헤쳐 나가야 할 것이다. 당신은 그 환경에 적응할 수밖에 없었을 것이다. 말하자면 부모가 바라는 아이인 듯 행동해야 했을 것이다. 당신은 부모가 필요로 하는 사람이 되었을 것이다. 번의 말을 빌리자면 당신은 왕자나 공주로 태어났지만 개구리로 바뀌어버렸다.

어릴 때 당신은 집안 분위기에 순응할 수밖에 없었다. 순응하지 않고 맞섰다면 당신의 안전(이것도 부족했겠지만)마저 위태로워졌을 것이다. 당신은 어렸기 때문에 반항할 수 없었다. 그래서 다른 사람이라면 견디지 못했을 것을 '정상적인 것'으로 받아들였다. 당신이 다른 삶을 사는 것은 불가능했다.

30대 초반인 어떤 사람은 이렇게 말했다. "나는 가정생활이란 것이 무엇인지 모른다. 어머니가 우울해하지 않은 적이 있었는지 모른다. 나는 다른 가정을 알지 못한다. 식구들이 정신적으로 이상이 없는 가정이 어떤 것인지 모른다."

어린 시절에 각인된 상처와
비뚤어진 자아

어릴 때 자신의 감정을 부인하고 억압할 수밖에 없었다면 건전한 자아 존중감을 발전시키기가 매우 어려울 것이다. "나는 나다. 나는 요런 사람밖에 못 된다"라고 생각하며 자랐을 테니 말이다. 그러나 사실은 그렇지 않다는 것을 일찍 깨달았다면 관심을 얻기 위해 당신에게 절실하게 필요한 것을 행했을 것이다. 당신은 자신의 감정을 숨겼고, 참된 자아를 감추었다. 그래서 정신분석학자 도널드 W. 위니코트가 말한 대로 '비뚤어진 자아'를 발전시켰을 것이다.

당신이 비뚤어진 자아를 가진 사람이라면 사람들이 당신에게 요구하는 것은 기꺼이 들어주면서도 정작 자신이 바라는 것이 무엇인지는 모를 것이다. 아니, 자신에게 욕구가 있다는 사실조차 믿지 않을 것이다. 그 대가는 혹독하다. 공허감, 무의미감, 고향 상실감, 심지어는 우울증이 그 결과가 될 수 있다. 늘 '얌전한' 아이였던 당신은 당신의 올바른 자아가 사랑받지 못했고, 지금도 여전히 사랑받지 못하고 있다는 것과 당신이 거짓말을 하고 있다는 것을 마음속 깊이 느끼

심리학이 어린 시절을 말하다

고 있을 테니까. 당신은 여전히 크게 성공할 수 있고, 다른 사람한테 많은 영향력을 미칠 수 있으며, 다른 사람을 위해 희생할 수 있다. 당신이 다른 사람에게 표현해 보이는 것은 실제 감정과 다르다. 억압되어 있기 때문에 의식하지는 못하지만 잠재의식 속에 살아 있는 감정들은 인생에 길고 어두운 그림자를 드리운다.

현재 당신 인생에 영향을 미치는 것은 오래전에 형성된 것이다. 당신은 오래전에 특정한 경험과 체험에서 나름대로 어떤 추론을 끌어냈다. 그것이 지금도 당신의 행동과 사고를 결정하고 있다. 이것이야말로 당신의 인생을 힘들게 만들고 자기 존중감이 흔들리게 하며 대인 관계를 어렵게 만든다. 어린 시절에 그런 추론을 이끌어낸 것은 당신의 정신적 생존에 꼭 필요했기 때문이었는지도 모른다. 이것은 버림받았다는 감정, 절망감, 불안감을 완화하는 데 도움을 주었을 것이다. 요컨대 이것 덕분에 당신은 어린 시절을 견뎌낼 수 있었을 것이다.

이 추론에 입각한 전략이 제 기능을 하지 못한 지는 오래되었다. 그러나 이것은 아직 당신의 피와 살 속에 남아 있다. 당신은 이제 이것이 필요하지 않다는 것과 해만 끼칠 뿐이라는 것을 인식하지 못한다. 어릴 때 끌어낸 이 추론이 지금 당신의 발목을 단단히 잡고 있다. 오래전에 머릿속에 각인된 이 생각이 당신의 사고와 행동을 결정하고, 감정에 영향을 미친다. 당신은 이 생각과 너무 친밀해져 이것이 존재한 다는 사실도 의식하지 못하고, 이것 때문에 어린 시절의 경 험이 파괴적인 방법으로 되풀이된다는 것도 알지 못한다.

3

왜 자신과 운명을
탓할까?

위험한 폭약,
부정적인 신념 체계

"부모에 대해 한마디 하겠다. 부모는 모든 것을 나에게 떠넘 긴다. 어두운 성격, 분노, 욕정, 충족되지 않은 동경, 직장에 서의 실패, 끝없는 시기심, 남자 또는 여자에 대한 질투, 천한 위트, 인색함, 삐딱한 자부심, 우울, 소심함, 멍청한 것에 대 한 열정, 터무니없는 생각에 사로잡히는 것, 고독에 대한 불 안, 사랑에 대한 굶주림. 그러나 열다섯 살인 내가 부모에게 이런 감정을 물려받았다는 사실이 무엇보다 나쁘다."

_ 만프레드 빌러 Manfred Bieler

"우리는 현재의 모습이 못마땅하다는 이야기를 수도 없이 들었고, 또 스스로도 잘 알고 있다. 우리는 침착하지 못했고 말이 많았고 주제넘었고 게을렀고 초조해했으며 어리석었고 너무 굼떴고, 지금도 그러하다. 많은 사람이 '넌 제대로 하는 게 없어', '왼손을 두 개 가진 놈아, 이리 내놔. 내가 직접 하는 게 낫겠다'라는 말을 듣는다. 그래서 자신에 대해 깊이 불신하게 된다. 그리고 스스로 뭐 하나 제대로 하지 못한다고 생각한다." 심리요법가 테오도르 자이페르트 Theodor Seifert 와 앙 리 자이페르트 Ang Lee Seifert 의 말이다.

우리는 현재 자신의 모습과 어린 시절의 경험이 관련되어 있다는 사실을 거의 알지 못한다. 우리는 자신에 대해 생각하고 있는 부정적인 것을 모두 옳다고 간주하고, 지나치게 부정적인 자아상에 영향을 받고 있다는 생각은 전혀 하지 못한다. 당연한 일이다.

우리가 지금 요 모양 요 꼴이 된 것이 대개 부모나 그 밖의 정신적 지주 역할을 하는 사람 탓이라는 사실을 알지 못하기 때문이다. 게다가 우리는 이것을 문제 삼을 생각도 하지 않는다. 우리는 마음속의 소리가 우리를 이끌고 조종한다는 사실과 이 소리가 자신의 소리가 아니고 다른 사람, 대개는 부모의 소리라는 사실을 모르고 있다. 이 소리, 즉 훈계하는 소리나 힐난하는 소리 또는 칭찬하는 소리나 꾸짖는 소리는 모두 어린 시절에 생겨난 것이다.

우리는 이 소리를 의식하지 못하고 소리의 내용이라 할수 있는 훈계나 힐난이 과거에 생긴 독성 강한 쓰레기라는 것을 인식하지 못한다. 그렇지만 이 소리는 우리를 조종하고 영향을 미칠 수 있다. 이는 우리가 과거의 희생물이 될위험을 초래한다.

따라서 과거를 현재와 분리하는 것, 과거가 미치는 영향력을 차단하는 것이 중요하다. 그러기 위해서는 먼저 이 소리가 무엇인지 밝혀내야 한다. 어린 시절부터 들어온 소리, '피와 살' 속에 남아 있는 것이 무엇인지 밝혀내는 데 성공하면 이것 때문에 인생에 불만을 품게 되었다는 사실을 깨닫고, 이에 대처하는 법을 배울 수 있기 때문이다.

심리학이 어린 시절을 말하다

어린 시절에 형성되는
신념 체계

우리가 부모와 함께 할 수 있거나 해야만 하는 경험, 곧 부모가 살아온 방식이나 부모가 우리를 다루는 방식은 우리 자신의 특정한 모습을 결정짓는다. 이 모습은 "나의 위상은 어떤 것인가", "관계는 어떤 역할을 하는가", "다른 사람을 신뢰해도 되는가", "나 자신을 믿어도 되는가"와 같은 질문에 답을 제시한다.

이 답을 토대로 우리는 삶의 태도에 영향을 미치는 중요한 신념 체계를 발전시킨다. 이 신념 체계는 삶의 방향을 결정하고, 우리 자신과 다른 사람을 다루는 방법을 알려준다. 그 신념 체계가 "나는 내가 계획한 것을 실천해낸다", "나는 다른 사람에게 사랑받고 있다"와 같은 건설적이고 긍정적인 것이라면 우리는 확신과 커다란 자기 신뢰를 가지고 살아갈 수 있다. 하지만 파괴적이고 부정적인 신념 체계는 무거운 납덩이처럼 우리를 짓누르고 자신을 의심하게 만들며 때로는 자포자기하게 만든다.

이런 신념 체계는 정확히 어떻게 형성될까? 우리는 부모나 다른 어른들이 우리한테 무엇을 기대하는지, 어떻게 하면 우리에게 절실히 필요한 인정을 받을 수 있는지를 아주 어릴 때 알아차린다. 예를 들어 걸핏하면 "넌 제대로 하는

게 없어", "너는 삐딱해"라는 말을 들은 사람은 이 메시지를 내면화하고 진실이라고 믿게 된다. '난 아무것도 할 수 없어', '무엇이 옳은지도 모르겠고, 무얼 해야 할지도 모르겠어'라는 생각은 사고와 행동에 부정적인 영향을 미치는 신념 체계가 된다. 이런 신념 체계가 자리 잡으면 '운명'이 되는데, 우리는 이런 신념 체계의 존재조차 알지 못한다. 이 신념 체계는 자신도 모르는 사이에 행패를 부리고 압력을 가한다. 의사교류분석에서는 어린 시절에 형성된 이런 신념 체계를 '내적으로 몰아붙이는 것'이라고 부르는데, 이는 우리를 마음대로 주무르고, 우리 인생을 어렵게 만든다.

정신과 의사 로널드 라잉 Ronald D. Laing 은 이렇게 말했다. "사람들은 대개 어린 시절에 얻은 교훈에 지배된다는 인상을 받았다." 어머니에게서 걸핏하면 "친구를 잘 사귀어야 한다고 귀가 따갑게 말했는데도 결국 요렇게 되고 말았구나. 내 말이 틀렸니?"라는 말을 듣는 아이가 어떤 교훈을 얻을까? 아이는 그런 말을 바탕으로 자아상을 형성하고, 이 자아상이 어떤 것이어야 하는지, 특히 부모한테 인정을 받으려면 어떤 모습을 하고 있어야 하는지 배운다.

어떤 여성은 문을 세게 닫으면 아버지가 화를 낸다는 것을 어릴 때부터 잘 알고 있었다. 성인이 된 뒤에도 그녀는 문이 세게 닫히면 흠칫하거나 자기도 모르게 불호령이 떨어지리라고 예상한다. 지금도 그녀는 아버지에 대한 불쾌한 기억을 가지고 있다. 토요일에 부득이 아버지와 쇼핑을 갈 때면 아버지는 늘 그녀에게 다른 사람을 방해하면 안 된다고 잔소리를 늘어놓았다. 지금도 그녀는 진열장 앞에서 오래 서성거리거나 무엇을 살지 몰라 망설이게 되면 왠지 초조해진다. 그래서 자신이 누군가를 방해하고 있지나 않은지, 다른 사람도 자신이 서 있는 진열장 앞에 서서 구경하고 싶어 하지는 않는지 살펴본다. 그녀의 머릿속에는 아버지가 늘 강조하던 "넌 다른 사람을 방해하고 있어. 그렇게 떠들면 안 돼"라는 말이 확고하게 자리 잡았다. 이것이 지금도 그녀가 남의 눈에 띄면 안 된다는 생각을 하는 이유일 것이다.

위의 예는 부모를 통해 형성되는 신념 체계가 아이에게 큰 영향을 미치는 이유를 잘 보여준다. 문을 살짝 닫거나 아버지를 방해하지 않으면 아버지의 분노를 사지 않을 수 있다는 것을 알고 나면 아이는 어떻게 해서든 꾸지람을 듣지 않으려고 노력하게 마련이다. 신념 체계는 어린 시절에는 큰 의미를 가진다. 부상을 막아주고 불안을 줄여주는 역할을 하기 때문이다. 부모에게서 아무짝에도 쓸모없는 놈이라는 말을 들으면 비록 정말로 '아무짝에도 쓸모없는' 사람일지라도 끊임없는 폄하와 비난의 말을 듣지 않기 위해 규칙을 지키려고 한다. 다음과 같은 것이 이런 규칙의 예가 될 수 있다.

- 누구한테도 속마음을 보이지 마라.
- 다툼이 있을 때는 한발 물러서라. 끼어들어서 좋을 게 없다.
- 다른 사람이 무엇을 하고 싶어 하는지 알아내라. 그렇지 않으면 다른 사람이 너를 피할 것이다.
- 완벽할 때에만 인정받는다.
- 결정을 내리지 않으면 그르칠 일도 없다.

따라서 신념 체계는 어릴 때는 유익할지 모르지만 성인이 된 뒤에는 위험한 폭약이 된다. 그것은 보호 기능을 잃고, 오히려 치명상을 입히는 끔찍한 무기가 되어버린다. 그것이 우리의 마음속 대화 내용을 결정하기 때문이다. 누구나 자신과 끊임없이 대화를 나눈다. 이는 극히 자연스러운 일이다. 우리는 남을 평가하기도 하고 그들의 감정과 동기를 떠보기도 한다. 또 자신을 꾸짖기도 하고 칭찬하기도 한다. 우리가 정확히 무엇을 말하고 어떤 톤으로 말하느냐 하는 것은 우리의 신념 체계에 달려 있다.

배우이자 코미디언인 스티브 마틴Steve Martin은 자서전에서 성마른 아버지가 자신과 어머니를 얼마나 위압했는지, 그 때문에 자신의 신념 체계가 어떻게 형성되었는지 밝히고

심리학이 어린 시절을 말하다

있다. "어머니는 아버지의 성질을 건드리지 않으려고 점점 비굴해졌다. 어머니는 자기 생각을 넌지시 내게 말해주고는 '딴 사람한테 말하면 안 돼'라고 했다. 그래서 나는 자신의 견해를 밝히는 것이 위험하다고 확신하게 되었다." 스티브 마틴은 "자기 견해는 가슴속에 묻어두라"는 신념 체계를 내면화했고, 그렇게 함으로써 위험을 피하는 법을 배웠다.

어릴 때 형성된 신념 체계는 평생 영향을 미칠 수도 있고, 매우 특수한 문제를 야기할 수도 있다. 그러므로 어린 시절에 어떤 경험을 했는지 알면 어떤 행동을 할지 대충 짐작할 수 있다. 정신과 의사 제프리 영Jeffrey Young은 어린 시절의 경험이 현재 삶의 문제와 어떤 연관성이 있는지 연구해 이른바 '스키마 이론'을 확립했다. 이하의 설명은 그의 이론을 토대로 한 것이다. 당신은 어떤 신념 체계를 다시 인식할 수 있는가? 몇 가지를 인식할 수 있는가?

"나는 늘 외롭다!"

예를 들어 안정과 안전이 결여되고 차갑고 예측할 수 없는 분위기 속에서 어린 시절을 보냈다면 당신은 '외롭다'는 감정과 끊임없이 싸워야 했을 것이다. 그리고 다른 사람에게 버림받았다고 느낀다. 또 다른 사람들을 신뢰할 수 없다고 생각하며, 그 결과 자신을 얽어매고 통제하는 행동이 강해진다. 애인이 당신을 멀리하려고 하거나 약속 시간에 나타나지 않으면 금세 이런 증세가 나타난다. 당신은 극단적인 질투심에 사로잡히고, 잠시 떨어져 있는 것을 참지 못하게 된다. 자신을 보호하기는커녕 이런 부정적인 감정을 피하려고 때로는 친밀한 관계를 부인하고 스스로 정서적으로나 공간적으로 거리를 둔다.

그런 이유로 "나는 늘 외롭다"는 신념 체계는 위험하다. 이는 당신이 실제로 버림받을 만큼 당신의 행동에 큰 영향을 미친다. 뉴욕 컬럼비아대학의 심리학자들은 젊은 부부 약 50명을 상대로 한 연구에서 파트너가 퇴짜 놓지 않을까 하는 불안감이 얼마나 큰지 조사했다. 무엇보다도 이들 연구자들은 버림받는 것에 대해 크게 두려움을 느끼는 사람의 부부 관계가 그렇지 않은 사람보다 더 위태로운지 여부에 관심을 가졌다. 일 년 후 연구자들은 부부 관계에 대해 다시 질문을 했다. 그 결과 연구 초기에 버림받는 것에 대한 두려움이 유달리 크다고 답한 사람 중 일 년 후 배우자와 헤어진 사람은 40%가 넘고, 두려움을 적게 느낀 사람 중 파경에 이른 사람은 15%에 지나지 않았다.

연구자들은 이를 통해 퇴짜 맞거나 버림받는 것에 대한 두려움이 부부 관계를 위태롭게 할 수 있다는 결론을 내렸다. 상실 불안감을 크게 느끼는 사람은 실제로든, 상상으로든 상대방에게 버림받는다는 사실에 매우 민감하게 반응하고 사소한 것에 상처받고 위협받는다고 느끼기 때문이다. 이런 사람은 상대방이 틀림없이 자신을 버릴 것이라는 확신을 다른 사람보다 훨씬 빨리 가진다. 그리고 상대방에게 버림받을지도 모른다는 두려움 때문에 먼저 관계를 끝내버린다. 이런 사람들에게는 버림받을지도 모른다는 두려움이 실현된 예언이 되는 것이다.

"나는 늘 외롭다"는 신념 체계는 매우 일찍, 즉 아이가 말을 배우기 전에도 생긴다. 따라서 이 신념 체계에 사로잡힌 사람은 아주 어릴 때 겪은 일을 구체적으로 기억하지 못하기 때문에 자신의 끊임없는 두려움을 설명하지 못한다. 그 원인은 다양하다. 아버지나 어머니가 사망하거나 이혼으로 아이의 삶에서 사라지는 것, 어머니가 정신병을 앓고 있거나 정서적으로 불안정한 것, 아버지나 어머니가 재혼하는 것 등이다. 누구나 어린 시절에 병 때문에 어머니와 오래 떨어져 있을 수도 있고, 또 이와 비슷한 이별을 경험할 수도 있다.

"나는 아무도 신뢰할 수 없다."

어쩌면 당신의 인생은 버림받는다는 두려움보다 '불신'에 더 큰 영향을 받을지도 모른다. 어린 시절에 부모나 그 밖에 정신적인 지주라 여기는 사람과의 관계가 신뢰할 수 없는 것이거나 이들과 함께한 경험이 별로 좋지 않을 때 불신이 생긴다. 폭력, 학대, 정신적 가해, 끊임없는 조롱, 심한 벌. 이런 것들 때문에 당신은 다른 사람을 신뢰하지 못하게 될 수도 있다. 그때는 불신이 방패가 된다. 불신은 당신이 위험스럽다고 느낀 가까운 사람에게서 당신을 보호해주고, 다른 사람과 거리를 두게 한다. 당신은 다른 사람의 삶이나 경험에 전혀 관심을 보이지 않거나 이들의 접근을 거부함으로써, 또는 이들을 냉담하게 대함으로써 불신감을 형성한다. 당신은 이런 식으로 당신이 그 사람을 의지하지 않는다고 다른 사람이 믿게 한다. 어릴 때 신뢰가 크게 흔들린 경험을 한 당신은 이런 방법을 써야 버림받지 않는다고 생각하기 때문이다.

텍사스대학에서 발표한 연구 결과에 따르면, 어린 시절에 자주 버림받은 경험을 한 사람은 상대방의 생각과 감정에 관심이 없고 자신에 대한 정보도 마지못해 드러낸다. 이들은 다른 사람이 자신에 대해 아는 만큼 실망할 것이라는 신념 체계에 따라 행동한다. 이들은 누구와도 친밀하지 않은 것처럼 보인다. 약점이나 쩔쩔매는 모습을 보이지 않으려 하기에 도움을 청하는 것은 이들에게 무의미한 일이다. 그리고 아무도 신뢰하지 않기 때문에 스스로 강해야만 한다고 생각한다.

곤경에 처했을 때 도움을 받아본 경험이 없는 여성이 있다. 언젠가 넘어져서 팔이 부러졌을 때도 의사에게 데려다 줄 사람이 아무도 없었다. 몇 시간 후에야 화가 잔뜩 난 어머니의 부탁으로 이웃 사람이 그녀를 병원으로 데리고 갔다. 얼마 전 독감을 앓았을 때 그녀는 아스피린 두 알을 복용하고 평소보다 일찍 잠자리에 들었다. 남편에게는 감기에 걸렸다고 하지 않고 몸이 좀 안 좋다고만 했다. 밤이 되자 통증이 더욱 심해져서 체온을 재어보니 열이 섭씨 40도나 되었다. 상황이 더욱 악화되자 그녀는 새벽 3시쯤에 가만가만 옷을 입고 살그머니 방을 빠져나와 병원에 갔다. 남편에게 도움을 청해봤자 소용없으리라고 생각한 것이다.

이 예를 보면 "나는 아무도 신뢰할 수 없다"는 신념 체계가 우리를 얼마나 외롭게 만드는지 잘 알 수 있다. 이 신념 체계는 자신에게 불리하게 작용할 때가 많다. 어릴 때 다른 이와 신뢰를 쌓지 못한 사람은 자신마저 신뢰할 수 없게 된다. 이것은 엄청난 결과를 초래하기도 한다. 이런 자기 불신감 때문에 중대한 결정을 내리지 못할 수도 있고, 어려운 문제를 극복할 시기를 놓칠 수도 있다. 그릇된 결정에 따른 위험이 너무 크다고 여겨 아무런 결정도 내리지 못하는 것이다. 또 자신의 능력을 불신하기 때문에 해로운 상황과 관계에서 빠져나오지 못하는 경우가 적지 않다.

이하에서 설명하는 신념 체계는 자신과 다른 사람에 대한 신뢰의 결여와 직접 관련이 있는 것이다.

"난 그걸 할 수 없어."

오냐오냐 하며 과보호하는 부모 밑에서 자라거나 어릴 때부터 제멋대로 행동해온 사람은 성인이 되어 커다란 '불안정감'이나 '의존감'과 싸워야 할지도 모른다. 부모가 당신의 능력을 계발할 기회나 독립된 존재로서 살 수 있는 기회를 주지 않았기 때문이다. "모든 게 내 능력 밖의 일이야", "난 그런 거 못해!", "혼자 그걸 어떻게 해!" 이런 생각을 자주 하면 이유 없이 불안해진다. 자신이 무능력하다는 것을 일찍 깨달은 사람은 존재, 빈곤, 이별에 대한 불안에 끊임없이 시달릴 것이다. 또 자신을 좀처럼 신뢰하지 않기 때문에 이런저런 결정을 다른 사람한테 떠넘기곤 한다. 자신에 대한 불확실함 때문에 점점 능력을 잃어가는 것이다. 그 때문에 살아가면서 부딪치는 기본적인 문제, 예컨대 부부 관계나 직장 문제를 원만하게 해결하지 못한다.

35세인 한 여성은 집에 불만이 있다. 옆집에서 나는 소리가 다 들리기 때문이다. 벽은 있으나 마나다. 옆집 여자의 호기심 때문에 짜증이 날 대로 난 그녀는 이사를 가고 싶어 한다. 벌써 대안도 마련했다. 그러나 선뜻 결심하지 못하고 정나미 떨어지는 집에서 견디느라고 맥이 다 빠져 버린다. 그러는 사이 더 멋진 집은 다른 사람한테 넘어가 버렸다. 그러자 그녀는 깊은 구덩이에 빠졌다. 어린 시절부터 줄곧 경험한 일, 즉 다른 사람이 자신의 결정권을 빼앗아 가는 일이 또 일어난 것이다. 그녀는 망설임 때문에 일을 망쳤다. 우유부단한 줄 알면서도 어떻게 해볼 도리가 없다. 그러면서도 무엇이 옳은 결정인지 알기만 하면 곧바로 행동에 옮길 수 있다고 생각한다.

"하지만 넌 네가 무엇을 하고 싶어 하는지 모르고 있어." 아버지가 걸핏하면 하던 이 말이 그녀의 귀에서 떠나지 않는다. 그녀 대신 모든 것을 결정한 사람은 바로 아버지였다. 어떤 운동을 해야 하는지, 어떤 직업이 적성에 맞는지, 심지어 어떤 립스틱 색이 어울리는지까지…. 아버지가 선택한 것이 자신이 원하는 것은 아니라는 것을 알면서도 그녀는 무언가 결정해야 할 일이 생기면 아버지에게 부탁을 한다. 아버지가 권하는 것과 그녀가 진정으로 원하는 것은 대개 어긋난다. 그녀는 아버지가 권해서 택한 직업도 싫어하고, 아버지가 어울린다고 한 헤어스타일도 마뜩잖게 여긴다. 그러면서도 자신의 능력을 신뢰하지 못해 모든 것을 그냥 내버려 두고 스스로 아무것도 결정하지 않는다.

"나는 사실 누구에게도 중요한 사람이 아니다."

만일 당신이 어린 시절에 정서적 결핍을 경험했다면 성장한 후에도 줄곧 이런 감정이 따라다닐 것이다. 깊은 공허감은 다른 사람에게 지나친 요구를 하게 만든다. 조금 사이가 벌어지는 것도 위험으로 다가온다. 그러면 당신은 자신을 얽매거나 통제하려 할 것이다. 관심과 배려를 다른 사람과 공유하는 것을 견디지 못하기 때문이다. 당신의 행동은 주위 사람이 이해하거나 참기 어려울 만큼 정도가 심할 때가 많을 것이다. 그뿐 아니라 당신 자신조차 이해하지 못하고 견디지 못할 것이다. 소중한 사람들이 당신의 눈길을 피하면 금방 의기소침해진다. 그 감정은 정말 고통스럽다. 자신에게 관심을 가져달라거나 신경 좀 써주었으면 좋겠다고 바라는 것은 당신이 다른 사람에게 소중한 존재라는 사실을 깨닫지 못하기 때문이다. 당신은 자신의 가치를 느끼지 못한다. 아니면 다른 사람이 관심을 가져줄 때에야 비로소 깨닫는다. 하지만 대개는 '많은 관심'이 필요하지 않다.

당신은 다른 사람이 보이는 평범한 관심에 만족하지 못한다. 특별한 사랑, 관심, 배려를 요구하기 때문이다. 따라서 식구나 친척 또는 친구가 보여주는 관심이 충분하지 않다고 생각한다.

"나는 사실 누구에게도 중요한 사람이 아니다"라는 신념 체계는 어릴 때 제대로 보살핌을 받지 못한 데 그 뿌리가 있다. 정신적 지주로 삼는 사람(주로 어머니이다)이 있기는 하지만 당신을 제대로 보살펴주지 않는다. 그 사람은 당신이 사랑받고 존중받는 데 필요한 배려, 친절, 존중을 베풀지 못한다. 어쩌면 자신의 문제 때문에 당신을 돌볼 수 없었을지도 모른다. 또 당신을 지속적으로 보살펴주지 못했을 수도 있다. 그런 상황을 이해했다면 당신은 성장한 후 그 사람이 매정하고 차갑다고 느끼지 않을 것이다. 당신은 그 사람이 당신 마음속에 불러일으킨 감정에 치명적인 방법으로 익숙해진다. 이 익숙함 때문에 당신은 거듭 같은 함정에 빠진다. 대인 관계에서 예전부터 익숙한 "나는 다른 사람한테 중요한 사람이 아니어서 내가 원하는 것을 얻지 못해"라는 경험을 반복한다.

당신은 이 파괴적이고 불만족스러운 관계에서 빠져나오기는커녕 정반대되는 행동을 한다. 당신은 버림받을까 봐 몹시 두려워하고 다른 사람이 없으면 살지 못한다고 생각하기 때문에(사실 어렸을 때는 어머니 없이는 살지 못한다. 어머니가 아무리 냉담해도 마찬가지이다) 그 사람한테 매달린다. 마치 물에 빠진 사람이 지푸라기라도 잡으려고 하듯이. 이런 경험을 한 당신은 그 사람과의 관계를 지속시키려는 마음에서 상대방에게 꼭 필요한 존재가 되려 하고, 상대를 위해 행동한다.

자신이 소중히 여기는 사람에게서 중요한 사람으로 인정받지 못하면 당신은 '덜 성숙한 사람'이 되기 쉽다. 당신은 덮어놓고 책임을 떠맡는다. 다른 사람을 위해 무언가 할 수 있으면 행복하다고 느낀다. 다른 사람을 위한다는 감정은 당신에게 정서적 안정을 가져다준다. 다른 사람이 당신을 필요로 하는 한 당신을 버리지는 않을 것이라고 생각한다. 이런 생각은 커다란 위안이 된다. 물론 이 시나리오에 당신 자신의 욕구와 소원은 없다. 그래서 당신이 알고 있다시피 기반이 취약한 안정감이 위태롭게 느껴지는 것이다.

자신이 그 누구에게도 소중한 존재가 될 수 없다고 생각하면 신뢰할 만한 좁은 관계에 크게 의지한다. 이 관계는 매우 소중해서 어떤 것도 약화시킬 수 없다. 당신은 공격성, 분노, 불안을 억눌러야 할 '나쁜' 것으로 생각하고, 모두 억제한다. 그리고 겉으로는 친절하고 호의적이고 고분고분하게 행동한다. 하지만 마음속에는 이른바 '나쁜' 감정들이 날뛸 때가 많다. 자신과는 아무 관계도 없다고 생각한 분노를 자신에게 돌리고 그 결과 자기 의심, 자기 비난, 우울증, 심신의 질환에 시달리는 것이 가장 대표적인 예이다.

알코올에 중독되거나 만성 질환을 앓는 부모 밑에서 자란 아이는 자신의 발달에 필요한 관심과 애정을 받지 못한다. 이런 아이는 정신적 안정을 얻기가 어렵다. 현재 28세인 에르트문테 폰 모슈의 이야기는 이 점을 잘 보여준다. 모슈의 어머니는 모슈가 12세일 때 심한 우울증에 걸렸다.

2008년 모슈는 《슈테른Stern》과 나눈 인터뷰에서 어린 시절에 겪어야 했던 고통에 대해 이렇게 말했다. "어머니는 제게 정신적 지원을 해줄 수 없었어요. 저는 겁이 너무 많은 아이가 되었고, 밤이면 잠을 이루지 못했으며 구역질에 시달렸어요. 저는 이것을 '복부 불안'이라고 해요. 어머니 때문에 화가 몹시 났어요. 어머니가 정상이 아니었으니까요. 그러다가 14세 때 저도 우울증에 걸렸지요. 저는 모든 게 무의미하다고 생각하고, 더 이상 취미도 가지지 않았어요. 저는 멍하니 앉아서 하루가 지나가기를 바랐고, 인생도 그렇게 지나가기를 바랐어요. 아침마다 컨디션이 좋지 않았어요. 학교에는 아프다고 둘러댄 적도 많아요. 목소리에 힘이 없어 사람들은 내 말을 거의 못 알아들었어요. 저는 심한 자기 의심과 엄청난 불안에 사로잡혔어요. 그 때문에 성적도 형편없었죠."

"나는 아무짝에도 쓸모없어!"

어린 시절 자신의 욕구가 무시되었을 때 느끼는 기본적인 감정은 자신이 쓸모없는 사람이라는 것이다. 어쩌면 당신은 자기를 계발할 기회를 주지도 않으면서 기대에 부응하는 행동을 하지 않으면 벌을 주는 부모 밑에서 자랐을지도 모른다. 당신은 가능한 한 말썽을 일으키지 않고 부모가 필요로 하거나 원하는 것을 재빨리 감지해야 평온히 지낼 수 있다는 것을 어릴 때 알아차렸다. 그래서 흠 잡히지 않게 행동하다 보니 정작 자신이 필요로 하거나 원하는 것을 알아차릴 수 없었다. 성인이 된 지금도 당신은 다른 사람에게 적응하고 그들의 마음에 들도록 행동하려고 한다. 당신에게는 자기 확신과 자기 존중이 없다. 약하고 불안정한 자기 존중감 때문에 기회를 놓치고, 심각한 문제를 야기할 수 있다. 자아가 강해야 만족스럽고도 행복한 삶을 살 수 있다. 그러나 어릴 때 어른에게 존중받지 못하면 강한 자아를 발전시키기 어렵다. 그러면 다음과 같은 결과를 초래한다.

당신은 자신의 능력을 의심하게 된다. 그 때문에 어려운 문제에 맞서기를 주저하거나 아예 기피하곤 한다. 그리고 실패할 때마다 낙담한다. 실패를 늘 자신의 잘못된 행동 탓으로 돌리기 때문이다. 그 결과 일찌감치 단념하고, 자신을 불신하게 된다.

당신은 존경받기보다는 사랑받고 싶어 하기 때문에 자신의 능력을 보여주지 않는다. "남의 눈에 띄는 행동을 함부로 하지 않는다"는 것이 당신의 모토이다. 따라서 동료들이 당신을 과소평가하고 무능력한 사람으로 여기게 된다.

당신은 다른 사람에게 인정받는 것보다 비판이나 거절을

당하지 않는 것을 더 중시한다. 그래서 자신의 능력을 다른 사람에게 드러내지 않는다. 당신이 능력을 보여주지 않기 때문에 다른 사람들이 당신을 올바르게 판단하기가 힘들다.

○ 당신은 강한 자기 불신 때문에 인생의 반려자나 친구를 매우 부담스러운 존재로 여기기도 한다. 쉽게 말해 다른 사람의 우정과 사랑을 믿지 못하게 되는 것이다.

자신을 불신하고 소극적으로 행동하는 사람은 다른 사람의 관심을 받지 못해 그만큼 성공 기회도 적어진다. 지속적인 관심을 받지 못하고 이렇다 할 성과를 내지 못하기 때문에 자기 존중감은 낮은 수준에 머무른다. 이런 상태가 장기간 계속되면 심각한 정신적 문제를 야기할 수 있다. 불안과 우울, 시원찮은 학교 성적, 직장에서의 실패, 대인 관계 문제, 알코올 중독 또는 마약 중독, 성적 장애, 수동성, 폭력성, 자살 시도 같은 것은 자기 가치감이 낮기 때문에 생긴다.

그는 어릴 때부터 자신이 쓸모없는 사람이라는 감정에 시달려 왔다. 그는 끊임없이 이것을 느낀다. 무엇이든 성과를 내야 가치 있다고 생각한다는 것을 그는 직관적으로 안다. 그는 뒤늦게 고교 졸업시험을 치르고, 일과 공부를 병행한다. 직장에 다니면서도 무보수 명예 활동을 한다. 그러나 하는 일 없이 멍하니 앉아 있지는 않는다. 지금까지는 엄청난 과제를 잘 처리하고 있다. 친구들이 가끔 어떻게 그런 것들을 해내느냐고 묻는다. 하지만 지나친 부담감, '너무 많은' 일이 없으면 그는 행복을 느낄 수 없다는 것을 친구들은 알지 못하고, 그도 그들에게 밝히지 않는다. 그렇지만 성공에 대한 기쁨, 완벽한 일에 대한 기쁨은 잠깐이다. 그에게는 언제나 다음 일이 기다리고 있다. 그에게는 다른 사람보다 더 많이 일할 수 있다는 것, 지나친 부담을 지고 있다는 생각이 필요하다. 일이 없으면 곧 덮쳐올 공허감 때문에 불안해한다. 일이 없으면 아무짝에도 쓸모없는 사람으로 느끼는 것이다.

전문가들은 무가치하다는 감정을 우울증의 주된 원인(물론 다른 원인도 있다)으로 본다. 우울증에 걸린 사람은 대개 자신에 대한 판단 기준이 너무 엄격하다. 그래서 자신은 쓸모없는 사람이라고 생각하기 쉽다. 우울증에 걸린 사람 중에는 어린 시절에 부모의 이혼이나 사망으로 아버지나 어머니를 잃거나 부모가 다 있더라도 버림받은 사람이 많다. 그들은 부모가 그들에 대해 가지는 이미지를 고스란히 물려받는다. 그들은 성공하지 못하는 이유가 있다고 생각하고, 그 이유를 자신에게서 찾는다. 그 때문에 자기 불신, 무가치하다는 감정, 절망감이 인생을 결정하게 된다. 정신분석학자 앨

리스 밀러Alice Miller는 "우울증, 공허감, 무가치하다는 감정, 빈곤감, 고독감은 언제나 어린 시절에 기원을 둔 자기 상실감 또는 자기 소외감에서 생긴다"라고 했다.

"나는 완벽해야 한다."

자신에 대한 지나친 기대는 어린 시절에 겪은 부정적 경험의 또 다른 결과일 수 있다. 이 기대가 지나치면 성과만 추구하는 사람이 되어버린다. 열심히 노력하기만 하면 완벽해질 수 있다고 생각하고, 언젠가는 당신이 몹시 고대하는 인정을 받게 되리라고 믿는다. 그 때문에 항상 심한 압박감을 느끼고, 긴장감을 늦출 수 없으며, 휴가 따위는 꿈도 꾸지 못한다. 또 자신에 엄격한 만큼 남에게도 엄격하다. 당신 자신에게도, 남에게도 엄격한 잣대를 들이댄다. 이런 신념 체계는 자신을 용서할 줄 모르거나 아이한테 늘 최고만 요구하는(최고라는 것은 충족될 때가 없다) 부모의 지나친 성과 지상주의에서 생기기 쉽다.

옆에서 누군가 "해보긴 해야 하는데…"라든가 "이걸 해야 할지, 저걸 해야 할지 모르겠다"라고 말하면 그녀는 바로 덤벼들 준비를 한다, 자신이 책임지고 해결책을 마련해야겠다고 생각하면서. 얼마 전 감기에 걸려 앓아누운 딸이 전화를 했다. 응석을 부리고 싶었던 것이다. 그러자 그녀는 곧장 약국으로 달려가 약과 감기 치료 전용 목욕용품을 사 들고 차를 몰아 시내를 가로질러 갔다. 그러나 딸이 달가워 하지 않는 것을 알고는 맥이 빠져버렸다.

"나는 신중해야만 한다."

당신은 건강에 대해 지나치게 걱정하는가? 불치의 병에 걸린 건 아닐까, 하고 생각하는가? 당신은 가난이 무서워서 정신없이 일만 하는가? 공항, 슈퍼마켓, 엘리베이터에서도 가끔 참담한 심경에 빠지는가? 가능하면 부하 직원을 위험 에서 보호해주려고 하는가? 이 질문 가운데 "예"라는 대답이 하나라도 있으면 당신 마음속에는 불안이 도사리고 있을 것 이다. 어쩌면 어릴 때 아버지나 어머니, 또는 친척이 중병에 걸린 적이 있었을지도 모른다. 아버지나 어머니가 몹시 꼼 꼼한 사람이어서 끊임없이 당신에게 간섭하거나 언젠가 닥 칠지도 모르는 위험에 대해 경고했을지도 모른다. 하지만 당신은 필요한 만큼 보호를 받지 못했을 것이다. 세상은 위 험한 곳이고, 인생은 살얼음 위를 걷는 것과 같다는 것을 배 웠을 것이다. 이는 지금도 당신이 자기 자신, 건강, 재정, 대 인 관계 문제를 다루는 데 영향을 미친다.

열 살 때까지 시골에서 지낸 소녀가 있었다. 그 소녀의 가족이 살았던 증조할머니 댁은 안전한 피난처였고, 그 정원은 소녀가 상상할 수 있는 가장 아름다운 놀이터였다. 이런 행복이 영원히 지속되지 않으리라고는 아무도 짐작하지 못했다. 소녀의 아버지는 걸핏하면 "우리가 이 집을 물려받을 거야"라고 말했고, 시간이 날 때마다 집을 수리하고 손질했다. 하지만 증조할머니가 세상을 떠났을 때 증조할머니가 소녀의 아버지에게 이 집을 물려줄 권리가 없다는 사실이 밝혀졌다. 집의 소유자는 증조할아버지였고, 증조할아버지는 다른 계획을 가지고 있었다. 할아버지는 집을 팔았다. 매입자는 당연히 그 집에 살고 싶어 했고, 이를 소녀의 가족들에게 통지했다.

그 후 소녀는 시끄러운 시내 한가운데에 있는 방 세 개짜리 작은 집에서 살았다. 소녀는 전학을 가야 했고, 시골 친구들과는 딴판인 아이들과 지내야 했다. 학교 성적이 급격히 떨어졌다. 부모의 금슬에도 점점 금이 갔다. 결국 얼마 안 있어 아버지는 암에 걸려 세상을 떠났다. 그 좋은 집을 잃은 지 3년 만이었다.

소녀는 인생에서 많은 것을 달성했다. 소녀는 공부를 열심히 해서 졸업시험을 쳤고, 대학을 나와 좋은 직장을 구하여 돈을 많이 벌었다. 하지만 지금도 그녀는 모든 것을 잃어버릴지 모른다는 불안, 어느 날 가난해질지도 모른다는 불안 때문에 끊임없이 새로운 일거리를 찾는다. 자신이 아직도 자리 잡지 못했다고 여기는 것이다. 살얼음 위를 걷고 있다는 불안감이 그녀의 머리 위에 다모클레스(시칠리아 시라쿠사의 참주僭主인 디오니시우스 1세의 신하-옮긴이)의 칼처럼 걸려 있었다.

"나는 외톨이다."

당신은 파티에 참석할 때마다 자신이 외톨이라고 느낀다. 집에만 틀어박혀 있고 다른 사람을 피한다. 사람들 앞에 나서면 손에 땀이 나고 심장이 두근거린다. 또 자신을 매력도 없고 관심도 끌지 못하는 사람이라고 생각하고, 괴짜라고 생각한다. 이 세상과 어울리지 않는다고도 생각한다. 이런 감정이 낯설지 않다면 당신은 이미 어린 시절부터 줄곧 이런 감정에 얽매여 있었을 것이다. 당신은 여느 아이와는 달랐을 것이다. 키가 훨씬 작았거나 컸을지도 모르고, 뚱뚱했거나 말랐을지도 모른다. 어쩌면 남들보다 더 똑똑했을지도 모르고, 말을 더듬었을지도 모르고, 이름 때문에 놀림을 받았을지도 모른다. 아마도 교정에 늘 혼자 서 있는 아웃사이더였을 것이다. 어쩌면 식구들도 모두 '별난' 사람이었을 것이다.

예를 들어 아버지가 알코올 중독자이거나, 식구 중 한 명

심리학이 어린 시절을 말하다

이 정신병을 앓고 있거나, 종교상의 이유나 가난 때문에 이사를 자주 해서 어디에서도 고향처럼 푸근함을 느끼지 못했다면 이 세상에 자기 혼자뿐이라는 생각이 들 수 있다. 당신은 지금도 친구나 배우자를 식구들에게 소개하기를 망설일 것이고, 누군가 당신이 어느 집 사람이라는 것을 알면 등을 돌릴까 봐 두려워할 것이다.

어머니는 우울증에 걸렸다. 딸이 열 살이었을 때 어머니는 처음으로 몇 달간 병원 신세를 졌다. 소녀는 어머니가 여행을 떠나서 자기가 앓아누운 이모를 돌보아야 한다고 친구들에게 둘러댔다. 소녀는 다음 해에도 이 거짓말을 계속 써먹었다. 어머니가 주기적으로 '사라졌기' 때문이었다. 그녀가 남편 될 사람을 처음 알게 되었을 때 그는 그녀에게 식구들 이야기를 많이 했고, 가급적 빨리 식구들한테 소개하고 싶어 했다. 이와 달리 그녀는 침묵을 지켰다. 남자한테 진실을 털어놓기까지는 아주 오랜 시간이 걸렸고, 그러고도 한참 지나서야 어머니를 겨우 소개했다.
얼마 전 어머니가 수면제를 복용해 스스로 목숨을 끊으려고 했다. 그녀는 아침 일찍 오빠의 전화를 받았다. 어머니 집 가까이 살고 있던 오빠는 어머니 집 방문이 열리지 않아 집주인에게 문을 열게 했더니 어머니가 의식을 잃고 쓰러져 있었다고 했다. 통화가 끝난 후 그녀는 평상시처럼 옷을 챙겨 입었다. 그러고는 남편을 깨우지 않고 혼자 병원에 갔다. 남편에게 그 사실을 이야기할 수 없었던 것이다. 그녀는 몹시 외롭다고 느꼈다. 그러나 남편에게 사실을 털어놓지 못하게 하는 그 무언가가 있었다. 바로 오래전부터 이 여자를 따라다닌 수치감과 소외감이었다.

"나는 고등 사기꾼이다."

당신이 얼마나 성공했든, 무엇을 얼마나 많이 성취했든 상관없다. 당신은 자신이 무능력자라는 감정, 무언가 고단수로 사기를 치고 있다는 감정을 떨쳐버리지 못한다. 무슨 일에 성공하면 상황이나 행운 덕분이라고 하고, 실패하면 서투름 또는 무능력 탓으로 돌린다. '뭔가 부족하다'는 생각도 어린 시절 경험의 결과일 수 있다. 당신의 부모는 좋은 성적을 받아오면 당연히 여기고, 형편없는 성적을 받았을 때만 반응을 보였을 것이다. 어쩌면 늘 당신보다 한 발짝 앞서 가는 형이나 누나와 비교했을지도 모른다. 자녀가 성공하면 자존심에 상처 입는다고 생각하고 자녀의 업적을 무시하거나 혹평하는 부모도 있다.

지금 당신은 자신이 거둔 성과에 대해 무덤덤하고, 성과에 걸맞은 보답을 요구하지도 않고, 그 때문에 승진하리라고 생각하지도 않는다. 그렇지 않으면 도달하기 힘든 높은 목표를 세운다. 만약 실패하면 당신의 자아상은 "난 제대로 하는 게 없어"라고 속삭이고, 진정한 능력을 재점검하기를 피하며 능력에 걸맞지 않은 시원찮은 직장에 만족해한다.

신념 체계는 내면 깊숙이 뿌리를 내린다. 위에서 말한 기본 감정 중 어떤 것이 인생을 결정하는지는 분명하지 않다(몇 가지가 관련되어 있을 것이다). 그러나 이 감정이 어린 시절에 뿌리를 둔다는 것과 당시 일어난 사건에 대한 반응이자 당신의 경험과 감정에 대한 반응이라는 것만은 확실하다. 당신 안에는 한 살배기 아이, 두 살배기 아이, 세 살배기 아이 또는 다섯 살배기 아이가 존재한다(이런 시절을 거쳤으므로). 이 아이는 어린 시절에 겪은 일을 모두(긍정적인 체험뿐만 아니라 부정적인 체험도) 기억하고 있다.

어떤 사건이나 체험이 이것을 활성화하면 당시 감정들이 되살아나고, 당신은 어린아이로 돌아간다. 하지만 지금 체험하고 있는 것이 어렸을 때 체험한 것과 마찬가지로 현실적인 것임을 의식하지 못한다.

게다가 어린 시절에 형성된 신념 체계가 내면에 워낙 깊게 뿌리 내리고 있어서 이것이 언제 나타나는지도 모르고, 또 끊임없이 모습을 바꾸어가며 새롭게 나타난다는 사실도 모른다.

어쩌면 당신은 부모만큼 냉정하고 매정한 파트너를 찾고

있는지도 모르고, 퇴짜 맞지나 않을까 하는 불안감 때문에 친밀한 관계를 받아들이지 않을지도 모르며, 다른 사람과 근본적으로 거리를 둘지도 모른다. 어쩌면 버림받을지도 모른다는 불안감을 술이나 일로 달랠지도 모른다. 어쩌면 당신은 성공 지향적인 완벽주의자일지도 모르고, 사소한 요구에도 아무한테나 반항하고 무엇 하나 제대로 끝내지 못하는 사람일지도 모른다.

아버지는 그녀를 어린애 취급했다. 그녀는 성인이 된 후에도 어린애처럼 굴 때만 아버지한테 인정을 받았다. 아버지는 그녀를 독립된 성인으로 인정하지 않았다. 어린아이처럼 구는 것이 그나마 아버지와 그럭저럭 지내기 위한 가장 쉬운 방법이었다. 그녀는 아버지에게 조언을 구했고(그럴 필요가 없었는데도), 논쟁을 피했다. 그래서 아버지는 늘 유리한 입장에 있었다. 이런 신념 체계는 이제 어른이 된 그녀의 남자관계에도 적용되었다. 얼마 전 그녀는 최근에 오랫동안 사귄 남자친구에게서 편지를 받았다. "안녕, 귀여운 꼬마"라는 인사말이 제일 먼저 눈에 들어왔다. 남자친구는 언제 보아도 어른스러웠고, 그녀는 어린애 같기만 했다. 남자친구는 그녀를 보호할 뿐 아니라, 지배했다.

옛 상처, 스트레스,
그리고 반복 강제

어린 시절의 경험이 인생을 결정한다면, 당신은 어린 시절에 형성된 신념 체계에 따라 행동하게 된다. 이를 '반복 강제'라 한다. 물론 당신은 반복하고 있다는 사실을 알아차리지 못한다. 옛 사건이 기억나고 당신이 입은 상처에 대한 기억이 다시 살아날 때에만 비로소 그 사실을 깨닫는다. 그제야 당신은 새것과 옛것을 구별할 수 있고, 현재 당신을 곤경에 빠뜨리는 많은 감정이, 옛날에 겪은 감정과 결부시켜 이해할 때에야 누그러진다는 것을 안다. 이 책 뒷부분에서는 당신이 이 반복 강제에서 빠져나올 수 있는 법을 다룬다. 그러기 위해서는 인내해야 하고 시간을 투자해야 한다는 것은 두말할 필요도 없다. 심리학자와 뇌 연구자들은 최근에 어린 시절의 부정적인 경험이 뇌의 발달에 영향을 미칠 수 있다는 사실을 확인했다.

중요한 발달 단계인 어린 시절에 당연히 주어져야 할 긍정적 경험이 주어지지 않으면, (부모의 이혼과 같은) 어려운 상황을 극복해야 한다면, 격려는 고사하고 온갖 좌절을 맛보아야 한다면 중요한 뇌 영역인 변연계(감정 조절과 학습 능력에 중요한 역할을 한다)의 발달이 부진하거나 아예 발달하지 않을 수 있다. 어린 시절의 부정적 체험은 이 중요한 뇌 영역에

'상처'를 남긴다. 이 상처는 아물기는 하지만 상황과 환경에 따라 다시 문제를 야기할 수 있다.

이 상처는 해를 끼치고, 스트레스를 적절히 극복하는 능력을 감퇴시킨다. 비난을 받거나 실패를 하거나 버림을 받으면 이 상처는 곧바로 덧난다. 그러면 "나는 아무짝에도 쓸모없어", "난 할 줄 아는 게 없어", "세상에 믿을 사람 없어" 같은 옛 감정에 다시 사로잡힐 수 있다. 그렇지만 옛 상처가 다시 고통을 준다는 것을 의식하지는 못한다. 어린 시절에 받은 이 상처를 전혀 의식하지 못한 채 꽤 오랫동안 별 탈 없이 지내기도 한다. 수년 또는 수십 년간 큰 해를 입지 않을 수도 있다. 하지만 힘든 일(실직, 사랑하는 사람과 사별하거나 이혼하는 경우)이 생기면 어릴 때 입은 상처가 또 덧난다. 어린 시절의 경험은 일종의 '잠자는 사람'이다. 이것은 스트레스를 받으면 활성화되어 우리를 괴롭힌다. 심리요법가 토마스 푹스Thomas Fuchs는 "현재 상황과 맞지도 않는 과거의 일은 없어지지도 않고, 모든 새로운(비슷한) 상황을 몰래 만들어 낸다"라고 했다. 어린 시절에 입은 정신적 외상外傷이 현재에 나타나는 것이다. "정신적 외상을 입은 사람은 아직 완전히 지나가지 않은 과거에 꽉 붙들려 있다. 이것이 그의 행동을 결정한다."

절망감, 버림받았다는 감정, 공황 상태에 빠진 듯한 감정은 과거의 감정이 되살아난 것일 수도 있다. 이런 감정은 우리가 생각하는 것 이상으로 현재 상황과 긴밀하게 연관되어 있다. 불우한 어린 시절에 대한 기억은 현재 처한 어려움이나 갈등에 의해 되살아나 현재의 상황과 겹친다.

한 살배기 아이의 어머니인 젊은 여자가 심리 치료를 받으러 왔다. 아이가 태어난 후 그녀는 천식에 걸렸고, 아이가 위험한 바이러스나 박테리아에 감염될까 봐 극도로 불안해져 아이를 데리고 집 밖에 나간 적이 거의 없었다. 남편과도 심각한 문제가 있었다. 남편에게서 버림받았다는 느낌이 들고, 남편이 출장이 잦아 바람피울지도 모른다는 불안감이 들었다. 그러면서도 남편이 집에 있으면 툭하면 잔소리를 해대고, 남편을 휘어잡으려고 들었다. 그러느라고 힘이 다 빠져버린 그녀는 남편을 잃을까 봐 두려워한다.

심리요법 전문가가 그녀와 몇 번 이야기를 나눈 후 다음과 같은 사실을 밝혀냈다. 그녀는 조산아였다. 태어날 때 스스로 생명을 유지할 능력이 거의 없었고, 몇 주 동안 사투를 벌인 끝에 간신히 살아남았다. 태어난 첫해에 어머니는 이 허약한 아이를 돌보는 데 온 신경을 쏟았다. 그러나 아이가 세 살 때 어머니는 남편과 딸을 버렸다. 이혼한 것이다. 아이는 아버지 슬하에서 자랐다. 그녀는 나중에 커서 아버지를 위해 집안일을 떠맡느라고 집에만 틀어박혀 있었다.

대화를 통해 이 젊은 여성은 아이를 낳은 후 옛날에 느긴 불안감에 다시 휩싸였다는 것을 알았다. 이제 그녀는 당시에 자기가 겪은 생존 투쟁 경험을 아들한테 적용한다. 모든 해로운 것으로부터 아들을 보호해야 한다고 생각하는 것이다. 그녀는 해로운 일이 생기지 않게 하려면 모든 것(심지어는 남편까지도)을 통제해야 한다고 생각한다.

아들이 태어나면서 그녀 몸속에 저장되었던 기억, 다시 말해 '잊힌' 듯이 잠자고 있던 기억이 활성화되었다. 어머니로서 받는 스트레스가 '생물학적 흉터', 곧 조산아로서 겪은 경험과 부모의 이혼에서 입은 상처를 되살아나게 했다. 이런 연관성을 알게 되자 그녀는 불안을 떨쳐버리기 위해 노력했고, 시간이 지남에 따라 어린 시절의 불안을 확인하고 현재 상황과 분리하는 데 성공했다.

어린 시절에 입은 상처는 오랫동안 고통을 줄 수 있고, 감정과 행동을 결정할 수 있다. 정신분석학자 알프레드 아들러는 어린 시절과 현재의 연관성에 대해 이렇게 말했다. "관심을 받지 못한 채 자란 아이는 사랑이나 협력이 무엇인지 결코 알지 못한다. 그의 삶에는 이 우호적인 힘이 아예 없다. 삶의 문제에 부닥치면 그 아이는 자신이 처한 어려움을 과대평가하거나 남의 호의를 빌려 어려움을 극복하는 자신의 능력을 과소평가하게 마련이다. 아이는 사회가 자신을 차갑게 대하는 것을 알아차리고, 앞으로도 늘 그러리라고 생각한다."

어린 시절에 상처를 입은 사람은 행복하게 자란 사람보다 문제나 스트레스를 극복하기가 더 어렵다. 어린 시절에 스트레스를 받으면 성인이 되어서 위기에 적절히 대처하기가 힘들어지는 것이다. 어린 시절에 겪거나 당한 일에 대한 기억이 현재의 어려운 상황을 극복하는 데 영향을 미치기 때문이다.

고통스러운 어린 시절을 보내고도 다행히 인생이 술술 풀리면 어린 시절의 경험은 '평화롭게 잠들' 수 있다. 그러나 어려운 시련과 도전에 부닥치면 어린 시절의 고통스러웠던 경험 때문에 이에 잘 대처하지 못한다. 정신적 저항력을 기르지 못하고, 자신감과 극복 방법을 충분히 이용하지 못하고, 어려운 상황이 무르익지 않았다고 느끼고, 스트레스를 받을 때 더 빨리 당황하게 되는 것이다. 어린 시절에 겪은 해로운 경험은 저항력을 약화시킨다. 살아가면서 큰 시련을 겪지 않으면 이 약점을 알아채지 못한다. 그러나 심각한 문제가 생기면 어린 시절에 겪은 절망적인 감정이 바로 되살아난다.

반복되어 나타나는
어린 시절의 불안

캐나다의 과학자 W. J. 야콥스와 미국인 동료 린 나델은 어린 시절에 겪은 경험과 그 후의 삶에는 결정적인 연관성이 있다는 것을 증명했다. 두 사람은 성인에게 나타나는 공포와 불안 장애가 어린 시절에 느낀 불안의 또 다른 모습(정작 이것을 겪은 사람은 기억하지 못하고 있다)임을 확인했다. 성인이 된 후 스트레스를 받으면 어린 시절의 불안이 활성화된다는 것이다.

야콥스와 나델은 어린 시절에 느낀 불안함은 저장되고, 그 사건에 대한 기억은 의식되지 않는다는 것을 전제로 한다. 이는 어린 시절에 겪은 공포가 사라졌다는 것을 의미하지는 않는다. 공포는 의식의 표면 밑에 숨어 있다가 강한 부담감이 통제력을 약화시킬 때 나타난다. '망각된' 불안감이 되살아나는 것이다. 이 불안감은 느닷없이 나타난다. 그 때문에 우리는 슈퍼마켓이나 공항, 또는 출근길에 엄청난 감정의 공황 상태에 빠지는 이유를 설명하지 못한다. 우리는 대인 관계 문제, 직장생활의 어려움, 아이 돌보기와 같은 현재의 스트레스와 까마득한 어린 시절에 경험한 불안 간의 연관성을 인식하지 못한다. 어린 시절에 겪은 불안을 의식적으로 기억한다는 것은 대개 거의 불가능한 일이기 때문이다.

하지만 어린 시절에 경험한 일은 잠재의식 속에, 그리고 몸속에 저장된다. 우리는 아무것도 알지 못하는 것처럼 보일지라도 우리 몸은 모든 것을 알고 있다. 우리 몸은 배우고 경험하고 감지하고 겪은 일이 모두 저장되어 있다. 우리 몸은 삶의 이야기의 전달자이고, 우리가 의식하고 있는 것보다 더 많은 것을 알고 있다.

야콥스와 나델은 어린 시절 경험은 그 후의 전 학습 과정을 조종할 만큼 큰 영향을 미친다고 단언한다. 그러나 어린 시절 경험이 현재의 스트레스 상황 대처에 영향을 미친다 하더라도 생후 첫해에 형성되는 신념 체계에 운명처럼 순응해야 한다고 잘못된 결론을 내려서는 안 된다. 어린 시절의 영향력이 얼마나 큰지 알지 못하고, 그 작용의 비밀을 풀지 못한다면 오랫동안 무력하게 이 '운명'에 자신을 내맡길 수밖에 없다. 이 비밀 해독 작업이 얼마나 중요한지는 연구 결과가 잘 보여준다. 이 연구는 어린 시절 경험이 몸에 어떤 영향을 미치는지 증명하고, 고통스러운 어린 시절을 보낸 사람에게 스트레스 상황이 가장 큰 부담이 되는 이유, 즉 '해로운' 이유를 보여준다.

면역 체계에
미치는 영향

심리학과 신경과학의 최근 연구에 따르면 어린 시절에 지워진 정신적·사회적·육체적 부담은 주요 뇌 조직뿐만 아니라 면역 체계에도 자국을 남긴다. 어린 시절에 겪은 스트레스는 실제로 '생물학적' 흉터를 남기는데, 이 흉터는 완전히 치유되지는 않는다. 이 흉터가 새로운 부담을 야기하고, 경우에 따라서는 불안과 우울을 불러오기 때문이다. 우울증 환자를 대상으로 한 연구는 이들이 대개 어린 시절에 상당한 부담을 안고 있었다는 것을 보여준다. 이 부담은 매우 다양하다. 예컨대 정신적 지주라고 여기는 사람에게 사랑받지 못하고 받아들여지지 않는 것, 중병에 걸리는 것, 제대로 된 보살핌을 받지 못하는 것, 부모의 재정적 문제 등일 수 있다.

어린 시절에 스트레스를 많이 받으면 천식, 피부병, 알레르기 같은 질환에 걸리기 쉽다는 연구 결과가 많다. 어린 시절에 친척의 죽음, 아버지나 어머니 또는 형제자매가 중병에 걸리는 것, 부모의 이혼 같은 극적인 경험을 하거나 이사처럼 해롭지 않은 경험도 자주 하면 병에 걸릴 가능성이 커진다.

이것은 라이프치히의 연구자들이 오랫동안 연구를 한 끝에 얻은 결론이다. 이들은 여섯 살짜리 아이 234명에게 혈

액검사를 실시해 다음과 같은 사실을 확인했다. 최근 일 년 이내에 부모의 이혼이나 이사를 경험한 아이는 스트레스와 면역 방어 간의 중재자 역할을 하는 혈액 속 특정 전달 물질의 농도가 높아지고, 알레르기 반응을 일으키는 물질의 농도도 높아진다. 그 때문에 어린 시절을 불행하게 보낸 아이는 행복하게 보낸 아이보다 알레르기 질환에 걸릴 위험이 더 크다고 할 수 있다.

어린 시절에 받은 스트레스와 면역 체계 간의 연관성을 입증하는 연구도 있다. 미국의 연구자들이 밝혀낸 바에 따르면, 어린 시절에 스트레스를 지나치게 많이 받은 아이는 혈중 특정 헤르페스 바이러스, 즉 헤르페스 심플렉스 바이러스 1에 대한 항체 수치가 스트레스를 적게 받은 아이보다 더 높다. 많은 사람이 이 바이러스에 감염되지만 이렇다 할 증상은 없다. 정상적인 사람은 면역 체계가 이를 막아주기 때문이다. 다른 병에 걸리거나 스트레스를 많이 받아 면역 체계가 약해질 때 비로소 증상(입술에 작은 수포가 생김)이 나타난다. 이 바이러스에 대항하는 항체의 수가 많아지면 면역 체계가 지나치게 큰 부담을 받는다는 것을 의미한다. 과학자들은 스트레스를 받을 때뿐만 아니라 몇 년 후에도 이 수치가 여전히 높다는 사실을 확인하고, 어린 시절에 스트레스를 많이 받으면 면역 체계가 변화되며, 이 변화는 다른 조건이 정상화되어도 여전히 존재한다고 결론을 내렸다.

장기적 영향은 스트레스를 받았을 때 가장 잘 나타난다

과학자들은 이 연관성을 근거로 어린 시절의 부정적 경험이 장기간 영향을 미치는 것으로 이해한다. 미국의 과학자 스티븐 수오미Stephan Suomi는 다음과 같이 말한다. "새로운 자극이나 도전(스트레스를 받거나 특이한 정서적 반응을 불러일으키는 경우)이 주어질 때 어린 시절에 겪은 여러 가지 경험의 장기적 영향이 가장 잘 나타난다. 어린 시절에 형성된 신념 체계나 생리학적 특성은 스트레스를 받지 않을 때는 다른 모습을 하고 있다." 수오미는 "장기적 영향은 스트레스를 받을 때 가장 잘 나타난다"고 재차 강조한다.

우울증에 걸린 어머니와 보낸 어린 시절에 대해 《슈테른》과 인터뷰를 나눈 에르트문테 폰 모슈도 이 점을 잘 보여주고 있다. 모슈는 심리 치료를 받고 어린 시절의 부정적 잔재를 말끔히 걷어냈고, 이제는 건강하다고 느낀다. 그런데도 그녀는 이렇게 말한다. "스트레스를 받으면 속수무책입니다. 시험이나 면접이 코앞에 다가오면 스트레스가 더 심해집니다. 그러다 보니 낙방하게 되지요. 여태 여행도 별로 하지 못했어요. 비행기도 못 타봤습니다." 그녀는 스트레스 상황을 피하려고 한다. 스트레스를 받으면 옛날 상처가 되살아난다는 것을 잘 알고 있기 때문이다. 그러나 회피하는 것으로는 문제를 해결할 수 없다. 어린 시절 경험과 그 후에 일어난 문제 간의 연관성을 인식하고 "나는 예전과 달리 생각하고 행동할 수 있다. 어린 시절의 상처가 되살아나는 것을 막을 수는 없지만 나를 더욱 건강하게 만들기 위해 다른 사람과 사귀는 법을 배울 수 있다"라는 중요한 교훈을 끌어내는 것이 더 유익하다.

불행한 어린 시절이 미치는 영향은 과연 피할 수 없는 것인가? 불우한 어린 시절이 장기적으로 영향을 미치느냐 않느냐는 근본적으로 살아가면서 어떤 시련을 겪느냐 하는 것에 달려 있다. 인생이 잘 풀리면 어린 시절의 상처는 잘 아문 흉터로 남고, 더 이상 큰 고통을 주지 않는다. 그렇다면 잘 풀리는 인생이란 어떤 것일까? 어떤 사람이 스트레스를 적게 받을까? 사람들은 어린 시절의 '저주'를 결코 피할 수 없는 것처럼 여기고, 어린 시절이 불행하면 평생 그 대가를 치러야 하는 것처럼 여기는 것 같다. 메릴린 먼로, 로미 슈나이더, 마이클 잭슨이 치러야 했던 대가, 캐럴 대처가 지금도 치르는 대가 말이다. 이들의 삶을 보면 어린 시절이 운명이라는 것을 쉽게 알 수 있다. 정신분석학자 쿠르트 아이슬러Kurt Eissler의 말이 맞을까? "다섯 살 이전에 겪은 체험이 나중에 범죄자가 되느냐 성인聖人이 되느냐, 평범한 사람이 되느냐 뛰어난 사람이 되느냐, 건강하고 원만한 사람이 되느냐 노이로제와 우울증에 시달리는 사람이 되느냐를 결정한다."

한 살 때 건강한 정신적 발달에 필요한 것을 제공받지 못
해 평생 그늘이 드리워진 채 살아가야 한다는 사실을 받아
들여야만 할까? 오래전에 형성된 신념 체계로 인생이라는
양탄자를 짜나가도록 선고를 받았을까? 자신을 운명에 끼
워 맞출 수밖에 없을까?

어린 시절 경험과 인생의 행복 간에 연관성이 있다는 것
은 확실하다. 그러나 이것이 어린 시절이 불행했다고 해서
그 후의 삶까지 불행해야 한다는 의미는 아니다. 그런 비관
적인 생각을 하면 기회가 오지 않는다. 다음 장에서 이것에
대해 살펴보기로 한다.

4

어린 시절이 미치는
영향은 과장되었는가?

명사들의

어린 시절 이야기

"과거를 바꿀 수는 없어도 자신을 계발할 기회는 얼마든지 확대할 수 있다."

_ 헬름 슈티르린 Helm Stierlin

지금까지 우리는 어린 시절의 경험과 그 후에 부딪히는 문제 간에 명백한 연관성이 있음을 보여주는 연구 결과와 견해를 살펴보았다. 그러나 어린 시절 경험에 그다지 큰 비중을 두지 않고 어린 시절 불행과 그 후에 겪는 불행 간에 연관성이 별로 없다는 견해는 아직 살펴보지 않았다. 이런 견해를 살펴보면 불행한 어린 시절이 초래하는 결과에 대해 지금까지 다룬 견해가 희석되는 듯 보일 것이다.

"흔히 한 살 때 겪은 경험이 인생을 결정한다고 생각하지만 이것은 대체로 터무니없는 생각이다." 유명한 발달심리학자 로렌스 콜베르크Lawrence Kohlberg가 한 이 말은 지금까지 우리가 살펴본 견해에 비하면 혁신적이라 할 만하다. 콜베르크만 이런 주장을 한 것은 아니다. 심리학자 데이비드 맥클러렌드David McClelland도 이런 견해를 대표한다. 맥클러렌드는 "사람의 생각과 행동은 대개 본질적으로 생후 첫 5년간 의 특수한 교육 방법에 영향을 받지 않는다"라고 말한다.

심리요법가 힐라리온 페촐트도 비슷한 결론을 내렸다. 페촐트는 "어린 시절이 인생의 방향을 결정하지는 않는다"라고 말한다. 페촐트는 그때 그 일 때문에 지금 요 모양 요 꼴이 되었다고 하는 지나치게 단순한 신념 체계에 대해 경고한다. 페촐트는 트라우마를 경험한 아이들 모두가 성인이 된 후 정신 질환을 앓거나 문제를 겪는 것은 아니고, 반대로 행복한 어린 시절이 행복한 인생을 보장하지도 않는다고 주장한다.

스위스의 심리학자이자 의사인 세실 에른스트도 이런 입장을 취하고 있다. 에른스트는 수년간의 연구를 토대로 다음과 같은 결론에 이르렀다. "아이는 어린 시절에 겪은 트라우마 때문이 아니라 그 후에 가해지는 지속적인 억압 때문에 비뚤어진다."

미국의 발달심리학자 제롬 캐건 Jerome Kagan 은 다음과 같은 입장을 분명히 하고 있다. "어떤 과학자도 생후 첫 두 해에 겪은 특정한 경험이 이후의 특정한 사건을 야기한다는 것을 증명할 수 있는 가능성은 20퍼센트도 안 된다." 캐건은 한 살 때 처한 환경이 비관적이었다고 해서 장래를 비관적으로 보는 것은 '터무니없는 짓'이라고 한다.

아동 정신과 의사 마이클 러터 Michael Rutter도 같은 견해를 밝히고 있다. 러터는 다음과 같이 말했다. "어린 시절에 겪은 트라우마의 부정적 작용이 결코 불가피한 것이나 결정적인 것은 아니다. 어린 시절의 경험이 인격 발달을 최종적으로 결정한다는 견해는 명백한 증거에 분명히 모순된다."

미국심리학자협회 회장을 지낸 사회심리학자 마틴 셀리그만Martin Seligman도 이 점을 분명히 하고 있다. 셀리그만은 다음과 같이 말한다. "나는 어린 시절의 경험이 과대평가되고 있다고 생각한다. 어린 시절 경험이 인격 발달에 영향을 미친다는 증거를 발견하기는 쉽지 않다. 큰 영향을 미친다는 증거는 없다. 결정적인 영향을 미친다는 증거는 더더욱 없다. 어린 시절에 겪은 큰 트라우마는 인격 발달에 영향을 미치기는 한다. 그러나 어디까지나 예측할 수 있는 방법으로만 영향을 미친다. 어린 시절의 불행한 경험은 성인이 된 후 겪는 문제의 원인이 아니다."

정말 헷갈린다. 앞에서 우리는 불행한 어린 시절이 어떤 사람의 인생을 완전히 망치지는 않는다 하더라도 부담을 지운다는 것을 보여주는 명백한 증거를 살펴보지 않았는가? 과학계의 저명한 전문가의 말을 한 번 더 새겨보자. 어린 시절의 영향은 과대평가되었다. 두 파는 각기 과학적 연구 결과를 제시하면서 자기 측 견해를 뒷받침하는 증거를 충분히 가지고 있다고 주장한다. 도대체 어느 쪽 말을 믿어야 할까?

어린 시절 경험이 인생을
결정짓지는 않는다

1장에서 소개한 명사들의 이야기와 앞의 장들에서 설명한 (어린 시절이 미치는 영향에 대한) 내용은 당신의 어린 시절이 불행했다면 당신을 낙담시키고 체념시키기에 충분하다. 이 부정적인 어린 시절의 유산에서 언제 벗어날 수 있을까? 어쨌든 과거를 바꾸지는 못한다! 이제 어린 시절의 그림자가 드리워진 인생을 받아들일 수밖에 없다. 하지만 이런 결론은 틀렸을 뿐만 아니라 치명적이기도 하다. 자신을 희생자라고 생각하고 아무리 발버둥 쳐도 이 상황에서 빠져나올 수 없다고 생각하면 당신은 자신에게 죄를 저지르는 셈이다. 어린 시절의 그림자를 걷어내려고 하지도 않고 적어도 견딜 만한 것이 되게끔 밝게 채색하려고도 하지 않기 때문이다. 과거를 바꿀 수 없다는 것은 확실하다. 그렇다고 체념해서는 안 된다. 하이델베르크의 가족요법가 헬름 슈티르린의 말대로 그 때문에 당신이 오랫동안 '행위 무능력자'였던 것은 아니니까. 요컨대 우리는 "누구나 가지고 있는 자기 계발 기회를 확대할 수 있다."

'자기 계발 기회'란 무엇일까? 어떻게 이것을 확대할 수 있을까?

명사들의 어린 시절 이야기에서 이 질문에 대한 답을 얻을 수 있다. 처음에는 명사들의 이름을 밝히지 않을 것이다. 이들의 어린 시절은 로미 슈나이더, 메릴린 먼로, 마이클 잭슨, 캐럴 대처의 어린 시절과 비슷하다. 하지만 이들은 본질적으로 다르다. 즉 끝이 다르다. 이들은 해피엔드를 맛본다.

결혼해서는 안 되는 아들

아버지는 전쟁 통에 죽는다. 어머니 혼자서 두 아이를 기르고 가족의 생계를 꾸려나가야 한다. 특히 막내는 어머니의 버팀목이다. 막내는 어머니의 행복을 책임져야 한다고 생각한다. 막내가 어머니에게 얼마나 애착을 가지고 있는지, 어머니가 행복하기를 얼마나 바라고 있는지 잘 보여주는 일화가 있다. 막내는 열네 살 때 일해서 돈을 처음으로 손에 쥐고 무척 대견해했다. 이 돈을 어디에 써야 할까? 새 자전거? 책? 이것저것 생각할 것도 없이 막내는 어머니에게 뭔가 해드려야 한다고 생각했다. 그러다 어머니한테 바다를 선물하기로 했다. 어머니는 아직 바다에 가본 적이 없었다. 물론 막내도 그랬다. 막내는 어머니를 리미니Rimini로 모시고 갔다. 막내는 아들인 자신이 어머니에게 이런 선물을 해준 것을 내심 뿌듯해했다.

그런데 막내는 열일곱 살 무렵에 어떤 아가씨한테 반한다. 그러자 갑자기 화목한 모자 관계에 금이 갔다. 어머니는 아들이 아가씨를 집에 데리고 오는 것을 탐탁지 않게 여기고, 마음에 드는 구석이라고는 하나도 없다고 생각한다. 맏이가 아가씨를 데리고 밖으로 나갔다. 막내는 어머니한 테 아가씨를 소개하지도 못했다. 막내는 결혼하겠다는 생 각을 일찌감치 접었다. 막내는 지금 옛날을 돌아보며 말한 다. 자기가 결혼했다면 어머니는 완전히 혼자가 되었을 거 라고.

이 사람이라고 매사가 순탄할 리는 없다. 그는 인터뷰에 서 '자신감'이 부족하다고 털어놓은 적이 있다. 망설이기도 하고, 불안해하기도 하고, 자신을 의심하기도 한다. 그는 일 이 풀리지 않으면 자기 탓으로 돌린다. 남에게 털어놓지도 않는다. 친구한테도, 어머니한테도 알리지 않는다. 그러고 는 골똘히 생각한다. 가끔은 제대로 된 직장을 잡았는지 자 문하기도 한다. 그는 조화를 중시한다. 하지만 자기 생각을 제대로 표현하지 못해 때로는 엉뚱한 오해를 사기도 한다.

결혼해서는 안 되는 이 아들은 어머니한테 바치는 충성 의 대가를 톡톡히 치르고 있다. 하지만 언젠가부터 충분히 보답받았다고 생각하는 듯하다. 그는 50대 후반에야 결혼 했다. 결혼 의사를 밝혔을 때 어머니는 마뜩잖은 얼굴로 '올빼미처럼' 빤히 쳐다보기만 했다고 말했다. 하지만 그는 이제 흔들리지 않는다. 나이 때문일까? 이제 자기가 삶의 주인공이라는 것을 깨달았기 때문일까?

심리학이 어린 시절을 말하다

어떤 아이, 세 여자, 그리고 강인한 의지

지난 세기 중엽만 해도 뉴욕의 브롱스는 노벨 지역(귀족처럼 고상한 사람이 주로 사는 지역을 말함-옮긴이)은 아니었다. 범죄와 마약과 알코올 거래로 유명한 곳이었다. 이곳에서 자란 사람은 대개 잃을 것이 없다. 가정은 결딴나고, 집은 황폐해지고, 학교는 있으나 마나다. 살아남는 것만이 중요하다.

1970년대 초 이곳에서 흑인 아이가 태어났다. 아버지는 아내와 자녀에게 아예 관심이 없었다. 어머니는 도움이 필요한 여자이다. 정신병을 앓고 있는 데다가 아이를 성적으로 학대하고 있기 때문이다. 심지어는 아이를 죽이려고 한 적도 몇 번 있었다. 학교에서도 어떤 선생이 "대학에 갈 생각은 꿈도 꾸지 마라. 어차피 감옥에 가거나 죽을 테니까"라고 하면서 아이의 기를 꺾었다. 하지만 불행 중 다행으로 이 아이한테는 세 여자가 있었다. 할머니 안나 펄과 이모 이네츠, 조안이었다. 그들은 이 아이를 돌보았다. 아이 엄마나 호의적이지 않은 친구로부터 아이를 보호했다. 세 여자는 아이가 학교를 졸업하도록 보살펴주고, 이 아이를 믿어주었다. 예정된 듯한 운명으로부터 이 아이를 보호한 것은 바로 이 세 여자였다.

이 학대받은 흑인 소년은 보기 드물게 출세한 소수의 아프리카계 미국인 중 한 명이다. 그는 저널리스트가 되었고,

넬슨 만델라Nelson Mandela, 빌 클린턴Bill Clinton 같은 명사들
을 인터뷰했다. 힐러리 클린턴Hillary Clinton과의 정치적 논쟁
을 조정하기도 했다. 그는 미국 텔레비전의 스타이다. 어린
시절부터 이렇게 성공하기까지의 기나긴 인생 여정을 돌아
보면서 그는 이렇게 말한다. "태생은 중요하지 않다. 어떤
인생을 사느냐는 것이 중요하다."

폭력을 사랑으로 갚은 소녀

어릴 때 부모가 이혼해 할머니 손에서 자란 소녀가 있
다. 할머니는 아이한테는 매가 약이라고 생각하는 독실한
신자였다. 소녀를 때릴 때는 으레 "널 사랑하니까 때리는
거야"라고 말했다. 소녀는 그때마다 '때리는 것이 사랑이라
면 사랑하지 말아야지' 하고 생각한다. 후에 소녀는 어머니
한테 갔다. 하지만 소녀의 인생은 더 꼬이기만 했다. 끔찍
한 세월들이다. 열 살 더 많은 사촌 오빠가 소녀를 강간했
다. 그때 소녀는 아홉 살이었다. 소녀는 어린 시절 내내 성
폭행을 당했다. 열네 살 때 소녀는 임신을 했다. 아이는 태
어나자마자 바로 죽었다. 소녀는 술과 마약을 달고 살았다.
어른이 된 지금 그녀는 아름다운 기억이라곤 없는 어린
시절에 대해 좋게 이야기하지 못한다. 돌이켜 보면 슬프고
화나는 일들뿐이다. 하지만 그녀는 성격이 어둡지도 않고
분노하지도 않았다. 부정적인 어린 시절 경험을 현재의 부

정적인 감정에 덧붙이지 않기로 결심했기 때문이다. 그녀는 과거는 바꿀 수 없는 것이어서 받아들일 수밖에 없다는 것을 알고 있다. 동시에 자신의 미래를 책임질 사람은 자신뿐이라는 것도 알고 있다. 그녀는 과거가 현재를 결정하지 못하게 하고, 미래도 결정하지 못하게 한다.

마술로 불안을 쫓아버린 소년

그는 오늘날 폴란드의 자브르체Zabrze(당시는 독일 땅이었고, 힌덴부르크Hindenburg라고 불렸다)에서 태어났다. 그의 부모는 그곳의 이른바 '파밀리아르카familiarka('가족 집'이라는 뜻. 우리나라의 다세대 주택과 비슷함-옮긴이)'에서 산다. 6~12명으로 이루어진 12가구가 각기 25제곱미터인 위아래 층에서 물도, 전기도 없이 살고 있었다. 그의 아버지는 술로 이 비참한 상태를 견뎌냈다. 그는 개 가죽 채찍으로 아들한테 화풀이를 했다. 소년은 "넌 부모를 사랑해야 돼"라는 말을 귀가 따갑게 들었지만, 부모가 자녀를 사랑해야 한다는 말은 한 번도 듣지 못했다. 그가 두려워하는 교회도 마찬가지였다. 소년은 벌을 내리는 하느님을 두려워하고, 아직 어려서 말뜻도 옳게 이해하지 못하는 고해를 두려워했다. 소년은 할아버지와 있을 때만 행복하다고 느꼈다. 할아버지는 술고래이기는 해도 이 아이를 받아들였다. 아이의 후견인 노릇을 하고, 아이를 때리지 않았다. 아이는 할

아버지와 함께 있으면 '마술'에 걸린 것처럼 느꼈다.

어른이 되었을 때 그는 매질하는 아버지와 두려움을 주는 교회라는 어린 시절의 짐을 떨쳐버리기 위해 오랫동안 마술을 다시 발견하려고 했다고 인터뷰에서 고백한다. 그는 이 마술을 다시 발견했고, 어린 시절의 악마를 쫓아버렸다.

수줍음 많은 소년, 팝스타가 되다

어머니는 아이 이름을 '레기날드'라고 짓자고 우겼다. 이 아이에게 이유 불문하고 사랑하는 자기 남동생 이름을 붙여줘야 한다고 고집을 부린다(이 아이는 어른이 되었을 때 "어떻게 사내아이 이름을 레기날드라고 할 수 있을까?"하고 분개한다). 처음부터 부모는 아이한테 기대를 잔뜩 걸었다. 아이는 부모가 이루지 못한 꿈을 꼭 이루어내야 했다. 아이는 어릴 때부터 피아노 교습을 받았다. 그의 아버지는 벌써 이 아이를 세계 무대에 선 유명한 피아니스트로 여겼다. 어머니는 또 다른 꿈을 꾸었다. 아이를 팝스타로 만들려는 것이다.

하지만 레기날드에게는 스타 자질이 없었다. 그는 수줍음을 잘 타고 겁이 많았으며 아버지를 두려워했다. 아버지는 집에 있으면 걸핏하면 아이한테 트집을 잡았다. 수프를 후룩후룩 떠먹어서도 안 되고, 셀러리를 와작와작 씹어서

심리학이 어린 시절을 말하다

도 안 되고, 집에서 공을 차서도 안 되었다. 또 장미에 그늘을 드리워줘야 하고, 행동을 굼뜨게 해서는 안 되고, 무엇하나 넘어뜨려서도 안 되었다. 아버지가 있으면 이 소년은 숨도 제대로 쉬지 못했다. 소년에게는 어머니, 외할머니, 이모가 있다. 세 여자는 소년이 늘 깔끔하게 입고 다니고 모범적으로 행동하도록 보살펴주고, 또 가능한 한 자주 피아노 앞에 앉도록 돌보아주었다. 소년은 그들 덕에 그럭저럭 살아갔다. 다른 아이들은 그의 인생에 아무런 영향도 미치지 못했다. 소년은 다른 아이들과 어울리지 못했다. 피아노가 더욱 중요했기 때문이다. 레기날드는 외톨이가 되고, 먹는 것으로 위안을 삼았다.

마침내 부모가 이혼했고, 아버지는 재혼을 해 또 네 아들을 두었다. 레기날드는 그야말로 날벼락을 맞은 느낌이었다. 그때까지는 아버지가 다른 아이를 낳지 않아서 자기를 그렇게 엄하게 대했다고만 생각했다. 이제 그런 생각이 틀린 것임을 알고 아버지가 자기만 원하는 것이 아니라 다른 아이도 원한다고 결론을 내렸다. 레기날드는 아버지가 자기를 버린 것을 자기 탓이라고 생각하고, 이복동생들을 미워했다.

어린 시절과 청소년기를 불우한 환경에서 보냈지만 레기날드는 부모의 소망을 실현했다. 그는 명사가 되었다. 물론 피아니스트가 아니라 록 스타로 이름을 떨쳤다. 그것은 어머니가 원한 일이었다. 날이 갈수록 큰 성공을 거둔 덕분에 어머니는 행복해했지만, 그 자신은 행복하지 않았다. 그는 거식증, 우울증, 알코올 중독, 마약 중독으로 고생했다. 무대에서는 왕이지만 사생활은 순탄하지 않았다. 환호하는 관중 앞에 서지 못하면 자신이 어떤 존재인지조차 모를 판이었다. 관중의 박수갈채가 없으면 그의 인생은 의미가 없다.

레기날드는 결혼을 두려워했다. 그때까지 사람들은 그를 동성애자, 아니면 적어도 양성애자로 여겼다. 그는 독일 여성과 결혼해 이 '오명'을 벗었다. 이 여자를 통해 고독감과 버림받은 감정을 몰아낼 수 있기를 바랐다. 그는 한 인터뷰에서 "이 여자가 나를 구원해주리라고 생각했습니다."라고 고백했다. 물론 이 여자는 그렇게 하지 못했다. 나중에 자신이 동성애자임을 고백하고 나서야 그는 차츰 안정을 얻었다.

유머를 잃지 않은 아들

그의 아버지는 1997년 83세의 나이로 죽었다. 장례식이 끝난 후 아버지 친구들이 아들에게 조의를 표하고 나서 그의 아버지를 얼마나 사랑했는지 말했다. 또 말재주도 좋고 재치도 있고 솔직하며 남을 배려할 줄 아는 사람을 잃게 되어 몹시 안타깝다고 덧붙였다. 그 말을 들은 아들은 몹시 놀랐다. '누구 얘기를 하는 거야? 우리 아버지 얘기는 아니잖아!' 아버지한테서 재미있는 말이나 자상한 말을 들은 적이 없기 때문이다. 그는 다른 사람들이 아버지의 긍정적인 면만 본 모양이라고 생각했다. 아버지가 항상 그의 자존심을 상하게 하고 걸핏하면 분노를 터뜨렸다고 생각했다. 아버지는 대나무 회초리나 허리띠 또는 보트용 노로 그를 때렸다. 아홉 살 때는 아버지에게 몹시 맞아 멍든 곳을 감추려고 이튿날 긴 바지와 긴팔 셔츠를 입고 학교에 간 적도 있다. 이 일이 있은 후 부자는 서로 거의 말을 하지 않았다. 아버지가 무슨 말을 하면 보나 마나 잔소리 아니면 꾸중이었다. 그는 자서전에 이렇게 썼다. "흔히들 불행한 어린 시절을 보낸 아이는 예술가가 되기 쉽다고 한다. 나는 아버지와 나에 대한 이야기를 해주어 내가 코미디언이 될 자격이 있음을 알리고 싶다."

이 여섯 명은 하나같이 매우 불행한 어린 시절을 보냈다. 가난, 폭력, 학대, 지나친 요구로 어린 시절이 특징지어진 아이는 이 경험 때문에 성인이 되어서 실패를 맛보기 십상이다. 그러나 이들은 실패하지 않았다. 실패하기는커녕 화려한 경력을 쌓았고(마이클 잭슨, 메릴린 먼로, 로미 슈나이더도 그랬다), 불행한 어린 시절의 굴레에서 벗어났다. 이들은 어떻게 성공했을까? 무엇이 또는 누가 이들을 강한 사람으로 만들었을까?

자기 신뢰의
원천

결혼하면 안 되는 아들(어머니를 책임져야 한다고 생각한 아들, 다른 여자 때문에 어머니를 버릴 수 없다고 생각한 아들)은 엘마 베퍼Elmar Wepper이다. 그는 동생 프리츠Fritz처럼 유명한 영화 배우이자 드라마 배우이다. 사람들은 히트 드라마와 인기 요리 프로그램 덕분에 그를 잘 알고 있다. 그는 비중 있는 역할(영화 〈사랑 후에 남겨진 것들〉)로 성공을 거두었다. 그는 연금 생활자 루디 역을 잘 소화하리라고 확신했을 것이다. 자신의 어린 시절 경험을 바탕으로 루디의 입장에 서볼 수 있었기 때문이었다. 베퍼는 인터뷰에서 이렇게 말했다. "루디는 자유롭지 않다. 루디는 자기가 생각하는 것만큼 놀라운 것은 없다는 사실을 뒤늦게 깨닫는다." 엘마 베퍼는 자기 불신 때문에 배우가 되지 못할 뻔했지만, 다른 배우 덕분에 자신의 꿈을 이루었다. 베퍼는 발터 제들마이어와 10년간 연속극 〈연방경찰지구대 1〉에 출연했다. 베퍼는 지금도 그를 존경한다고 말한다. 베퍼는 제들마이어를 멘토라고 부른다. 베퍼는 그에게서 '자기 자신과 자신의 직업에 늘 완벽하게 충실할 수는 없다는 것'을 배웠다.

폭력을 사랑으로 갚은 소녀, 자수성가하겠다고 결심한 소

녀는 미국 최고의 토크쇼 진행자 오프라 윈프리Oprah Winfrey
이다. 윈프리가 어린 시절의 불행과 폭력을 견딜 수 있었던
것은 아버지 덕분이었다. 소녀 시절 어느 날 더는 견딜 수
없어 가출했을 때 아버지가 윈프리를 집으로 데리고 왔다.
아버지는 매우 엄했고 자제력, 끈기, 용기 등 그가 중요한 덕
목으로 여기는 것을 윈프리에게 요구했다. 또 윈프리가 학
교에서 재능을 꽃피울 수 있도록 보살펴주었고, 자신감을
심어주었다. 윈프리는 아버지 덕분에 지금 자신의 일에 큰
도움을 주는 자제력을 기를 수 있었다고 여긴다. 아버지만
이 윈프리를 구해준 것은 아니었다. 책도 있었다. 윈프리는
책이 '세계로 나가는 길'과 '온갖 가능성의 문'을 열어주었다
고 밝힌 적이 있다. 윈프리는 이렇게 말한다. "정신적 상처를
입은 사람도 많고 나보다 더 불행한 일을 겪은 사람도 많다
는 것을 알았다. 하지만 자신을 이겨내는 것은 오로지 자신
한테 달렸다. 과거에 매여 살거나 과거가 우리의 정체성을
결정하도록 하면 결코 성장하지 못할 것이다."

  오프라 윈프리가 그렇게 성공하게 된 데는 불행한 어린
시절이 적지 않은 역할을 했다. 처음에 윈프리의 토크쇼는
그다지 인기를 끌지 못했다. 호스트와 인터뷰어로서 출연자
와 제대로 호흡을 맞추지 못했다. 윈프리는 자신의 불행한
운명에 흔들리느라 공감하는 능력이 부족하다는 것을 알고
북클럽 프로그램을 진행해 독서의 기쁨을 일깨웠다.

정신병에 걸린 어머니와 함께 브롱스에서 자란 소년은 지금 정치 텔레비전 저널리스트 경력을 가진 아프리카계 미국인이 되었다. 2008년 일간신문 쥐트도이체 차이퉁은 도미니크 카터Dominic Carter에 대해 출신에 비추어볼 때 그의 경력은 '거의 믿을 수 없는 것'이라고 했다. 카터의 어린 시절 이야기는 그의 책 《노 마마보이No Momma's Boy》를 통해 미국의 대중에게 널리 알려졌다. 카터는 이 책에서 어머니의 정신병을 다루면서 그 병이 얼마나 나쁜 영향을 미치는지 밝히려고 했다. 이 책이 출간된 후부터 카터는 청소년과 구호단체를 대상으로 강연을 했다. 가난 또는 아버지나 어머니가 앓는 정신병이 아이들에게 미치는 파괴적인 영향력에 대해 주의를 환기시키기 위해서였다.

마술로 불안을 쫓아버린 소년, 어린 시절 불행에 평생 맞서 싸워야 했던 소년은 많은 아이들에게 기쁨을 선사했다. 그의 일러스트레이션과 어린이책은 삶의 기쁨을 노래하고 용기를 불러일으키는 내용을 담고 있어 사람들은 그가 어린 시절에 얼마나 어두운 경험을 했는지 짐작도 하지 못한다. 그러나 야노쉬(Janosch, 원래는 호르스트 에케르트Horst Eckert라고 불렸다)는 자신이 말한 것처럼 어린 시절을 잊으려고 평생 노력했다. 폭력을 행사하는 아버지뿐만 아니라 엄격한 종교적 교육이 야노쉬를 불안과 공포에 몰아넣었다. 그는 "가톨릭 집안에서 태어난 것이 인생에서 가장 큰 불행이다"라고 말했다. 할아버지 집에서 보낸 생후 첫 4년이 아마도 야노쉬를 구원했을 것이다. 할아버지는 우둔하지 않았고, 야노쉬는 할아버지 덕분에 '마술'에 몰두할 수 있었다.

"나는 그 집 뒤 붉은 벽돌 벽 옆에 몇 시간이고 우두커니 서서 우주의 비밀을 읽었고, 삶과 죽음을 생각했다. 단언컨대 그때 벌써 그런 것을 이해했다." 그때는 아직 증조할아버지가 살아 있었다. "그들과 함께 산 것은 나의 기나긴 인생에서 가장 행복한 일이었다. 나는 햇볕을 받으며 앉아 있기도 했고, 뜀박질을 하기도 했다. 그곳은 내 세계의 중심이었고, 영원으로 가는 곧은길이기도 했다. 나는 그곳을 떠난 적이 없었다. 그 뒤에 일어난 일은 시시한 것뿐이었다." 그 후 아버지가 야노쉬를 데리고 갔다. 아버지는 '10여 년간' 개 채찍으로 때려가며 야노쉬가 마술을 하지 못하게 했다. 야노쉬는 10여 년간 마술을 하지 못했을 뿐, 영원히 그렇지는 않았다. 그의 그림과 인물 속에서 마술이 되살아나기 때문이다. 야노쉬는 그림 덕분에 살아남을 수 있었다. 그는 이렇게 말한다. "매일 그림을 그리면서 문제 해결을 연습한다. 그림을 그리면 문제가 떠오른다. 예컨대 소를 그리려고 하는데 소 모습이 잘 떠오르지 않는다. 그러면 화가 치밀고 몇 시간이나 고민하다가 붓을 부러뜨리기도 한다. 화가라면 으레 그러기 마련이다. 그때 해결책은 말을 그리는 것이다. 빨간색을 칠해야만 하는데 마침 빨간색 물감이 떨어졌다면 마음을 고쳐먹고 녹색으로 칠한다. 인생도 이와 마찬가지이다." 그는 또 한 가지 실례를 들었다. "나는 적포도주를 좋아한다. 공교롭게도 적포도주가 없다고 해도 슬프지는 않다. 백포도주를 마시면 되니까. 백포도주도 없으면 물을 마신다. 물마저 없으면 갈증을 잊는다. 이것이 행복의 비결이다."

수줍음을 많이 타는 소년, 팝스타가 된 소년 레기날드 케네스 드와이트Reginald Kenneth Dwight는 엘턴 존Elton John이라는 예명으로 어머니의 간절한 소망을 실현했다. 그는 세계적인 팝스타가 되었지만 오랫동안 행복하지 못했다. 그는 떠돌이였다. 이 연주회장에서 저 연주회장으로, 이 촬영장에서 저 촬영장으로 성공을 좇아 떠돌아다녔다. 그는 성적으로 여자한테 관심이 없었음에도 1984년 독일 여성 레나테 블라우엘과 결혼했다. 대중지들은 비꼬는 듯한 기사를 내보냈다. 그는 나중에 텔레비전 방송국 기자에게 결혼할 때 어떤 희망을 품고 있었는지 고백했다. "결혼하면 달라지리라고 생각했습니다. 행복해질 거라고 믿었습니다. 하지만 달라지지 않았습니다. 마약을 끊지 못했으니까요. 그래서 결혼 생활은 애당초 파탄 선고를 받았습니다."

인터뷰 중에 그는 무섭기만 하고 애정이 없는 아버지와 자신의 우울증과 외로움 간에 연관성이 있다고 느낀다. 그러면서 그때 어머니가 한 역할을 새삼 깨달았다. 그나마 한 가닥 빛을 준 것은 어머니였다는 사실을 알게 된 것이다. 어머니는 아버지가 존이 성공하는 것을 결코 원한 적이 없다는 것과 존이 어렸을 때 아버지를 두려워했다는 것을 끊임없이 존에게 상기시켰다. 그럼에도 존은 자신이 언제나 응석받이였다고 한다.

1993년에 존은 평생의 반려자인 영화 프로듀서 데이비드 퍼니시를 만났다. 그는 첫눈에 데이비드에게 반했다. 존은 데이비드가 자신에게 평온을 가져다주는 사람이라는 것을 알았기에 무조건 데이비드에게 의지했다. 마침내 존은 용기를 내어 자신이 동성애자라는 사실을 밝혔다. 존은 재단을 설립해 재능 있는 젊은 음악가가 왕립 음악원에서 교육받을 수 있게 했고, 재단 기금을 모으기 위해 자선 연주회를 열었다. 2005년 존은 데이비드와 결혼했다. 지금 존은 "내 인생은 진짜 제트코스터(유원지의 놀이 기구의 하나-옮긴이)였다. 꿈같이 좋은 시기도 있었고, 몹시 낙담하고 터무니없이 무책임하게 군 시기도 있었다." 존은 이 시기를 극복한 것을 '행운'이라고 생각한다. 그는 이 행복을 즐기려고 하고, '덜 행복한' 사람을 도와주려고 하고, 다른 사람한테 기쁨을 주는 곡을 더 많이 작곡하려고 한다. 그것이 지금도 그가 가장 좋아하는 일이니까.

〈핑크 팬터〉, 〈LA 스토리〉, 〈신부의 아버지〉, 〈보우핑거〉

같은 유명한 영화는 유머를 잃지 않은 아이 덕분에 탄생했다. 영화를 보며 웃으며 즐거운 시간을 보낼 수 있는 것도 그의 덕분이다. 불행한 어린 시절과 청소년 시절을 보냈음에도 스티브 마틴은 유명한 할리우드 스타가 되었다. 마틴은 배우, 저술가, 특히 코미디언으로서 명성과 존경을 얻었다. 마틴의 아버지는 예술가가 되려는 야망과 배우가 될 소질을 가지고 있었다. 그는 노래도 잘했지만 원래는 배우가 되고 싶어 했다. 하지만 꿈을 접고(스티브 마틴은 어머니의 강요 때문인 것으로 본다) 부동산 중개인이 되었다. 꿈을 포기한 것이 그가 아들에게 화풀이하고 폭력을 행사한 원인이었을까? 아마 그럴 것이다. 스티브 마틴은 어린 시절에 행복하다고 느낀 적이 없었다. 하지만 마틴은 다른 세계를 만들어냈다. 마술에 관심을 가지고 책벌레가 된 것이다.

이윽고 마틴은 정말 새로운 세계를 발견했다. 1955년 가족이 애너하임 근처의 가든 그로브로 이사 간 것이다. 집에서 엎어지면 코 닿을 곳에 디즈니랜드가 개장한 해였다. 10세에서 18세 때까지 방과 후나 주말 또는 여름방학 때 디즈니랜드에서 아르바이트를 했다. 거기서 엔터테이너 밸리 보그를 만났다. 보그는 재치 있는 말솜씨로 유명했는데 스티브 마틴은 그의 말을 모두 정확히 머릿속에 새겨 넣었고 디즈니랜드에서 나중에 그의 경력에 필요할지도 모르는 많은 것들을 배웠다. 그리고 무엇보다도 아버지의 폭력에서 벗어났다.

구부러질지언정
부러지지는 않는다

이들 어린 시절 이야기를 보면 어린 시절이 불행했다고 커서도 불행하게 살아야 한다는 법이 없다는 것을 분명히 알 수 있다. 특정 조건하에서는 부정적인 어린 시절 경험으로부터 힘 같은 것이 생겨난다는 것은 확실하다. 엘마 베퍼, 오프라 윈프리, 도미니크 카터, 야노쉬, 엘턴 존, 스티브 마틴의 이야기는 높은 장애물을 몇 번이고 넘어야 하기는 하지만 극단적인 어린 시절의 경험을 이겨내고 행복하게 살아갈 수 있다는 것을 잘 보여준다. 다른 사람이 어린 시절에 놓아준 장애물은 성장한 후 받아들이는 길밖에 없다. 이 장애물을 없앨 수는 없지만 길 옆으로 치우고 새로운 것을 받아들일 자리를 마련할 수는 있다. 그렇게 하기 위해서는 특정한 조건이 전제되어야 한다는 것은 말할 것도 없다.

엘마 베퍼는 배우라는 직업과 정신적 멘토인 발터 제들마이어를 통해 자의식과 안정감을 찾았다고 볼 수 있다.

오프라 윈프리는 엄격하기는 해도 자기를 도와준 아버지와 새로운 세계를 개척하게 해준 책을 통해 길을 찾았다.

엘턴 존은 늦게나마 인생의 반려자를 만났다. 그는 존에게 성적 정체성을 고백하도록 용기를 불어넣어 주었다. 덕분에 존은 더 이상 자신을 숨기거나 가장하지 않아도 되었다.

도미니크 카터에게는 불행한 어린 시절에 자신을 믿어주고 도와준 세 여자, 곧 할머니와 두 이모가 있었다. 또 카터에게는 재능이 있었다.

야노쉬는 마술을 좋아했고, 예술가적 재능을 가지고 있었다. 또 야노쉬가 마술로 이름을 날리게 해준 할아버지가 있었다.

그럼 스티브 마틴은? 운 좋게도 마틴은 어릴 때 마술, 재치, 엔터테이너의 세계를 알게 되었다. 그 세계는 불만이 많은 아버지가 폭군처럼 군림하는 집보다 훨씬 호의적이었다.

좁은 가정의 틀에서 벗어나 어떤 경험을 하느냐 하는 것도 매우 중요하다. 자신을 사랑해주는 사람을 만나느냐는 것, 육성할 만한 재능을 발견하는지 여부, 자신의 열정과 지력을 통해 늪과 같은 어린 시절의 체험에서 빠져나올 수 있는지 여부도 중요하다. 대체 경험이 있으면 부정적인 어린 시절 체험이라는 속박에서 벗어날 수 있다.

심리학의 한 분야는 불행한 어린 시절의 경험을 상쇄할 수 있는 긍정적 경험이 별로 없다는 것을 보여준다. 다음 장에서는 최근 많은 사람의 입에 오르내리는 회복력 연구에 대해 살펴보기로 한다.

5

당신을
보호하는 것

대체 경험

"나는 마이어 씨 집 아들로 부를리라고 한다.

차라리 마이어 씨 집 개가 되었으면 좋겠다! 그러면 젠타라고 불릴 거고, 이웃집 관리인이 불평할 만큼 크게 짖어댈 텐데. 아무도 '부를리, 입 다물어'라고 말하지 않겠지.

나는 차라리 마이어 씨 집 고양이가 되었으면 좋겠다. 그러면 무슈라고 불릴 거고, 먹고 싶은 음식을 마음껏 먹고 하루 종일 창가에서 햇볕이나 쬐며 늘어지게 누워 있을 텐데. 아무도 '부를리, 접시를 말끔히 비워'라고 말하지 않을 텐데.

나는 마이어 씨 집 금붕어였으면 정말 좋겠다. 그러면 이름도 없을 테고, 조용히 물속에서 헤엄치며 식구들이 사는 모습이나 구경할 텐데. 이따금 마이어 씨 집 식구들이 어항 곁에 와서 손으로 유리를 닦으며 나한테 말을 걸어줄 텐데. 하지만 유리가 두꺼워 어떤 소리도 물속으로 들려오지 않았으면 더 좋겠다. 나는 물고기가 되어 입을 벌리며 웃고 싶고, 마이어 씨 집 막내를 슬픈 눈으로 바라보며 속으로 '불쌍한 부를리!'라고 말하고 싶다."

_크리스티네 뇌스트링어 Christine Noestlinger

높은 탑 위에 젊은 여자가 서 있다. 심장이 쿵쿵거리고 무릎이 와들와들 떨린다. 이 여자는 까마득한 바닥을 내려다볼 엄두도 내지 못한다. 벌벌 떨며 두어 걸음 내디딘 후 한 번 더 망설이다가 대차게 허공에 한 걸음 내디딘다. 이 번지점프 선수는 바닥에 부딪치지 않는다고 믿는다. 몸에 묶은 벨트가 바닥에 닿기 직전에 팽팽히 당겨져 그 탄력으로 다시 공중에 치솟을 것을 알고 있다.

어려움에 처하면 우리는 이 번지점프 선수와 똑같이 생각하곤 한다. 우리는 바닥을 두려워하고, 그냥 떨어지면 죽을까 봐 두려워한다. 이런 불안은 누구에게나 있다. 근본적으로 안정된 정신적 지주가 없으면 떨어지는 것을 두려워하게 되어 있다. 인생의 위기나 운명의 장난으로 이 지주를 잃을 수도 있다. 이 지주는 태어날 때부터 아주 약한 것일 수도 있고, 경우에 따라서는 아예 없을 수도 있다. 어릴 때 신념 체계와 자기 신뢰를 제대로 확립하지 않으면 안정된 정신적 지주가 없을 가능성이 매우 크다. 그러면 행복한 어린 시절을 보내고 이 세상에서 환영받는 경험을 한 사람보다 빨리 스트레스 상황에 빠진다.

하지만 어린 시절이 별로 행복하지 않고 고통스러운 어린 시절 체험이 안정감보다 불안정감을 더 많이 준다면 안전벨트를 매지 않은 채 번지점프를 하는 것과 같은 꼴이 될 것이다. 부모와의 경험은 유익한 정신적 탄성을 길러주는데, 다른 사람과의 경험도 중요한 역할을 한다. 집 밖에서 긍정적인 경험을 하면 저항력이 커지고 우리를 보호해주는 정신적 지주를 확보할 수 있다. 어렸을 때 우리는 인정, 관심, 사랑을 필요로 한다. 부모가 이런 것을 주지 못하면 대신 우리를 이해해주고 받아준 누군가가 있었을 것이다. 이런 사람을 만나면 심리학에서 말하는 '회복력'을 되찾을 것이다.

회복력,
위험과 스트레스 극복의 촉매

'탄성'은 건축학에 쓰이는 개념이다. 건축학에서 이 말은 물질의 구부러지는 성질을 의미한다. 이것을 인간사에 적용하면 역경이나 외부의 부정적 영향에 처했을 때 부러지지 않는 것을 의미한다. 우리는 조금 구부러질지언정 부러져서는 안 된다. 심리학자 에미 베르너는 "회복력은 위험과 스트레스를 제거하지는 못하지만 이것을 효율적으로 다루게 하는 과정의 최종 생산물이다"라고 말한다. 베르너는 최초로 회복력을 연구한 사람이기도 하다. 베르너의 유명한 '카우아이 연구Kauai-Studie'는 회복력 개념과 불가분의 관계에 있다. 이 주제에 대해서는 베르너의 연구 결과를 참조하지 않는 학자가 없다. 에미 베르너와 그 팀은 1955년 하와이의 카우아이 섬에서 태어난 아이 약 7백 명을 40년 넘게 추적했다. 심리학자, 소아과 의사, 간호사, 사회사업가 들이 이 아이들이 태어날 때부터 40세까지의 발달 과정을 연구했다. 참가자 중 210명은 매우 어려운 여건에서 자랐다. 이들의 어린 시절은 가난, 부모의 병, 무관심, 이혼, 학대로 얼룩졌다. 베르너는 이런 아이들에게 관심을 가졌다. 이들은 어떤 모습으로 자랄까? 이들에게는 평탄한 인생을 살 기회가 있었을까?

어려운 여건에서 자란 참가자 중 3분의 2는 이 질문에 부정적인 대답을 했다. 이들은 10~18세 때 학습과 행동에 문제가 있었고, 범법자가 되었고, 정신적 문제에 시달렸다. 그러나 3분의 1은 놀랄 만큼 긍정적으로 발달했다. 에미 베르너의 팀은 연구 시기 내내 이들에게서 문제 행동을 발견하지 못했다. 에미 베르너는 "이들은 학교 성적도 양호했고, 가정을 꾸렸고, 사회에 잘 적응했으며, 현실적인 목표를 가지고 있었다. 40세가 되었을 때 이들 중에는 실업자도 없었고, 범법자도 없었고, 사회 기관의 원조를 받는 사람도 없었다"라고 연구 결과를 요약했다. 베르너의 결론은 이러하다. "위험도가 높은 가정에서 자란 아이는 사회의 실패자가 될 수밖에 없다는 가정이 회복력 연구 결과로 여지없이 깨졌다."

아이를 보호하는 요인은 무엇일까? 이 결과는 무엇을 의미할까? 아이들은 흔히 생각하는 것보다 건강하고 저항력이 있으므로 어린 시절이 불행했다고 커서도 반드시 불행하란 법은 없다는 뜻일까? 실제로 아이들은 매우 건강하기도 하고, 어느 정도 어려운 상황을 분명히 잘 극복하기도 한다. 그러나 이것은 아이가 '상처를 받지 않는다'는 뜻은 결코 아니다. 어린 시절 겪은 불행한 경험이 긍정적인 경험으로 상쇄되면 상처가 덜 깊어질 뿐이라는 것을 의미한다.

어린 시절, 청소년기 또는 초기 성인기에서 최소한 한 명의 성인과 맺은 안정된 정서적 관계가 무엇보다 중요하다. 당신이 가치가 있고 사랑받을 만하다는 것을 보여주고 당신에게 세상을 설명해주며 당신이 의지할 수 있는 사람이 있다는 것을 보여주는 '수호천사'를 한 명 또는 몇 명 가지고 있어야만 한다.

"식구 외에 당신이 의지할 수 있는 사람이 있었습니까?" 《슈테른》지 기자 헬렌 뵈멜부르크는 12세 때 어머니가 심한 우울증에 시달리는 것을 경험한 적이 있는 에르트문테 폰 모슈에게 이렇게 물었다. 지금 29세인 모슈는 다행히 있었다고 대답하며 이렇게 덧붙였다. "저는 대부분의 시간을 친구 집에서 보냈습니다. 방과 후에는 친구 집으로 갔고, 하룻밤 자기도 했습니다. 무엇보다도 저는 친구 어머니를 몹시 존경했습니다. 자의식이 있고 활달하고 상냥한 분이었습니다. 저녁에는 잘 자라고 하면서 키스도 해주었습니다. 저는 그것을 보고 좀 놀랐습니다."

이 어머니 같은 수호천사는 사회적 모델 역할을 한다. 이들은 부모의 관심을 받지 못하는 아이들한테 다른 세상, 더 나은 세상이 있다는 것을 보여준다. 가까이 있는 연상의 형제자매, 선생, 목사, 그 밖의 사람들이 수호천사 역할을 할 수 있다. 이 사람들이 아이가 문제를 건설적으로 해결할 수 있다는 것을 보여주는 것이야말로 중요하다.

당신에게도 이런 수호천사가 있었는가? 식구들이 당신에게 준 거울보다 더욱 긍정적인 자아상을 보여주는 '대체 거울'을 식구 이외의 사람한테서 받은 적이 있는가? 당신이 낯익은 거울에서 "난 쓸모없는 인간이야", "난 게으름뱅이야", "난 사랑받을 자격이 없어"와 같은 부정적인 모습만을 지각하는 동안 대체 거울은 당신에게 다른 모습을 보여준다. 선생이나 멘토의 인정(엘마 베퍼의 경우), 다른 사람의 사랑(엘턴 존의 경우), 창의력이 있는 할아버지(야노쉬의 경우), 경탄할 만한 선배(스티브 마틴의 경우) 같은 사람을 통해 부정적인 경험의 영향을 줄이고 자기 자신과 다른 모습이 될 수 있다.

당신을 위해 옆에 있어 주고 "나도 그 정도는 할 수 있어", "나를 좋아하는 사람이 있을 거야", "나도 무언가 성취할 수 있어"라는 생각을 심어주는 사람이 기억날 것이다. "언제나 날 옹호해줘", "참 착한 분이야", "진짜 내 본보기가 되는 분이야", "나도 저분처럼 되었으면 좋겠어", "진짜 좋은 분이야", "이야기하고 싶은 분이야", "진정으로 날 이해해주는 분이야"라고 말할 수 있는 사람이 있을 것이다. 과거에 이런 긍정적인 사람을 만났다면 당신이 늘 느끼던 부모의 무관심에 대한 분노가 이런 긍정적 경험에 의해 완화될 것이다.

이런 일이 있었다고 분명히 말할 수 없으면 메릴린 먼로, 로미 슈나이더, 캐럴 대처, 마이클 잭슨이 긍정적인 본보기가 되는 사람의 보호를 받고 안정을 찾은 경험을 하지 못했다고 생각하는 것도 당연하다. 이들 명사가 어렸을 때 이들을 도와주고 칭찬과 인정으로 격려해주며 이들에게 절실히 필요했던 따뜻함과 안정감을 줄 중요한 사람이 없었다는 것은 확실하다.

어린 시절의 성취는 또 다른 보호 요인이다. 잠재되어 있는 능력을 일찍 보여줄 수 있었다면 책임을 떠맡을 수 있고, 그럼으로써 교사에게 칭찬을 받았다면 당신이 견뎌야 하는 부담에 대한 중요한 보호막이 형성되었을 것이다. 아마 당신은 학교에서 어떤 직책을 맡았을 것이고, 반장으로 뽑혔을 것이고, 이웃집의 친절한 노인을 위해 심부름도 자주 해주었을 것이다. 이런 대단치 않은 경험도 긍정적인 자아상을 형성하는 데 도움이 될 수 있다.

환상도 중요한 보호막이다. 당신은 어렸을 때 끔찍한 현실에 한 줄기 빛을 비추기 위해, 더 나은 시절과 더 나은 가정을 상상하기 위해 환상을 이용했을 것이다. 어쩌면 동화작가 크리스티네 뇌스트링어의 에피소드에 나오는 부를리처럼 자신을 금붕어라고 상상함으로써 위안을 받았을지도 모른다.

아마 당신은 황무지 같은 현실을 더 나은 신세계(운명을 스스로 개척할 수 있는 세상)로 만들기 위해, 혼자만의 시간을 가지기 위해 자신의 창조적 재능(예컨대 그림 그리기, 글쓰기, 악기 다루기, 독서 등)을 이용했을 것이다.

긍정적인 만남,
가혹한 현실에 대한 완충장치

　우리의 발달 과정은 익숙한 여건 외의 어떤 여건에 노출되느냐, 즉 부모 집 밖에서 좋은 경험을 할 기회를 갖느냐는 것에 크게 좌우된다. 사회심리학자 마틴 셀리그만은 비유를 들어 이를 잘 설명하고 있다. "눈 덮인 비탈에서 돌덩이 두 개를 굴리면 눈덩이가 커짐에 따라 처음에는 작았던 차이가 점점 커진다. 비탈의 움푹 팬 곳이 눈덩이의 진로를 크게 바꿀 수도 있다. 초기의 작은 방향 변화 때문에 눈덩이는 골짜기에 닿기도 전에 모양과 크기가 완전히 달라진다."

　이 눈덩이처럼 우리의 발달도 방향이 바뀜에 따라 영향을 받을 수 있다. 발달이라는 눈덩이는 한 번 충격을 받은 코스를 여러 번 가게 되면 흔적을 남기지 않을 수도 있다. 마찬가지로 어린 시절의 부정적인 경험은 인생을 부정적으로 치닫게 하는 출발점이 된다. 어렸을 때 정신적 지주에게 버림받거나 학대당하는 경험을 하면, 학교에서 아무런 보살핌을 받지 못하면, 나쁜 학생으로 성장하면, 그 후에 다시 교육받을 기회를 가지지 못하면 나쁜 길로 빠지게 된다. 그렇게 되면 인생이라는 눈덩이는 한 번 충격을 받은 부정적인 코스 위를 계속 구르게 될 것이다.

　스위스의 한 연구는 이 눈덩이 이론을 잘 보여준다. 이 연구는 생후 첫해를 아동복지시설에서 보낸 아이 137명을 추적해 조사한 것이다. 이곳 사람들은 아이들한테 별로 신경을 쓰지 않았고, 담당자도 자주 바뀌었다. 어린아이를 위한 이상적인 여건과는 거리가 멀었다. 이곳 출신 아이들이 14세가 되었을 때 스위스의 연구 팀은 다시 이 아이들을 찾아갔다. 이들은 그중 몇 명이 심각한 정신적 문제를 안고 있다는 사실을 확인했다. 이 아이들은 복지시설을 나간 후에도 계속 나쁜 경험을 해야만 했다. 복지시설을 나간 후 사랑을 듬뿍 쏟는 양부모에게 입양된 아이들은 정상적으로 성장했다. 발달심리학자 제롬 캐건은 "몇몇 아이의 경우 불안과 우울증은 복지시설을 나간 '후'에 겪은 경험, 다시 말해서 초기 어린 시절이 지난 후에 겪은 경험과 관련이 있다"고 결론 내렸다.

어린 시절 경험이 그 후의 인생에 얼마만큼 영향을 미치느냐는 것은 생후 첫해 후에 한 경험에 달려 있다. 생후 첫해 이후 어린 시절, 청소년기, 초기 성인기에 다른 사람들과 좋은 경험을 하면, 인정을 받고 사랑을 받으면, 학교나 직장에서 성공하면, 사랑해주는 파트너를 만나면 어린 시절의 영향을 덜 받는다는 것은 확실하다. 이런 긍정적인 영향은 우리의 정신을 굳세게 하고, 우리의 정신적 저항력을 강화한다. 이와 달리 생후 첫해 이후에 좋은 경험을 하지 못하고 처음과 똑같이 계속 부정적으로 나아가면 운명은 오히려 우리에게 나쁜 카드를 나누어줄 것이다. 이 경우에는 인생이 유난히 힘들어질 가능성이 크다.

안정된 사람, 극복한 사람, 불안정한 사람

미국의 심리학자 에바 슬레이터Eva Slater가 발표한 연구 결과는 발달의 경과가 얼마나 중요한지 잘 보여준다. 슬레이터는 성인 216명을 '안정된 사람', '극복한 사람', '불안정한 사람' 세 그룹으로 나눈 다음 꼼꼼히 연구했다. 안정된 사람이란 행복한 어린 시절을 보냈다고 말하고 연구 중에 아무런 증상도 보이지 않으며 원만한 관계를 맺을 수 있고 자기 신뢰에 넘치는 사람을 말한다. '극복한 사람'이란 어린 시절이 불행하고 짐이 되었다고 기억하는 사람을 말한다. 이들의 어린 시절 기억에는 아버지나 어머니의 사망, 부모의 이혼, 신뢰할 수 없거나 무관심한 부모, 학대, 끊임없는 다툼 같은 경험이 각인되어 있다. 이들은 불행하고 남을 잘 믿지 않고 불안해하는 아이였다. 그러나 성인이 된 이들을 대상으로 에바 슬레이터가 실시한 심리 테스트에서는 특이한 점을 발견할 수 없었다. 이들은 어린 시절에 트라우마를 경험하지 않은 '안정된 사람'과 비슷한 긍정적 가치를 획득했다는 것이다.

이와 달리 슬레이터는 연구 참여자 중 불안정한 사람이라고 분류한 사람에게서는 어린 시절의 불행한 경험과 성인의 삶 간에 연관성이 있다는 것을 확인할 수 있었다. 어린 시절에 형성된 불안정감은 평생 이들을 따라다녔다. 이들은 심리 테스트에서 다른 두 그룹의 사람들보다 나쁜 가치를 획득했다. 인생 초기에 겪은 부정적인 체험은 장기간 영향을 미쳤다. '불안정한 사람'은 성장한 뒤에도 대인 관계에 어려움을 더 많이 겪었고, 인생에 불만이 더 많았고, 정신적 문제에 더 많이 시달렸다.

물론 슬레이터는 극복한 사람의 긍정적인 면을 어떻게 설명할지 자문해보았다. 그러고는 극복한 사람이 한 살 때 불행한 경험을 했음에도 안정된 사람으로 자랄 수 있게 한 '어린 시절의 경험'을 답으로 제시했다. '극복한'이라는 말을 들으면 장기간의 심리 치료를 떠올리게 마련이다. 하지만 부정적인 어린 시절을 긍정적인 것으로 바꾸기 위해 꼭 심리 치료를 받아야 하는 것은 아니다. 극복한 사람은 인생의 어느 시기에 그들이 믿을 수 있다고 생각하는 사람, 그들을 사랑해주고 받아들인다고 생각하는 사람(물론 부모 외의 사람을 말한다)을 만났을 것이다. 그렇게 하는 데에 심리요법가의 역할이 중요하다는 것은 두말할 필요도 없지만 친구나 애인, 시어머니나 선생도 중요한 역할을 한다. 또 직장이나 스포츠에서의 경쟁이나 능력 같은 것도 극복한 사람이 어린 시절의 부정적인 경험을 긍정적인 것으로 바꾸는 데 도움을 줄 수 있다. 이들은 인생의 어느 시기에 이렇게 느꼈다. '나는 쓸모 있는 사람이다!', '나는 할 수 있다!', '나는 구제불능이 아니다!' 이런 인식은 어린 시절 상처가 제대로 아무는 데 중요한 전제 조건이 된다.

어린 시절에 특이한 경험을 해보는 것과 시선을 가족에서 어린 시절과 청소년기에 만난 다른 사람에게 돌리는 것도 도움이 된다. 당신에게 긍정적인 역할을 해준 사람이 기억나지 않을 수도 있다. 하지만 그런 사람 찾기를 일찌감치 중단해서는 안 된다. 정신과 의사 울리히 작세는 이렇게 말한다. "어린 시절과 청소년기 내내 모든 사람과의 관계가 늘 나쁘기는 어렵다. 나는 그런 것을 극복할 사람이 있다고 믿지 않는다. 어린아이는 더 말할 것도 없다. 곰곰 생각해보면 유달리 좋아했던 선생이 기억날 것이다. 수업 시간에 마음이 평온해진 적이 있을 테니까. 귀갓길에 곧잘 작은 식료품 가게에 들렀던 기억도 날 것이다. 당신은 가게 앞에서 30분이나 1시간 동안 서성댔다. 그곳에서 좋은 냄새가 났다거나, 사람들이 친절히 대해주었다거나, 또는 적어도 마음의 평정을 누렸기 때문이다. 적어도 일시적으로 그런 경험을 한 적이 있을 것이다."

일곱 살 난 소녀는 늘 같은 길로 학교에서 집으로 갔다. 종종걸음 치는 법도 없었다. 집에는 달갑지 않은 일만 기다리고 있었다. 어머니는 대개 우거지상을 하고 있었고 한 살

위 언니는 동생을 돌봐주기는커녕 늘 해코지할 생각만 하고 있었던 것이다. 어머니는 식사 중에 대화를 나누는 것은 고사하고 요리하는 것조차 싫어했다. 그래서 상차림이 언제나 그 나물에 그 밥이었다. 물러빠진 채소 요리, 한 번도 거르지 않고 올라오는 꽃양배추, 흰 소스.

소녀는 언제나 뭉그적뭉그적하면서 작은 집을 지나쳐 갔다. 셰퍼드가 지키고 있는 집이었다. 이 셰퍼드는 언제나 소녀를 반겨주는 것 같았다. 소녀의 발소리가 들리기만 하면 반가운 듯이 날뛰면서 짖어댔다. 인사치고는 요란했다. 소녀와 개는 날마다 재회의 기쁨을 맛보았다. 개 주인인 아주머니가 꼭 문을 열고 나와서는 맛있는 것이나 사과를 주면서 "학교생활 어땠니? 화나는 일 있었니? 아니면 기분 좋은 일 있었니?"라고 물었다. 어머니가 한 번도 물어보지 않은 질문이었다. 소녀는 아주머니와 개를 만나는 것이 그 무엇보다 좋았다. 힘을 얻은 소녀는 다시 집으로 발길을 돌렸다.

회복력은 사람마다 다르다

회복력 연구는 고무적이다. 암울한 어린 시절에서 빠져나오는 길을 제시하는 것처럼 보인다. 하지만 모든 아이와 갈팡질팡하는 모든 성인이 극단적인 스트레스 상황에 탄력적으로 반응할 수는 없다는 점을 보여주기도 한다. 이 연구에서 장기간 관찰한 아이 중에는 긍정적으로 발달하지 않은 아이도 있었다. 처음에는 인생이 잘 풀리다가 나중에 어린 시절의 경험 때문에 심신이 병드는 사람도 있었다. 시각 장애인이자 청각 장애인이면서도 거의 정상적인 생활을 하고 공부도 하고 책도 쓰고 운명을 즐길 권리를 위해 의식적으로 노력한 헬렌 켈러Helen Keller는 자신의 오랜 경험을 근거로 누구나 '자기 운명의 주인'이 될 수 있다고 믿었다. 그러나 나중에는 모든 사람이 어려움을 극복할 가능성은 없다는 사실을 인정할 수밖에 없었을 것이다.

이제 심리학자도 이 점을 인정한다. 예컨대 정신분석학자 마틴 돈즈는 이렇게 말한다. "1. 나쁜 환경에서 자란 아이는 대개 좋은 환경에서 자란 아이보다 커서 비뚤어진 사람이 되기 쉽다. 2. 회복력이 있는 것으로 평가된 아이는 흉터가 남아 있어 온전히 행복하고 부담에 시달리지 않는 어른이 되기 어렵다." 하지만 돈즈는 이렇게 덧붙였다. "그럼에도 아이들은 정신분석에서 영감을 받은 사상이 예측한 것보다 불리한 여건을 더 잘 극복한다는 것도 사실이다."

"어린 시절은 운명인가?"라는 질문에 답하기는 쉽지 않다. "어린 시절이 행복하면 인생이 행복해진다"는 말이나 "어린 시절이 불행하면 인생이 불행해진다"는 말 모두 진리는 아니다. 전체 모습을 관찰하는 것, 시야를 넓혀 부모와 자녀의 관계뿐만 아니라 인생에서 으레 일어나는 일을 보는 것이 중요하다.

회복력 연구 덕분에 우리 자신의 인생에 대해 많은 것을 배울 수 있다. 어린 시절에 대체할 수 있는 긍정적 경험을 할 가능성이 있었는지 확인하려면 호의와 사랑을 베풀어준 어른이 있었는지 조사해보아야 한다. 친척이나 선생 또는 손위 형제자매나 이웃과 긍정적인 경험을 할 수 있었는가? "넌 쓸모 있는 아이야", "난 지금 네 모습이 좋아", "난 널 믿는단다"라고 말해준 사람이 있었는가? 존경할 만한 사람, 말로나 행동으로 본보기가 되어준 사람이 있었는가? 재능을 알아보고 이를 계발해준 숙부나 숙모가 있었는가?

소녀는 열 살 때까지 부모와 함께 종조모 집에서 살았다. 말하자면 할머니의 여동생 집이었다. 종조모는 소녀를 그다지 살갑게 보살펴주지는 않았지만 소녀가 필요로 할 때 곁에 있어 주었다. 소녀는 절망적인 상황에 처했을 때 종조모의 도움을 여러 번 받았다. 부모가 외출하고 홀로 남겨졌을 때 서너 살밖에 안 된 소녀가 우는 소리를 듣고 종조모는 소녀를 자기 침대로 데리고 갔다. 소녀의 엄마가 눈코 뜰 새 없이 바쁠 때도 종조모는 과자나 음식으로 소녀를 달래주었다. 무엇보다도 소녀를 다 큰 아이처럼 대했다. 소녀가 커가자 종조모는 신은 존재할까, 죽으면 어떻게 될까, 고양이는 생각할 수 있을까 등 진지한 문제를 가지고 소녀와 대화를 나누었다. 소녀는 종조모와 함께라면 무슨 이야 기든 할 수 있다고 생각했다. 부모와 그런 대화를 한다는 것은 생각도 할 수 없는 일이었다. 종조모는 소녀가 운동에 재능이 있다는 것을 알아보고 발레 학교에 입학시켰다. 어머니가 입학을 취소하자 소녀는 몹시 실망했다. 하지만 종조모가 소녀의 능력을 알아채고 믿어준 것만으로도 충분히 위로를 받았다.

성장 후
긍정적 경험의 효력

어떤 이유로 부모가 좋은 부모가 될 수 없으면 그 밖의 어른과 안정된 관계를 맺을 수 없는지 한번 살펴보기로 하자. 이들은 우리에게 좋은 본보기가 될 수 있을까? 이들이 우리를 합당하게 대우해주고 이해해주었다고 생각하는가? 물론 이 대체 경험이 부모의 결여된 사랑과 후원을 실제로 대신하지는 못한다. 하지만 범퍼 역할은 할 수 있다. 대체 경험은 어린 시절에 겪은 실망감과 상처를 완화시킨다. 다른 사람과 그런 대체 경험을 하면 우리는 내적으로도, 그리고 실제로 공간적으로도, 부모 집과 멀어질 수 있고 또 자신이 희생자가 되었다고 느끼는 것을 막을 수 있다.

훌륭한 본보기가 되는 사람, 우리를 믿어주고 격려해주는 사람을 만나느냐 못 만나느냐 하는 것도 매우 중요한 역할을 한다. 그럼에도 성인이 된 후 정신적 안정을 얻느냐 못 얻느냐는 것이 이 요인에만 달려 있지는 않다. 어린 시절에 대체 경험을 할 수 없었다 하더라도 커서는 그 밖의 사건들이 유리한 영향을 미칠 수도 있다. 성인이 된 후 경험하는 긍정적인 관계는 어린 시절에 생긴 '생물학적 흉터'를 확실히 아물게 한다.

최근의 연구 결과는 사람이 커가면서 뇌의 구조와 기능이 경험, 행동, 학습에 따라 달라질 수 있다는 것을 보여준다. 이것은 매우 중요한 발견이다. 뇌는 어린 시절의 부담스러운 경험에 반응하고 고통이나 업신여김을 받은 것 또는 사랑을 받지 못한 것을 인지하기 때문이다. 커가면서 뇌의 구조와 기능이 달라지지 않으면 우리 인생은 평생 어린 시절 경험에 따라 결정될 수밖에 없을 것이다. 하지만 다행히도 실제로는 그렇지 않다. 뇌의 한 속성, 곧 '뉴런의 유연성' 덕분에 그 밖의 긍정적 경험에 따라 뇌의 구조가 바뀔 수도 있다. 따라서 어린 시절의 부정적 경험에 따라 변한 뇌 구조가 심리 치료를 통해 정상화될 수 있다는 것을 입증할 수 있다. 프라이부르크의 의사이자 심리요법가인 요아힘 바우어는 이렇게 말한다. "심리요법은 치료에 결정적인 기여를 할 수 있다. 현대의 신경생물학은 심리요법이 그 치료를 받기 전에 보이던 뇌의 신진대사 장애를 정상화할 수 있다는 것을 보여준다. 심리 치료는 정신적 고통만 치료하는 것이 아니라 그 배후에 있는 신체 구조에도 영향을 미친다."

무관심, 사랑의 결핍, 학대, 폭력 등으로 생긴 생물학적 흉터는 누군가에게 호의적이고도 긍정적인 관심을 받고 심리 치료를 제대로 받아서 새롭게 강화된 경험을 하면 치료될 수 있다.

물론 하루아침에 그렇게 되지는 않는다. 장기 심리 치료는 시간, 인내심, 끈기를 전제로 한다. 치료에 성공한 환자는 그렇지 못한 환자에 비해 치료 기간이 거의 세 배 걸렸다는 실제 사례가 이것을 입증하고 있다. 심리 치료로 효과를 볼 수 있는지 여부는 치료 기간에 달린 것처럼 보인다. 심리요법가와 맺은 신뢰할 만한 새로운 관계 속에서 더 나은 경험을 할 수 있다. 전문 치료사는 판단은 하되 선고는 하지 않는다. 환자를 포기하지 않고, 어린 시절과의 연관성 속에서 문제점을 발견하도록 도와준다. 파괴적인 경험을 되풀이하지 않도록 하는 것이 치료의 중요한 목표이다. 환자가 언제 '반응을 보이느냐', 현재 상황에서 언제 '과거' 어린 시절의 행동 방식에 반응하느냐 하는 것을 환자가 확인하도록 함으로써 환자를 도와준다.

심리 치료뿐만 아니라 그 밖의 만남도 성인기에 새로운 긍정적 경험을 하게 해준다. 어른이 되어 호의적이고 관심을 가져주는 사람을 만나고 유익한 우정을 맺고 연인이나 남편 또는 아내한테서 보호받고 있다고 느끼면 가족보다 더 긍정적인 관계 모델을 경험할 수 있다. 그렇게 해서 자아 존중감을 강화하는 새로운 경험을 할 수 있다. 이 새로운 경험은 우리의 뇌 구조를 바꾸어 새로운 사람으로 만들 수 있다.

어린 시절의 '저주'를 추방할 수 있는 가능성은 그 밖에도 얼마든지 있다. 우리 스스로 운명을 결정할 수 있고, 삶의 양탄자를 우리 마음에 드는 견본으로 만들 수도 있다. 우리가 알아야 할 것은 그렇게 하려면 어떤 '도구'가 있어야 하느냐는 것이다. 다음 장에서는 이 문제를 다루기로 한다.

6

어린 시절과
함께 사는 법 배우기

과거를
———
받아들이기

"엄마, 알다시피 난 평생 노먼한테 인정받으려고 했어요. 그 때문에 난 몹시 화가 나요. 3천 마일이나 떨어져 있어 이제 노먼을 만나지도 못하지만 부단히 자신을 정당화하려고 하고 있어요. 노먼은 형편없는 사람이에요."

"또 시작이구나. 그래. 넌 불행한 어린 시절을 보냈고, 네 아버지는 고약한 폭군이었어. 나도 널 살갑게 대해주지 못했고. 새삼 왜 그러니? 첼시, 넌 어린 시절 상처 때문에 정신병을 얻었어. 다른 사람한테 몹시 나쁜 영향을 미치는 병 말이야. 솔직히 말해서 자꾸 그러면 나도 언짢아. 넌 몇 년이나 집을 나가 있으면서 거들떠보지도 않았어. 내가 와달라고 할 때만 왔어. 그리고 집에 오기만 하면 어린 시절 불평만 잔뜩 늘어놓았어. 도대체 무슨 심보로 그러는 거야? 넌 누구나 어린 시절을 유감으로 여기고 고통스러운 것으로 여긴다고 생각하니? 하지만 얘야, 그것이 네 인생을 망치진 않는단다. 첼시, 넌 이제 다 컸어. 옛날이야기가 지긋지긋하지도 않니? 정말 철딱서니 없는 짓이야. 그래도 인생은 계속된단다. 첼시, 그런 식으로 인생을 허비하면 안 돼."

_ 영화 〈황금 연못 An goldenen See〉 중 모녀간의 대화

"지난 일은 지난 일.

포도주에 따른 물

다시 따라내진 못하리.

세상에 변하지 않는 것 없어라.

마지막 숨으로

다시 시작할 수 있으리."

베르톨트 브레히트Bertolt Brecht의 시이다. 이 시에서 브레
히트는 부담스러운 어린 시절의 짐을 해결하려고 할 때 우
리가 처한 상황을 감명 깊게 표현하고 있다. 우리는 인생이
라는 포도주에 따른 물을 다시는 따라내지 못한다는 사실을
알아야만 한다. 과거는 돌이킬 수 없다는 것을 인정하고 받
아들여야만 한다. 또 시간을 되돌릴 수 없다는 것도 깨달아
야 한다. 우리는 다른 부모를 둘 수 없다. 부모의 잘못, 무관

심, 멸시를 보상받을 수도 없다. 우리가 원하는 어머니를 가질 수도 없다. 무관심한 아버지를 우리를 지켜주고 길러주며 받아들이는 아버지와 바꿀 수도 없다. 요컨대 보상에 대한 희망을 접어야만 하고, 가족 관계나 친구 관계 또는 직장 관계에서 대체 어머니나 대체 아버지 찾는 것을 중단해야만 한다. 우리는 이미 어린 시절 이야기를 가지고 있고, 또 다른 이야기를 가질 수 없다.

이런 생각을 가지고 살기는 쉽지 않다. 당신의 어린 시절이 보석 상자가 아니라면 분개하거나 비난하는 심정으로 어린 시절을 되돌아보리라는 것은 불 보듯 뻔하다. 또 그때 당신을 책임져야 할 사람, 당신을 돌보아야 할 사람, 당신이 절실히 원하는 사랑을 주어야 할 바로 그 사람의 희생물이 되었다는 감정에 사로잡히리라는 것도 뻔한 일이다. 사실 어린 시절 당신은 희생물이었다. 당신은 자신을 지킬 수 없었고, 어른과 아이들의 호의에 의존했다. 하지만 성장한 뒤에도 "사람들이 나를 해코지하기만 한다"는 태도로 계속 인생을 살아가면 될 대로 되라는 식으로 자신을 다루는 것밖에 안 된다. 당신은 스스로 어린 시절의 불행에서 벗어나 더 나은 길을 골라 앞으로 나아가는 것을 방해하고 있다. 그러고는 그때 당신이 당연히 받아야 하는 것, 당연히 기대하던 것만 탓하고, 부모나 그 밖의 소중한 사람들의 잘못된 행동으로 기회가 날아가 버린 것만 탓하고 있다. 당신은 과거에 얽매

여 있고, 그 때문에 더 나은 현재와 미래를 만들지 못하고
있다.

과거 다루는 법을
바꾸기

정신과 의사 스티븐 하이에스는 과거 다루는 법을 바꾸
는 법을 명확히 제시한다. 하이에스는 모래 구덩이에 빠진
사람이 어떻게 행동하느냐고 묻는다. 보나 마나 재빨리 빠
져나오려고 할 것이다. 하지만 다리를 버둥거리고 팔을 허
우적거리다가 더욱 깊이 빠져들고 만다. 아무리 발버둥 쳐
도 곤경에서 빠져나올 수 없다. 한 발을 다른 발 앞에 둘 수
도 없다. 무게중심이 이동되면 하향 압력이 더 강해져 상황
이 더 악화되기 때문이다. 모래 구덩이에 빠진 사람이 빠져
나오는 방법은 빠져나오려는 헛된 몸부림을 그만두는 것밖
에 없다. 계속 팔을 허우적거리고 다리를 버둥거릴 것이 아
니라 팔다리를 큰대자로 쭉 뻗고 느긋한 자세로 체중을 최
대한 균등하게 모래 표면에 배분해야 한다. 그러면 더는 빠
져들지 않고, 천천히 기어서 움직일 수 있다. 이렇게 모래 구
덩이에 대항하지 않고 모래와 함께 놀 때 비로소 빠져나올
수 있다.

어린 시절에 대항하는 싸움은 부질없는 짓이다

어린 시절은 당신이 잘못한 것이 없는데도 빠져드는 모래 구덩이와 같다. '진짜' 모래 구덩이의 경우처럼 어린 시절에 겪은 일에 대항하거나 맞붙어 싸워봤자 부질없는 짓이다. 어린 시절에 잘 풀리지 않은 일은 고칠 수도 없고 이전 상태로 되돌릴 수도 없고 그렇다고 무시할 수도 없다. 한마디로 속수무책이다. 아무리 맞서 싸워도 어린 시절은 고스란히 남는다. 따라서 어린 시절이라는 모래 구덩이에서 빠져나오는 데 도움이 될 효과적인 전략을 세우는 것이 싸우거나 대항하는 것보다 백번 낫다. 더 단단한 바닥을 발견하느냐 못하느냐는 우리 자신과 우리의 태도에 따라 달라진다. 어린 시절이라는 모래 구덩이에서 빠져나오려고 에너지를 낭비해서는 안 된다. 차라리 어떻게 하면 어린 시절 상처를 극복하고 올바른 인생을 살 수 있을까 자문하는 것이 더 낫다.

"어린 시절이 불행한 것은 다 운이 나쁜 탓이다"라는 막연한 인식은 전혀 도움이 되지 않는다. 일어난 일을 인식하는 것은 변화에 이르는 중요한 첫걸음이기는 하지만, 어디까지나 첫걸음일 뿐이다. 한 살 때 겪은 일을 분석하는 데 머물러서는 안 된다. 거기서 더 나아가야 한다. 심리요법가 파울 바츠라비크는 "왜 불행한지 해명하려는 것은 누구에게도 도움이 되지 않는다"라고 했다. 해명에 대한 욕구는 경우에 따라서는 평생 우리를 희생자로 느끼게 만들고 과거에 매달리게 만들고 과거의 일을 현재 문제의 원인으로 돌리게 만들 수 있다. 이 때문에 현재와 미래를 개선할 수 있는 기회를 놓칠 수 있다. 심리요법가 빌 오한론Bill O'Hanlon은 "해명은 영혼에 참새 눈물만큼 위안이 될 따름이다"라고 말했다. 사실 해명은 무언가를 조금도 변화시키지 못한다. 변화는 새로운 진리, 더 나은 진리를 발견하겠다는 목적을 가지고 진리를 발견한 다음 이 진리를 무조건 받아들일 때에 비로소 일어난다.

"과거를 바꿀 수는 없다. 나에게 당연히 주어져야 할 것이 주어지지 않았기 때문에 제2의 기회는 없다"라는 사실을 인정하면 중요한 것을 얻을 수 있다. 돌이킬 수 없는 손실을 인정하면 뜻밖에도 자유로워질 수 있는 것이다. 이것을 인정할 때에야 과거의 질곡에서 벗어날 수 있다. 그러면 부모를 감정적으로 좇는 일을 그만두게 된다. 부모에게 어린 시절에 받지 못한 사랑을 기대하거나 소송을 제기하느라고 에너지를 낭비하지 않는다. 또 부모의 사랑을 다른 이에게서 받을 수도 없다는 사실을 인정하고 받아들이게 된다.

어떻게 할 수 없다는 점을 이해하고 더는 얻을 수 없다는 것을 인정하면 다시 숨을 깊게 들이쉴 수 있게 되고, 이윽고 더 가치 있는 것에 몰두할 수 있게 된다. 그리하여 창창한

앞날과 우리 자신에 신경을 쓸 수 있다. 과거 속에서는 우리가 살아 있다는 것을 느낄 수 없다. 현재 자기도 모르게 과거의 행동을 되풀이하거나 과로, 과음, 과식을 하거나 사람들과 어울리지 못하거나 우정을 소홀히 해도 살아 있다는 것을 실감할 수 없다. 과거가 발목을 잡기 때문이다. 살아 있다는 것은 현재 우리 자신 속에서만 확인할 수 있다. 이는 부모의 사랑을 쟁취하기 위한 싸움이 부질없다는 사실을 깨달을 때에만 가능하다.

어린 시절을 받아들이기

지난 일을 받아들인다는 말은 체념한다거나 한숨을 푹 쉬며 "그럼, 어쩔 수 없지"라고 말하는 것을 의미하지 않는다. 받아들인다는 것은 자기 자신이나 희망을 포기한다는 뜻이 아니다. 받아들인다는 말은 라틴어 '카페레capere'에서 나왔다. 이 단어는 '가지다'라는 말로 번역할 수 있다. 즉, 주어진 것을 가진다는 뜻이다. 이런 의미에서 주어진 어린 시절을 받아들인다는 뜻이기도 하다. 지난 일은 바꿀 수 없다. 모래 구덩이에 빠졌다는 사실을 받아들이고 위험에 처했다는 것을 먼저 인정해야 모래 구덩이에서 빠져나올 수 있다. 내키지 않더라도 우리가 매우 특수한 어린 시절을 보냈다는 사실을 받아들여야 한다. 어떻게 하면 받아들일 수 있을까? 어떻게 하면 발버둥 치고 싸우는 것을 그만두고 최대한 침착하게 우리의 입장을 분석할 수 있을까? 먼저 그런 일이 있었다는 것을 인정해야 한다. 그리고 그 결과를 받아들여야 하고, 그 결과를 무시하거나 싸우려고 해서는 안 된다.

업무상 출장을 자주 가는 광고 디자이너가 있다. 출장이 코앞에 다가오면 그녀는 묘한 불안감에 사로잡힌다. 왠지 쓸쓸하고 착잡한 기분이 들어 집과 남편을 떠나고 싶은 마음이 없어진다. 그래서 번번이 아프다고 둘러대고 웬만하면 가지 않으려고 한다. 물론 출장은 무사히 마친다. 하지만 그 때문에 치르는 정서적 대가가 너무 크다. 상담 결과 출장 가기 전에 느끼는 불안감이 어린 시절 경험에 뿌리를 두고 있다는 것을 알고 나서 그녀는 생각을 바꾼다. 자신의 감정을 기록하고 이 감정과 맞붙어 싸우지 않고 받아들이기로 한 것이다. 물론 마음속에서는 여전히 이렇게 속삭인다. "맙소사, 또 출장이야. 우리 집이 최곤데. 난 너무 피곤하고 준비도 거의 안 돼 있어. 오늘 밤 호텔 방에 혼자 있으면 얼마나 외로울까." 하지만 그녀는 예전과는 달리 이 목소리를 의식적으로 기록하고 나서 "또 불안해지는구나"라고 말하고는 출장 채비를 서두른다. 옷을 개킬 때 또다시 이 위험한 감정을 느끼고는 반갑게 '인사'를 하면서 준비를 계속한다. 그녀는 마음속 경고음에 주눅 들지 않고 집을 나선다. 어린 시절 경험 때문에 혼자 여행 가는 것을 두려워한다는 사실을 받아들인다. 자신에게는 안전한 것이 무척 중요하다는 사실을 잠자코 받아들인다. 그녀는 이 감정 자체를 바꿀 수는 없지만 이 감정에 대한 태도를 바꿀 수 있다는 것을 알았다. 그래서 이 감정을 인정하고 받아들이면서 떨쳐버릴 수 있었다.

헤르만 헤세 Hermann Hesse 는 우리의 태도가 부정적인 감정에 어떤 역할을 하는지 진작 알고 있었다. "슬픔을 사랑하라! 저항하지도 말고 달아나지도 마라! 슬프게 하는 것은 당신의 반감일 뿐 그 어떤 것도 아니다." 이슬람 신비주의자 잘라루딘 루미 Jalaluddin Rumi 도 비슷한 말을 했다. "기쁨, 우울, 분노, 깨달음은 뜻밖의 손님처럼 찾아온다. 이런 것들을 반갑게 맞이하여 접대하라."

어린 시절과 연관된 부정적인 감정과 싸울 때, 예를 들어 어린 시절을 떠올리고 나서 분노가 치밀 때 또는 아버지나 어머니를 만나고 나서 증오심이 치밀 때 당신은 이 감정과 싸울 수도 있고 이 감정을 억누를 수도 있다. 하지만 이런 전략으로 성공한 적이 있는가? 아마 없을 것이다. 당신은 더 나아졌다고 느끼지 않는다. 따라서 이런 언짢은 감정이 생기면 무시하거나 싸우지 말고 '초대해' 손님처럼 접대해야 한다. 그러면서 이 손님에게 공손히 질문을 할 수도 있다. 예를 들면 다음과 같은 것이다.

"당신은 도대체 어떤 감정인가? 내가 일찍부터 알고 있는 감정인가? 우리 집에 자주 찾아온 손님인가? 옳지. 당신은 참 믿음직한 손님이다. 나는 어렸을 때도, 청소년이었을 때도 당신을 본 적이 있다. 당신은 내가 몹시 외롭다고 느낄 때마다 찾아왔다. 혼자 있는 게 그렇게 안쓰러워 보였는가? 나는 다른 사람 때문에 감정이 흔들릴까 봐 두렵다. 혼자 있으면 지금도 감정이 흔들리는가? 아니다. 그럼 옛날에는 그랬는가? 그렇다! 어렸을 때 어둠 속에 있으면 정말 무서웠다. 아무리 울어도 들어주는 사람이 없었다. 위로해주는 사람도 없었다. 그때 당신은 정말 무서운 손님이었다. 나는 당신을 어떻게 할 수 없었다. 지금도 당신을 무서워하는 것은 당연하다. 그때 경험이 뼛속 깊이 새겨져 있으니까. 하지만 곰곰 생각해보니 이제 당신을 무서워할 이유가 없다. 당신은 이제 내게 아무런 위해도 가할 수 없다."

어린 시절의 또 다른 존재를 인정하기

스티븐 하이에스는 바꿀 수 없는 것을 받아들이려는 마음가짐에 대해 말한다. 그는 이 마음가짐을 다음과 같이 설명한다.

"이것은

당신이 현재 당하고 있는 고통을 보듬는다, 마치 가냘픈 꽃

을 보듬듯이.

당신의 고통을 껴안는다, 마치 우는 아이를 껴안듯이.

당신 고통 옆에 앉아 있다, 마치 중환자 옆에 앉아 있듯이.

당신의 고통을 바라본다, 마치 그림을 바라보듯이.

이것은

고통에 저항하지 않는다.

당신의 고통을 무시하지 않는다.

당신의 고통을 잊지 않는다."

당신은 마땅히 주어져야 할 것이 주어지지 않은 것에 대
한 고통, 원한, 슬픔을 무시해서도 안 되고, 이런 감정들이
없는 것처럼 행동해서도 안 된다. 당신은 이 감정들이 당신
의 것이기는 하지만 어디까지나 당신의 일부인 것으로 여겨
야 한다. 어린 시절에 당신이 겪은 일을 당신과 가까운 사람
도 겪었으리라고 생각하면 과거를 냉정하게 관찰할 수 있고
받아들일 수 있다. 그러면 과거에 덜 사로잡힐 수 있다. 무언
가 매우 중요한 것을 알게 되었으니까. 당신은 어린 시절의
당신이 아니다(그때처럼 불안, 우울, 불면에 시달리지 않으니까).
당신은 이제 딴사람이다. 당신의 내면에 어렸을 때 특정한

경험을 한 또 다른 사람이 있기는 하지만 당신은 이 사람과 동일한 존재가 아니다.

좀 더 구체적으로 말하자면 당신이 불우한 어린 시절을 보냈다면 무턱대고 당신 안에 내쫓아내 버릴 수 없는 또 다른 사람이 있다는 뜻이다. 하지만 당신이 이 사람의 존재를 받아들이고 이 사람과 끊임없이 싸우지 않는다면 당신은 자유로워질 수 있고, 진정한 당신 자신의 모습을 알 수 있을 것이며, 당신이 원래 살고 싶어 하는 삶을 살게 될 것이다. 어린 시절을 (도망쳐야 하는) 적이라고 생각하면 당신은 넌더리나고 가망 없는 싸움을 벌여야 하고, 그 결과 자신이 원하는 삶을 살지 못하게 된다. 그렇게 되면 불우한 어린 시절의 영향이 그대로 지속될 뿐만 아니라 당신이 개입한 탓에 더 나쁜 결과를 초래한다. 하지만 당신이 싸우는 것을 중지하고 이 사람이 '어린 시절'에 당신과 함께 있던 사람이라는 사실을 받아들이면 당신은 어린 시절의 영향에서 벗어날 것이다. 당신은 이제 관심을 받지 못하고 사랑받지 못하고 홀로 버려지고 경멸받고 학대받은 어린 시절의 그 사람이 아니다.

기적을
믿어라

수용이라는 발걸음을 디디지 않을 때 당신이 잃는 것이 이른바 '기적 문제'라는 것은 분명하다. 이는 심리요법가 스티븐 드 샤처가 사용한 개념이다.

길고도 힘든 일과를 마치고 집에 가서 저녁을 먹고 텔레비전을 조금 본 다음 여느 때처럼 잠자리에 드는 것을 상상해보라. 다음 날 아침 눈을 떠보면 기적이 일어나 있다. 착한 요정이 당신을 불우한 어린 시절을 보낸 사람이 아니라 행복한 어린 시절을 보낸 사람으로 만든 것이다.

당신이 기적이 일어나는 줄도 모르고 자고 있었다는 것이 이 이야기에서 가장 흥미로운 대목이라는 것은 말할 필요도 없다. 하지만 당신은 무언가 달라졌다는 사실을 깨닫는다. 무엇이 달라졌을까? 기적이 일어났다는 것과 당신이 이제는 불행한 어린 시절을 겪은 사람이 아니라는 사실을 어떻게 알 수 있을까? 무언가 달라졌다는 것을 어떻게 알까?

당신이 이런 '기적 같은' 상황을 상상하기가 어렵다면 "당신이 다른 어린 시절, 더 나은 어린 시절을 보냈다면 무엇이 달라졌을까?"라는 질문에 대한 대답이 당신에게 도움이 될 것이다.

심리학이 어린 시절을 말하다

내가 다른 어린 시절을 보냈다면,

○ 다른 사람의 관심과 사랑에 덜 의지하게 되었을 것이다.

○ 질투를 덜 할 것이다.

○ 혼자서도 더 잘 지낼 것이다.

○ 덜 불안할 것이다.

○ 자의식이 더 커질 것이다.

○ 외로운 외동아들이 되지 않았을 테고 사회생활도 더 잘했
을 것이다.

○ 인생이 완전히 달라졌을 것이고, 자신감도 더 커졌을 것
이고, 또 덜 우울해졌을 것이고, 병에도 덜 걸렸을 것이다.
무엇보다도 더 나은 결혼생활을 할 수 있었을 것이다.

○ 나한테 일어난 많은 일들이 더 단순해졌을 것이다.

○ 자기 신뢰를 더 많이 발전시켰을 것이고, 인생이 180도
달라졌을 것이다.

위에서 예시한 귀결부는 '나의 어린 시절'이라는 주제로
토론한 세미나에서 참가자들이 내놓은 답이다. 참가자들은
대개 과거를 돌아보는 것 자체를 꺼렸다. 이들 남녀는 어린
시절에 겪은 일과 현재의 삶 사이에 분명한 연관성이 있다
는 것을 알고 있었다. 이들은 불행한 어린 시절 때문에 지금
자기가 원하는 삶을 살지 못하고 있다고 확신하고 있었다.
어린 시절에 겪은 불행한 일 때문에 원하는 삶을 살지 못하

고 있다는 것이다. 착한 요정이 찾아와 마술로 하룻밤 사이에 어린 시절을 바꾸는 기적을 일으키면 이들은 불우한 어린 시절 때문에 이제껏 누리지 못한 삶을 체험할 수 있을 것이다. 자기 신뢰가 더 커지고, 자의식도 더 커지고, 덜 외로워지고, 덜 질투하고, 덜 우울하고, 병에도 덜 걸리고, 결혼생활도 더욱 행복해질 것이다. 요컨대 이들은 완전히 딴사람이 될 것이다.

다른 어린 시절을 보냈다면 당신은 무엇을 했을 것 같은가? 어떤 사람이 되었을 것 같은가? 이런 질문을 받으면 무슨 생각이 떠오르는가? 요정을 상상해보라! 하지만 뭔가를 더 나은 것으로 변화시키려고 요정을 기다릴 필요는 없다. 당신이 겪은 어린 시절을 받아들이자마자 많은 에너지가 자유로워질 것이다. 운명과 싸우느라고 당신의 현재와 미래에 온 힘을 다해 신경 쓰지 못했기 때문에 억눌렸던 그 에너지 말이다.

스티븐 하이에스는 이렇게 말한다. "정신적 고통과 싸우느라고 원하는 삶을 살지 못하는 사람이 적지 않다. 이들은 원하는 삶을 다시 시작하기 전에 자신이 겪고 있는 고통부터 누그러뜨려야 한다."

그러나 그렇게 하다 보면 인생을 허비하게 된다. 이와 달리 고통을 받아들이면, 살다 보면 원치 않은 경험도 해야 한다는 사실을 받아들이면 새로운 삶을 기다리지 않아도 된다.

심리학이 어린 시절을 말하다

바로 새로운 삶을 시작할 수 있다. 그러면 어린 시절이 더는 우리와 미래 사이의 걸림돌이 되지 않는다. 어린 시절은 우리를 따라다니기는 하지만(더구나 옆에 바짝 붙어서) 시간이 지남에 따라 우리 뒤에 처지게 되고, 마침내 우리를 방해하지 않게 된다.

7

연출을 하라

새로운

이야기하기

"…승리는 자신이 만드는 것이다. 과거 속에 살거나 과거가
우리 존재를 규정하게 하면 결코 성장하지 못할 것이다."

_오프라 윈프리

"그것은 간단히 시작되었다.

나는 컴컴한 방 어딘가에 누워 있었다.

나는 소리를 질렀다,

누군가 와주기를 바라면서.

언젠가 나는 소리 지르는 것을 멈추었다.

그러고는 행동했다.

아무도 오지 않아도 상관없다는 듯이.

그것은 여전히 간단했다.

나는 어떻게 익숙해졌을까,

그 모든 모욕과 상처에

무덤덤하게 반응하는 것에.

마치 그 모든 것이 내게 일어나지 않은 것 같았다."

어릴 때 위로와 관심을 받지 못해서, 남을 신뢰하지 못해서 나는 다른 사람과 거리를 둔다. 이제 나는 어떤 것에도 관심이 없다. 오스트리아의 작가 페터 투리니Peter Turrini의 시는 그 자체로도 감명을 주지만, 대다수 사람들이 이 시에서 도출해낸 결론에 공감한다는 점에서도 감명을 준다.

우리도 어릴 때 받은 상처에서 자신을 보호하는 법을 배웠다. 이 시의 화자인 '나'처럼 우리는 어린 시절 경험에서 현재 삶의 뿌리를 본다. 이 시의 화자처럼 우리도 한 번 겪은 일이 다시는 일어나지 않도록 주위에 방어벽을 세운다.

이 시의 담화 구조는 우리가 자주 이야기한 삶의 구조와 같다. 다시 말해 우리는 어린 시절과 현재 간의 분명한 연관성을 보고 현재의 문제와 행동 방식을 과거의 사건으로 설명하는 것이다. 어린 시절에 마땅히 주어져야 할 매우 중요한 그 무엇이 주어지지 않거나 불행한 일을 겪었기 때문에 우리는 지금 어떤 어려움을 겪고 있다.

우리는 삶의 이야기를 '만약-그랬다면 도식'으로 설명한다. '만약 어린 시절이 더 행복했다면…'이라는 도식 말이다.

'만약,
그랬다면' 도식 깨기

"도대체 뭐가 잘못되었을까?" 당신은 지금 이렇게 생각하면서 다른 경험을 하지 못했다는 것과 어린 시절은 분명히 자국을 남긴다는 것에 주목한다. 옳은 일이다. 하지만 그 자국이 받아들일 수밖에 없는 어떤 결과를 이끌어낸 것이 당연한 일일까? 어머니가 당신을 과보호하고 끊임없이 간섭했기 때문에 당신이 지금 소심한 사람이 되었을까? 어린 시절에 부모가 완벽한 것만 인정했기 때문에 완벽주의자가 되었다고 할 수 있을까? 어린 시절에 이미 다른 사람에 대한 신뢰를 잃어버렸기 때문에 외톨이가 되었을까? 어린 시절에 자의식이 있는 사람으로 자라게 할 인정을 받지 못했기 때문에 자신을 몹시 의심하는 사람이 되어버렸을까?

그렇지 않다. 당신은 이런 것들을 받아들일 필요가 없다. 모든 경우에 어린 시절과 현재 사이에 분명한 연관성이 있는 것은 아니니까. 물론 어린 시절 경험은 당신의 인격과 세계관에 각인되어 있다. 그렇다고 그 후 인생이 무조건 '때문에-그러므로 구조'로 설명되는 것은 아니다. 어린 시절에 이러저러한 일을 겪어서 지금 요 모양 요 꼴이라고 말하는 것은 당신 인생을 설명할 수 있는 유일한 방법이 아니다. 그렇다면 어린 시절은 어떤 결과를 이끌어낼 뿐만 아니라 사실상 운명이라는 말이 된다. 하지만 어린 시절은 당신이 어릴 때 다른 사람이 써준 이야기를 믿고 서슴없이 당연한 것으로 여길 때 비로소 운명이 된다.

당신의 어린 시절을 누가 함께 쓰는가?

당신 인격에 꼬리표를 붙이는 것은 어린 시절부터 행해진다. 이 꼬리표는 긍정적인 것일 수도 있고("넌 참 똑똑해", "넌 정말 귀여워", "넌 엄마가 애지중지하는 아이야"), 몹시 부정적인 것일 수도 있다("넌 아무짝에도 쓸모없어", "넌 믿을 수 없어", "내가 바라는 것을 할 때만 널 사랑해"). 또 어떤 말일 수도 있고, 말이 아닐 수도 있다. 이것이 어린 시절에 당신 인생 각본의 골자를 형성했다. 이것을 바탕으로 당신은 인생을 가장 잘 풀어 나갈 전략(내가 원하는 것을 내세우지 않으면 부모가 나를 사랑해준다. 무슨 일이든지 완벽하게 처리할 때에만 쓸모 있는 사람으로 인정해준다. 속마음을 내비치지 않으면 아무도 나를 해치지 못한다)을 자기도 모르게 수립했다. 당신은 앞에서 자세히 말한 신념 체계를 발전시켰다. 이 신념 체계는 당신의 사고와 행동에 영향을 미칠 뿐만 아니라 인생 이야기의 장 표제가 되고, 독백("나는 멍청해", "나는 신뢰할 수 없는 놈이야. 사랑받지 못하는 놈이야. 쓸모없는 놈이야" 등)의 내용이 되었다. 이와 달리 당신은 어릴 때 거의 행동한 것이 없고, 그래서 자신에 대해 이야기한 것(당신과 가장 가까운 사람이 어린 시절에 덧붙여 쓴 이야기는 이것에 입각한다)을 의식하지 못했다. 이것은 본질적으로 이 사람들 (어머니, 아버지, 형제자매, 그 밖의 친척들)이 당신에 대해 한 이 야기이지, 당신 스스로 한 이야기는 아니다. 이것은 문제가 되는 사람, 곧 당신 자신에 대해 절대적 진리를 말해주지는 않는다. 당신은 이 이야기를 쓰지 않았다. 저자가 아니라는 말이다. 당신은 오래전에 자신이 선택한 작품을 무대에 올리고 싶은 마음이 있는지 자문해보지도 않은 채 다른 사람이 쓴 '나의 인생'을 몇 번이나 공연한 얌전한 배우일 따름이다.

오도된 이야기

'때문에-그러므로' 플롯을 비판 없이 받아들이고 이 프로그램을 당신의 상영 스케줄에 무턱대고 끼워 넣으면 당신은 '일종의 신화적 정체성 위축증'에 걸린다. 당신이 분명히 맞닥뜨리게 되는 이 말은 하이델베르크의 심리요법가 아놀드 레처가 사용한 개념이다. 레처에 따르면 이것은 자신을 설명할 때나 삶의 이야기를 할 때 자주 나타난다. 사람들은 몇 가지 속성(대부분 부정적인 것이다)에 자신을 한정시키고는 이야기를 다 했다고 확신한다. 우리는 이 이야기로 자신의 정체성을 확립한다. 그렇다. 우리는 "나는 불안한 사람이다", "나는 겁이 많다", "나는 유대감이 없다", "나는 우울하다", "나는 마음에 맺힌 게 있다", "나는 자신감이 없다", "우리 아버지는 주정뱅이다"라는 말로 자신의 정체성을 확인한다. 우리는 이 이야기의 주제가 '일종의 신화적인' 것이라는 사실을 의식하지 못한다. 우리는 둘러서 말하지도 않고 곁가지도 치지 않고 아무런 의심도 없이 이 주제에 대해 이야기한다. 그렇게 함으로써 자신에 대한 다른 이야기를 할 기회, 다른 관점에서 관찰할 기회마저 빼앗긴다. 레처는 "사람들은 무턱대고 이 이야기로만 인생을 짜나간다"라고 말했다. 우리는 이 이야기 외에도 다른 이야기가 있다는 사실, 이 낯익은 이야기 못지않게 참된 또 다른 이야기가 있다는 사실을 알지 못한다.

심리요법가 빌 오한론이 소개한 사례는 우리가 자신에 대해 한 이야기가 우리 자신을 얼마나 오도할 수 있는지 잘 보여준다.

내 여자친구 중 한 사람은 갓난아기 때 생모가 자기를 버려 입양되었다는 사실을 알고 자랐다. 이 여자는 관심과 유대감을 발전시키는 데 결정적인 역할을 하는 생후 첫 몇 달 동안 몇 군데 보육원을 전전했다는 이야기를 들었다. 커서 대인 관계에 문제가 생겼을 때 '무관심의 결과로' 원만한 대인 관계를 맺지 못한다는 것이 분명해졌다. 몇 년 후 생모를 만났을 때 생모는 생후 첫 몇 달에 대해 지금까지 알고 있던 것과는 완전히 다른 이야기를 해주었다. 그녀가

심리학이 어린 시절을 말하다

보육원에 있을 때 자주 찾아가 먹을 것도 주고 이야기도 나누었으며 다시 자기 집으로 데리고 갈 방법을 찾으려고 했다고 말했다. 당시 새파랗게 젊은 이 생모는 그녀의 부모와 입양 기관의 압력에 못 이겨 마지못해 입양에 찬성했다는 것이다.

이 이야기를 듣고 난 여자는 갓난아기 때 본의 아니게 버림받아 고아가 되었기 때문에 유대감이 형성되지 않았다는 사실을 알고 머리가 터질 듯하다고 말했다.

아마 당신도 이 젊은 여성과 같은 입장일 것이다. 어쩌면 당신도 삶의 이야기에 대한 단 하나의 버전만 가지고 있을 것이고, 다른 버전이 있을 가능성에 대해서는 전혀 생각하지 않을 것이다. 왜 그럴까? 당신은 당신이 알고 있는 버전이 다 사실이라고 여긴다. 하지만 그것이 진짜 사실인 경우는 정말 드물다. 당신이 한 이야기는 당신이 그것을 믿고 있을지라도 진짜 사실에 입각한 것이 아니니까. 이 이야기는 당신의 전체 모습을 반영한 것도 아니고, 유일한 버전도 아니다. 그렇다고 완전히 꾸며낸 것도 아니고, 전부 허구인 것도 아니다. 당신이 알고 있는 버전은 당신의 상상에서 나온 것이 아니다. 실제로 사람들은 특정 신념 체계가 형성된 방식대로 어린 시절을 보지 않는다. 어린 시절 경험으로 형성된 신념 체계가 당신의 현재 모습을 옳게, 그리고 포괄적으로 설명할까? 신념 체계가 당신에 대한 (완전히 틀린 것은 아니더라도)불완전한 인상을 전달하지는 않을까? 당신이 당신의 삶을 '때문에-그러므로 방식'으로 설명하려고 하거나 다른 사람이 오래전에 당신에게 붙인 꼬리표를 기꺼이 달고 다니려고 하면 이것들은 당신이 반드시 짚고 넘어가야 할 질문이다.

"아버지가 알코올 중독자라는 건 맞다. 어렸을 때 혼자 내버려지다시피 했다는 것도 틀린 말은 아니다. 하지만 사람들이 나를 등한시했다고는 생각하지 않는다. 나는 이 점을 부인할 수도 없고, 무시할 수도 없다"라고 당신이 이의를 제기하면 물론 당신 말이 맞다. 다 맞는 말이다. 하지만 모두 다 진리는 아니다. 어린 시절은 당신의 일부에 지나지 않는다. 당신이 알코올 중독자의 아들이라는 말도 맞고, 외로운 아이였다는 말도 맞고, 자신을 신뢰하지 못하는 사람이라는 말도 맞다. 하지만 당신은 그 이상의 존재이다. 당신이 지금 직장에서 두각을 나타내고 있는 것, 아버지나 어머니 역할을 잘 해내고 있는 것, 정열적인 운동선수라는 것, 공공선에 기여하고 있는 것, 천부적인 화가라는 것, 친구들한테 사랑을 받고 있다는 것도 다 사실이기 때문이다. 그렇다면 "나는 …이다"라는 문장에 얼마나 많은 보어가 올 수 있는지 한번 시험해보지 않겠는가? "…사랑이 없는 어머니의 자식이다"라는 술어 하나만 해당되는 것은 아니라는 말이다.

기억은
믿을 것이 못 된다

당신은 자신에 대한 이야기를 비판적으로 들어보고 이렇게 자문해보는 것이 좋다. 그 이야기를 달리 할 수도 있는가? 내가 알고 있는 어린 시절 이야기 외에 다른 이야기도 있는가? 내가 기억하고 있는 것은 정말로 나의 어린 시절 체험에 부합하는가? 그것 말고 다른 체험도 있는가?

어린 시절 이야기, 즉 과거를 체크할 때는 기억에 의존할 수밖에 없다는 점을 명심해야 한다. 그게 정상이고, 누구나 그렇게 한다. 하지만 기억은 많든 적든 우리를 오도한다는 것도 맞는 말이다. 덮어놓고 기억을 신뢰해서는 안 된다. 사람의 기억이 일어난 일을 모두 정확히 사실대로 기록하고 아무 때나 재생할 수 있는 비디오테이프는 아니니까. 특정 장면만 기억에 저장되고, 우리는 필요에 따라 이 기억을 불러낼 수 있을 뿐이며, 다른 사람은 결코 불러낼 수 없다. 또 우리는 다른 사람은 누구도 증명할 수 없는 방법으로 기억을 불러낸다. 거듭 말하거니와 기억은 영향을 받을 수 있다. 우리는 기억 내용의 신빙성에 문제가 있을 수 있다는 점에 유의해야 한다. 이것은 심리학자들이 기억의 신빙성을 논한 재미있는 연구 결과에 근거를 두고 하는 말이다.

기억이 영향을 받는 이유는 무엇일까? 예를 들면 심리학자들은 우리가 기억 속에서 몇 가지 사건을 하나의 체험으로 인식하기도 한다는 것을 증명할 수 있다. 우리는 농가인 친척집에 휴가 간 것을 기억하고는 그곳 이웃집 젊은이에게 승마를 배우려고 하다가 말에서 떨어졌다고 이야기하기도 한다. 하지만 알고 보면 그것은 별개의 사건이다. 농가에서 휴가를 보내기는 했지만 말에서 떨어진 것은 다른 때, 다른 장소이다. 우리는 사건을 정확히 재생하지 않고 여러 가지 사건으로 기억을 구성하며 때로는 다른 이야기를 섞기도 한다. 그래서 몸소 체험하지도 않은 사건을 기억하는 것이다. 어쩌면 누군가 그 이야기를 자꾸 하는 바람에 직접 체험했다고 믿게 되었을지도 모른다.

발달심리학자 장 피아제 Jean Piaget 는 이것에 대해 재미있는 예를 제공한다. 피아제는 두 살 때 겪은 일에 대해 다음과 같이 말했다. "지금도 그 장면이 생생히 떠오른다. 나는 유모차에 앉아 있었다. 보모가 유모차를 밀며 산책을 하고 있을 때 어떤 사람이 나를 납치하려고 했다. 보모가 나와 유괴범 사이에 용감히 서 있는 동안 나는 유모차 벨트를 꽉 붙들고 있었다. 납치범은 보모의 얼굴을 몇 군데나 할퀴었다. 지금도 보모의 얼굴에는 할퀸 자국이 희미하게 남아 있다." 피아제는 열다섯 살 때까지만 해도 이 사건이 실제로 일어났다고 믿었다. 나중에 피아제의 부모는 당시 보모한테서 편지한 통을 받았다. 편지에서 보모는 사과를 하며 그 사건이 날

조된 것이라고 자백했다. 자라면서 이 이야기를 수도 없이 들었기 때문에 완전히 날조된 사건을 생생히 기억하게 되었다고 피아제는 말한다. 어린 시절의 환상이 그에 상응하는 모습을 제공한 것이다.

어떤 기억을 끊임없이 반복하면 이 기억은 크게 강화될 수 있다. 오스트리아의 작가 게르하르트 로트Gerhard Roth는 그의 책《시대의 알파벳Das Alphabet der Zeit》에서 이렇게 말했다. "두 살 때 뷔르츠부르크로 자동차 여행을 한 것이 그의 첫 기억이었다. 따라서 이때가 그가 진짜로 태어난 때였다. 그는 그 이야기를 하도 자주 들어서 어디까지가 자신이 직접 알고 있는 것이고 어디까지가 덧붙인 이야기인지 알지 못했다."

어릴 때부터 어떤 장면을 거듭 이야기한다고 해서 기억이 사건을 정확히 재생한다는 뜻은 아니다. 당신은 '말 전달하기' 게임을 잘 알고 있을 것이다. 첫 번째 사람이 귀를 막고 있는 두 번째 사람에게 어떤 말을 전달하면 두 번째 사람이 자기가 들은 말을 세 번째 사람에게 전달하는 게임이다. 이 게임의 묘미는 변화에 있다. 처음에는 뉘앙스만 변하다가 결국에는 엉뚱한 말이 되어버린다. 예컨대 첫 번째 사람이 이렇게 말한다. "정원사가 정원에서 풀을 뽑고 튤립 뿌리를 심는다." 그다음 사람은 그 말을 받아 "정원사가 풀을 뽑고 튤립을 심는다"라고 말한다. 세 번째 사람은 그 말을 받아 큰 소리로 "정원에서 사람들이 풀을 심고, 정원사가 튤립을 뽑는다"라고 말한다. 이 게임에서 사람들은 대부분 어느 한 부분만 강조하고 나머지는 잊거나 자신의 입장에 따라 왜곡해서 전달한다.

미국의 작가 칼 사베이Karl Sabbag는 어느 날 이런 기억 왜곡 현상을 경험했다. 사베이는 어렸을 때 어머니한테서 다음의 시를 자주 들었다. 이 시는 곧 그의 애송시가 되었다.

> "연못에 오리 세 마리
> 그 너머 푸른 풀밭
> 참 아름다운 풍경이다
> 몇 년 후에도 기억하리
> 눈물로 기억하리."

몇 년 후 사베이는 고서점에서 시집 한 권을 구입했다. 이 시집에 바로 이 시가 수록되어 있었다. 하지만 놀랍게도 사베이가 암송하고 있는 것과는 달랐다.

> "연못에 오리 네 마리
> 그 너머 푸른 풀밭
> 흰 구름 떠다니는
> 파란 봄 하늘

근사한 풍경이다

몇 년 후에도 기억하리

눈물을 흘리며.”

　미묘한 차이에 사베이는 어안이 벙벙해졌다. 어머니가 늘
들려주던 시에는 오리가 네 마리가 아니고 세 마리였고, ‘흰
구름 떠다니는 파란 봄 하늘’이라는 구절도 없었다. 어머니
가 잘못 낭송했을까? 사베이가 잘못 알아들었을까? 확실히
아는 사람은 아무도 없다.

　우리 자신이나 다른 사람에게 기억을 되풀이해서 말하면
이 경우와 같은 일이 일어날 수 있다. 그때마다 대화 파트너
가 새로운 사실을 기억에 덧붙이기도 하고, 중요한 사실을
빼먹기도 한다.

재편집된 기억과 자아상

　그 밖에도 기억에 영향을 미치는 것이 있다. 사람들은 자
아상에 일치하는 것을 먼저 기억한다. 우리는 어린 시절 기
억 중에서 현재 상황과 자신에게 유리한 사실을 무의식적으
로 골라낸다. 과거는 우리 자신이 알고 있다고 믿는 거울이
다. 그다지 긍정적인 자아상을 가지고 있지 않거나 자신이
불안정하고 불행하다고 느끼면 부정적인 사건, 늘 불운이
따라다닌다거나 무시당하거나 학대받았다는 것을 증명하는

사건을 기억하게 마련이다. 이와 달리 안정되고 행복하다고 느끼면 긍정적인 면을 입증하는 사건을 기억하게 마련이다. 우리는 자신을 슈퍼맨이나 골드마리로 여기고, 대단한 사건이나 행운이 따라다닌 사건을 기억할 것이다. 하지만 자신을 실패자, 버림받은 사람, 운이 나쁜 사람으로 여기면 우리의 기억 상자 안에는 분명히 이런 자아상을 보여주는 사건들이 있을 것이다. 자신을 평가하는 방식도 기억에 영향을 미친다. 우리가 삶의 이야기의 어느 시점에 있느냐에 따라 여러 가지 기억이 떠오른다. 무엇을 어떻게 기억하느냐는 것은 현재 우리의 정신 상태에 달려 있다. 현재는 과거라는 그림에 색칠을 한다.

기억 속에서 우리는 자신이 달라졌는지 아닌지, 자아 관념이 바뀌었는지 아닌지, 그리고 바뀌었다면 언제, 어떻게 바뀌었는지 읽어낼 수 있다. 어린 시절에 우리를 괴롭히거나 억누른 사건은, 시간이 흐름에 따라 중요성을 잃는다는 것과 대부분의 사람들은 이런 것들을 다른 눈으로 보고 언젠가는 잊어버린다는 것을 우리는 잘 알고 있다. 그런 변화가 어린 시절 경험과 함께 일어나느냐 않느냐, 그런 변화가 점점 적게 일어나 그 영향력이 줄어드느냐 않느냐 하는 것이 중요하다. 40년이나 과부로 지내고 어느덧 죽음을 눈앞에 둔 90세의 여자가 자신은 걸핏하면 벌을 받았는데 아버지가 아끼는 여동생은 주제넘은 짓을 마음대로 했다고 계속 말한다면 그녀의 자아 관념은 수십 년이 지난 뒤에도 거의 변하지 않았다고 짐작할 수 있다. 그녀에게는 다른 사람과 긍정적인 경험을 나눌 기회가 주어지지 않았을 것이다. 그녀는 자신의 기억에 사로잡혀 이 기억을 의문시하는 체험을 전혀 인식할 수 없었을 것이다.

기억은 영향을 받기도 하고 끼워 맞춰지기도 하고 왜곡되기도 한다. 그 사실을 아는 것은 매우 중요하다. 기억 방식은 우리의 정신 상태에 영향을 미치고 미래에 대한 기대에도 영향을 미치기 마련이기 때문이다. 비극적인 어린 시절을 기억하면 의기소침해지고 우울해지고 무기력해지고, 그 후의 삶도 불가피하게 부정적으로 진행될 것이다. 하지만 당시에 일어난 일이 진실의 일부일 뿐이라는 것과 마음먹기에 따라 예전의 관점을 유지할 수도 있고 더 나은 관점을 발전시킬 수도 있다는 것을 고려하면 당시의 기억을 달리 평가하고 시야를 넓혀 자신의 다른 면에 주의를 기울임으로써 인생을 긍정적인 것으로 바꿀 수 있을 것이다.

작가 게르하르트 로트는 어린 시절 기억에 대해 이렇게 말했다. "어린 시절에 대해 쓰려고 하면 온갖 일들이 떠오른다. 잘못 기억하고 있을지도 모르지만 이 기억은 거짓 진실보다 중요한 무엇을 나타낸다."

어린 시절 기억은 흔히 생각하는 것보다 다양한 모습을 지니고 있다. 밝은 빛 속에서 아주 냉철하고 객관적으로 자신을 보던 이따금 연초점 렌즈를 끼고 보던 기억은 우리 자신의 모습에 대해 무언가를 말해준다. 기억은 우리의 자아상에 대해 많은 것을 이야기해준다. 따라서 부정적인 기억이 우세할 때는 기억이 진실의 일부만을 반영한다는 사실을 반드시 명심해야 한다. 삶의 이야기는 우리가 생각하는 것보다 많은 단면, 관점, '진실'을 가지고 있기 때문이다. 삶의 이야기에는 줄거리가 하나뿐만이 아니다. 어린 시절이 운명이 되는 것을 피하려면, 소중한 삶을 어린 시절의 그늘 속에서 허비하지 않으려면 경우에 따라 이제까지의 관점을 재점검하기도 해야 하고, 이를 긍정적인 관점으로 바꾸기도 해야 한다.

각본
다시 쓰기

머릿속에 존재하는 이야기를 다시 점검하는 것은 도움이 된다. 정확히 무슨 이야기를 하려고 하는가? 어떻게 하려고 하는가? 희극을 이야기하려고 하는가? 비극을 이야기하려고 하는가? 다큐멘터리를 이야기하려고 하는가? 영웅 서사시를 이야기하려고 하는가? 긍정적인 것과는 거리가 먼 어린 시절을 어떻게 다루려고 하는가? 어린 시절 사건을 흑백 에피소드로만 보는가? 아니면 컬러 에피소드로도 보는가?

당신은 어린 시절에 다른 사람이 써준 각본을 당신의 현재 삶의 당위성과 합목적성에 비추어 재점검할 권리를 가지고 있다. 당시에 주어진 모습과 메시지를 따르지 않아도 되고, 이야기에 얽매여서도 안 된다. 한번 쓰인 각본에 따라 평생을 살아야 할 필요도 없다. 각본을 '다시 쓰는 것'과 각본에 다른 의미를 부여하는 것은 당신의 몫이다. 그렇다고 그럴듯하게 꾸미거나 왜곡하라는 말은 아니다. 그렇게 해서는 이로울 것이 없다. 어린 시절에 다른 사람이 써준 각본은 당신의 온전한 모습과는 거리가 멀다. 이를테면 그것은 삶의 매우 특정한 장면, 즉 부모 또는 정신적인 지주에게 의미가 있는 장면만 부각시키고 있다.

부정적인 각본에 따라 살 때는 이 각본을 당신의 일생을 대변하는 것으로 받아들여서는 안 되고, 당신 인생의 다른 많은 장면을 통해 이를 보완하고 완전한 것으로 만들어야 한다. 그렇게 하지 않으면 발달이 정체되고, 자신이 원하는 사람이 될 수 없다. 또 잠재력을 꽃피울 수 없고, 과거 때문에 미래를 잃게 된다. 요컨대 어린 시절 경험과 메시지에 매여 살면 발달이 저해되고, 원하는 삶을 살 수 없게 된다.

어린 시절의 속박 메시지 떨쳐버리기

성공한 삶은 자주적인 삶이다. 이는 어린 시절에 얻은 속박 메시지에서 분리될 때, 어린 시절의 각본에서 멀어질 때,

아니면 최소한 이 각본을 보완해 지금까지 억눌리고 등한시되었던 당신의 인격을 배려할 때에만 달성된다.

심리요법가 빌 오한론은 어느 날 책을 읽다가 흥분해 자기가 겁이 많은 사람이라는 생각에 대해 다시 점검하기로 결심했다.

"나는 젊었을 때 오랫동안 나를 좌절시켜온 것을 몹시 두려워했다. 친구 사귀는 것, 여자와 데이트 약속을 하는 것, 여러 사람 앞에서 말하는 것이 나를 무겁게 짓눌렀다. 나는 거의 언제나 외롭게 지냈다. 어느 날 책을 읽다가 나는 겁이 많은 사람이 아니라 스스로 겁을 내고 있는 사람이라는 생각이 떠올랐다. 매우 고무적인 일이었다. 상황을 개선할 수도 있다는 뜻을 내포하고 있었으니까. 내가 겁 많은 사람이라면 '겁내지 않는' 사람도 될 수 있을 터였다. 나는 내가 겁 많은 사람이라는 옛이야기로는 이해할 수 없는 방식으로 행동하려고 마음먹었다. 나는 평생 겁이 많다는 말을 들어왔다. 식구들도 늘 그렇게 말했다. 마침내 나는 그것이 내 본 모습인 줄 알았다. 하지만 그것이 단순한 허구, 한갓 꾸며낸 이야기에 지나지 않는다는 생각이 들었다. 몇 년간 이 이야기에 의문을 품은 뒤 나는 서서히 워크숍을 준비했다. 한 달에 수백 명 때로는 수천 명을 상대로 이야기해야 하는 워크숍이었다. 겁 많은 내 성격은 어떻게 되었을

심리학이 어린 시절을 말하다

까? 나는 여전히 겁이 많다. 하지만 이제는 '겁내지 않는' 능력을 가지고 있다."

이 이야기는 다른 사람에 의해 제한된 좁은 시각이 자신의 발달을 어떻게 저해하는지 보여주는 좋은 예이다. 빌 오한론은 "나는 겁 많은 사람이다"라는 뿌리 깊은 신념 체계를 가지고 자랐다. 이것은 어린 시절 주변에 대한 반응을 통해 얻은 것이고, 무턱대고 받아들여 옳은 것으로 간주한 것이다. 오한론은 자기 인생에 대해 내린 정의에 얽매여 있었다. 이것들이 자기 인생의 전부를 의미하지 않는다는 것, 특히 같은 사실이 다른 이야기로 설명될 수 있다는 것을 오랫동안 인식하지 못했다. 하지만 자신이 겁 많은 사람이라는 것을 알았을 때 "겁내지 않는 사람이 될 수도 있다"는 것을 깨닫고 안도했다. 자신의 행동을 통해 다른 사람이 될 수 있다는 것을 분명히 안 것이다.

유리한 방향으로 각본 바꾸기

당신도 딴사람이 될 수 있다. 또 '옛' 각본을 바꿀 수 있고, 마음에 드는 이야기를 쓸 수도 있다. 그렇다면 날조하지 않고도 그렇게 할 수 있는 방법은 무엇일까?

다음과 같은 방법은 한번 시도해볼 만하다. 어린 시절 이야기를 하나 기억해내 대충 적어보자. 기억이 나지 않으면 사진을 이용해도 좋다. 이 사진은 무슨 이야기를 해줄까?

어떤 젊은 여자가 사진 하나를 기억해냈다. 초등학교 입학식 날 찍은 사진이다. 사진 속 소녀는 커다란 입학 기념 봉지(초등학교 입학식 날 부모에게 받는 과자 따위가 든 큰 종이봉투를 말함-옮긴이)를 팔 밑에 끼고 불안한 듯이 카메라를 바라보고 있다. 이 여자는 혼자 남겨진 것 같은 감정을 느끼고, 그 감정을 그대로 적는다. 이 사진이 다른 이야기도 해줄 수 있을까? 예컨대 커다란 입학 기념 봉지는 무엇을 말해줄까? 지금 이 젊은 여자는 이 봉지 안에 무엇이 들어 있는지 다 알지는 못하지만 잡다한 것들이 들어 있었다는 것은 안다. 그녀는 골똘히 생각하더니 단것이 들어 있었다고 확신한다. 문득 자기가 등에 메고 다니던 란도셀을 선물해준 할머니가 생각났다. 어머니는 매우 엄하고 매정한 분이었다. 그러나 이 사진을 보면 입학식 날 자신을 귀여워해주는 사람이 있었다는 것을 알 수 있다. 불안하고 멍한 표정으로 카메라를 바라보고 있었다는 것은 여섯 살 난 소녀가 사진 찍는다는 것이 무슨 뜻인지 몰랐다는 사실을 말해주는 증거 아닐까? 이 소녀가 불안해하고 있었다는 것은 분명하다. 그녀는 문득 사진을 다른 시각으로 보았다. 사진 속의 소녀는 불안해하고 안절부절못하는 아이이기도 했지만 선물을 받은 소녀이기도 했다. 물론 소녀는 불안해하고

심리학이 어린 시절을 말하다

있었지만, 이 불안은 이미 극복된 것이었다. 이 소녀는 첫 날부터 즐거운 마음으로 학교에 갔다고 생각하는 것이다.

이 예는 누구나 어린 시절 경험에서 이야기를 구성해낼 수 있고 그 이야기를 유일하고 절대적인 진실로 여긴다는 것을 잘 보여준다. 이 여성이 어렸을 때 사랑을 충분히 받지 못했다는 것은 확실하다. 하지만 그것이 다는 아니다. 이 이야기에는 우리가 흔히 알고 있는 것보다 훨씬 더 많은 메시지와 진리가 담겨 있다. 어린 시절 이야기 중 가장 먼저 떠오르는 것에만 초점을 맞추면 우리는 평생 외롭고 사랑받지 못하고 무시당하고 무능력한 사람으로 느낀다. 우리는 과거를 어떻게 해볼 도리가 없기 때문에 현재와 미래도 마찬가지라고 생각하기 쉽다. 그렇게 되면 과거에 다른 사람이 시작한 이야기를 같은 방법으로 끊임없이 다시 이야기할 수밖에 없다. 하지만 어린 시절에 겪은 일을 새로운 틀, 더 큰 틀에서 보면 거리를 둘 수 있게 된다. 그리고 자신은 이 이야기 속의 사람과 똑같지는 않다는 것을 알 수 있다.

당신은 과연 어떤 사람일까? 당신은 어떤 꼬리표를 달고 다니는가? 겁 많은 사람, 불안해하는 사람, 대인 관계가 원만하지 않은 사람, 실패한 사람이라는 꼬리표인가? 이런 꼬리표를 달고 다닌다는 것을 알고 있기는 한가? 만약 모르고 있다면 이 꼬리표를 마땅히 찾아내야 할 것이다. 당신은 이것을 찾아내어 제거해야만 한다. 이 꼬리표가 거기에 적힌 대로 당신을 오도하기 때문이다. "난 아무짝에도 쓸모없어", "아무도 믿을 수 없어", "난 매사에 완벽해야 돼", "난 불안한 사람이야", "난 나서기를 극도로 싫어해." 당신이 늘 이런 생각을 하고 있다면 보이지 않는 꼬리표를 목에 달고 다니지는 않는지 살펴보아야만 한다. 그리고 '사실 난 그런 사람이 아니야. 설사 그렇다 하더라도 이 꼬리표는 내 인격의 극히 일부만 나타낸 것일 뿐 나의 전체 모습을 나타낸 건 아니야' 라고 생각하도록 노력해야 한다.

약점을
다른 눈으로 보기

어린 시절 당신에게 걸린 이 꼬리표를 떼어버릴 수 있으면 시각이 달라질 것이다. 어린 시절에 부정적인 경험을 많이 했다 하더라도 이 부정적인 경험은 당신이 불행한 경험을 극복할 수 있다는 것을 보여주는 성취 가능성, 해결책, 성공 경험을 언제라도 줄 가능성이 크다. 따라서 "어린 시절에 부족한 게 무엇이었나?"라고 묻지 않고 "이런 것들을 어떻게 극복했을까? 어떻게 해서 내 인생이 망가지지 않았을까? 어려운 어린 시절을 보냈는데도 어떻게 성공할 수 있었을까?"

라고 묻게 된다. 또 "어린 시절 경험 덕분에 아주 특별한 성격을 가지게 되었고 그 덕분에 지금도 득을 보고 있지 않은가?"라고 묻게 된다.

◦ 당신은 내비치지도 않은 소원을 알아차리게끔 훈련시킨 어머니의 커다란 감정이입 능력을 고마워하고 있는가? 지금 친구들이 당신을 소중히 여기는 것과 당신이 성공할 수 있었던 것도 바로 이 감정이입 능력 덕분이 아닌가?
◦ 지금 당신이 지나친 간섭에 극도로 민감하게 반응하고 직장에서 약자의 지위를 벗어나게 된 것도 어린 시절에 겪은 폭력 덕분이 아닌가?
◦ 지금 당신이 문학과 음악을 좋아하게 된 것도 따지고 보면 어렸을 때 현실이 너무 고달파서 이야기와 음의 세계로 도피한 덕분이 아닌가?
◦ 지금 당신이 조직의 리더가 되어 있고 어려운 상황에서도 좌절하지 않게 된 것도 다 엄하고 깐깐한 아버지 덕분이 아닌가?

저널리스트 빌리 빙클러가 스웨덴 작가 페르 올로프 엔퀴스트와 나눈 인터뷰는 관점을 바꾸면 역경을 겪었음에도 아니, 오히려 역경에 처했기 때문에 자신의 장점을 발전시킬 수 있다는 것을 보여주는 좋은 예이다. 그렇게 힘든 어린 시절을 도대체 어떻게 극복했느냐는 질문에 엔퀴스트는 이렇게 대답했다. "저의 어린 시절은 행운이기도 하고, 불운이기도 했습니다. 워낙 특이했으니까요. 제 어린 시절 이야기를 들으면 다들 고개를 설레설레 내저을 겁니다. 하지만 다른 관점에서 보면 정상적인 어린 시절이었습니다. 베스터보턴 마을에서 외롭게 지낸 것은 나쁘지 않았습니다. 덕분에 여러 가지 생각을 할 수 있었고, 마음껏 공상을 펼칠 수 있었으며, 천국과 지옥을 그릴 수 있었습니다. 놀아줄 친구가 없기는 했으나 마음껏 상상의 날개를 펼 수 있었습니다. 어쨌든 커서 생각해보니 어린 시절이 그다지 나쁜 것은 아니었습니다."

페르 올로프 엔퀴스트처럼 어린 시절을 보는 관점을 바꾸면 당신도 나름대로 '특이한' 어린 시절을 보냈음을 발견할 수 있을 것이다. 그러면 당신 인생에 대해 다른 이야기, 지금까지의 이야기보다는 근사해 보이는 이야기를 할 수 있을 것이다. 당신은 어린 시절에 '약화되었음에도' 당신이 발전시킨 장점과 '모든 것을 극복한' 것에 초점을 맞출 것이다. 이제 자신을 희생자로만 보지 않을 것이고, 자신의 장점과 능력에 대한 자신감을 회복하는 데 성공해 자신의 인생 이야기를 달리 할 수 있을 것이다. 그러면 당신의 인생 이야기는 더 이상 희생 이야기가 주를 이루지 않고 영웅 이야기 같은 분위기를 띠게 될 것이다. 당신은 어쨌든 살아남았고, 그

심리학이 어린 시절을 말하다

런 자신에게 감사해하고 있으니까.

어린 시절 체험을 장점으로 승화시키는 것에 대해서는 4장의 어린 시절 이야기에서 했다. 오프라 윈프리, 도미니크 카터, 야노쉬, 엘마르 베퍼, 엘턴 존은 그러한 어린 시절이 없었다면 크게 성공하지 못했을 것이고, 오늘날 우리가 보는 것과 같은 사람이 되지 못했을 것이다.

관점의 변화가 중요하다고 해서 어린 시절에 겪어야만 했던 나쁜 것과 부정적인 것들을 죄다 뒤로 밀어내거나 잊어버리라는 뜻은 아니다. 어린 시절에 일어난 일은 소중하게 여겨져야 하고, 인생 각본에서 나름대로 주어진 역할을 해야 한다. 어린 시절이 당신이 지금까지 차지하고 있던 자리를 떠난 것은 틀림없지만(어린 시절은 이제 사건의 중심에 있지 않고, 주도권을 쥐고 있지도 않다) 여전히 거기에 있다는 것은 말할 것도 없다.

희생자에서 당신 자신 이야기를 엮어나가는 연출가로 관점을 바꾸거나, 그러기 위해 심리 치료를 받으려고 하느냐 여부는 무엇보다도 어린 시절 경험에 달려 있다. 어린 시절 경험이 부담이 되는 것일수록 자신의 이야기를 다시 쓰는 것은 그만큼 더 의미가 있다.

당신이 이 길을 혼자서 가든, 심리 치료라는 도우미와 함께 가든 다음 장에서 다룰 내용은 당신 앞에 놓인 변화를 받아들이는 데 유익한 참조가 될 수 있다.

8

과거의 신념 체계는
당신의 힘을
빼앗아 간다

거리 두기

"관점을 바꾸면 사물이 다르게 보인다."

_ 웨인 다이어 Wayne Dyer

"엄마를 방해하지 않으려고 밖에 나가 돌아다니면 나더러 떠돌이라고 한다. 엄마가 머리를 빗겨주었는데도 금방 헝클어져 있으면 나더러 망나니라고 한다. 넘어지거나 부딪혀서 울거나 벌을 받거나 누군가 내 머리카락을 잡아당겨서 울면 나더러 울보나 겁쟁이라고 한다. 행동이 굼뜬 사람은 게으름뱅이라고 불리거나 빈둥거리는 사람이라고 불린다. 내가 집안일을 거들어주지 않고 책을 읽고 있으면 나더러 게으름뱅이라고 한다. 대답을 또박또박하면 잘난 척한다고 한다. 다른 사람의 행동에 관심을 갖고 쓸데없이 이러쿵저러쿵 떠들어대면 수다쟁이라고 한다.

내가 아직 어린아이라는 것과 한 번도 내 손으로 코를 푼 적이 없다는 것을 확인시켜주려고(그러면서 묻지도 않았는데도 내가 너를 일일이 챙겨주고 있다면서 수선을 떤다) 나더러 코흘리개라고 한다.

요괴라니? 옳아. 내가 뭘 잘못하면 요괴라느니, 요물이라 느니 하면서 싸잡아 깎아내린다. 엄마가 내게 딱 한 번밖에 말하지 않았으나 요괴니 요물이니 하는 말보다 더 나쁜 말은 바로 '죽일 년'이라는 것이다."

카탈루냐의 작가 마리아 바르발은《내면의 땅 Inneres Land》에서 모녀간의 갈등을 다룬다. 어머니한테서 욕과 멸시만 받은 소녀의 심정을 표현하기 위해 바르발은 소녀의 시점을 취하고 있다.

어린 시절을 탓하는 것도 하나의 신념 체계이다

어린 시절을 핑계 삼는 것은 치명적인 영향을 미친다. 3장에서 자세히 설명한 것처럼 핑계 대기는 신념 체계가 되어 삶의 방향을 바꾼다. 때로는 우리가 전혀 의식하지 못하는 사이에 다음과 같이 우리의 삶을 연출하기도 한다.

　그것 때문에 우리는 일을 제대로 마무리하지 못한다. 그 것이 "어쨌든 넌 그걸 해내지 못해"라고 하니까.
　그것 때문에 우리는 사랑하는 사람과 오래 사귀지 못한

다. 그것이 "넌 또 버림받을 거야"라고 하니까.

◦ 그것 때문에 우리는 행복과 거리가 멀어진다. 그것이 "넌 행복과는 거리가 멀어. 네 어머니도 행복하지 않았어"라고 하니까.

◦ 그것 때문에 우리는 소심해진다. 그것이 "넌 더 잘되기는 글렀어"라고 하니까.

이런 메시지는 자신과 세상에 대해 가지고 있는 감정에 영향을 미치고, 우리의 행동을 조종한다. 또 우리가 이것을 알아차리지 못하면 제멋대로 우리의 행동을 조종한다.

"하지만 난 죽어도 할 수 없어"라고 생각한다면 당신이 잘못 생각하는 것이다. 어린 시절과 달리 지금 당신의 생각이 자신에 대해 이야기해주는 것을 모두 믿지는 않으니까.

마리아 바르발의 소설에 나오는 소녀 리타는 자신을 방어할 방법을 모색한다. 어머니가 왜 그런 행동을 할까 생각해보고 나서 그 이유가 어머니의 성격과 관계없다는 것을 알아낸 것이다. 리타는 어머니가 당신과는 거의 관련이 없는 '내면의 땅'에서 살고 있다는 것을 확인한다. "어머니는 그 세계와 싸우느라고 저한테 신경을 많이 쓰지 못한 게 틀림없어요." 리타는 자기가 어머니보다 교육을 더 많이 받았으니 어머니의 말을 조곤조곤 따져봐야겠다고 생각한다. 자기를 무식하다고 보기 때문에 어머니가 그렇게 '함부로 말한다'는 것을 일찍 알아챈 것이다.

리타는 생각과 행동에 영향을 미치는 신념 체계를 확인해봐야 하고 또 의심해봐야 한다는 것을 보여준다. 그렇게 하지 않으면 우리는 신념 체계의 포로가 된다.

부정적 경험의 반복

신념 체계는 겉으로는 전혀 해롭지 않은 것처럼 보인다. 하지만 우리 존재의 정당성에 의심을 품게 할 수 있다. 신념 체계는 어떤 경우든 위험하다. 두 가지에 의해 지탱되기 때문이다.

하나는 우리가 언제나 그것을 위한 '증거'를 찾는다는 것이다. 다시 말해 신념 체계에 적합한 것만을 선별적으로 지각한다는 것이다. 예컨대 우리는 "나는 제대로 할 줄 아는 게 없어"라는 신념 체계를 뒷받침해주는 것이면 모두 기록한다. 그래서 무얼 사던 엉뚱한 것을 산다. 더 나은 것이 분명히 있을 거라고 생각하면서도 아무 핸디handy나 덜렁 사버린다. 그리고 나서는 후회한다. 우리는 강연할 때 어떤 사람이 자리를 뜨는 것에만 신경 쓰지 박수갈채에는 신경 쓰지 않는다. 이처럼 "나는 제대로 할 줄 아는 게 없어"라는 신념 체계는 끊임없이 새로운 증거를 확보하는 것이다. 우리가 성공하는 것은 모두 이 신념 체계가 미리 정해놓은 래스터

raster(브라운관이나 모니터 화면에 비치는 가는 가로줄무늬–옮긴이)

를 통해 얻어진다. 래스터에 적합하지 않은 것은 우리의 주의를 끌지 못한다. 긍정적 사건은 우리가 모르는 사이에 일어난다.

다른 하나는 일종의 반복 강제이다. 50세의 어떤 남자는 결혼에 네 번 실패했다. 여자가 독립이나 자립을 요구하면 늘 이를 자신과 결부시켰기 때문이고, 또 독립하면 여자가 자기와 헤어지려고 할까 봐 두려워했기 때문이다. 그래서 여자들이 등을 돌리기 전에 먼저 관계를 끊어버렸다. 그는 "책임은 나한테 있다!"는 신념 체계가 어릴 때부터 몸에 배어 있다는 것을 알지 못했다. 어머니는 그가 다섯 살 때 가정을 버렸다. 자신이 얌전한 아이였다면 어머니가 떠나지 않았으리라고 믿는 신념 체계가 그때 벌써 형성된 것이다.

어려운 상황에 처하면 우리는 이른바 기억 저장고를 뒤져 비슷한 경험을 끄집어낸다. 대안이나 긍정적인 극복 전략이 없으면 이미 알고 있는 것을 되풀이한다. 그때 입을 다물고 있었으니 지금도 나서지 말아야 하고, 그때 칭찬을 받지 못했으니 지금도 그런 것은 기대하지 말아야 하고, 그때 배려를 받지 못했으니 지금도 마찬가지일 것이라 생각해야 한다는 식이다.

어린 시절에 형성된 신념 체계는 엄청난 영향을 미친다. 이는 우리의 생각, 감정, 행동을 결정한다. 이것을 깨버릴 수 있을까? 물론이다. 우리에게는 대체 경험과 긍정적 대체 극복 전략이 필요하다. 그렇게 하기 위해서는 먼저 이 신념 체계가 무엇인지 확인하고, 나아가 이를 의심해보아야 한다.

신념 체계의
실마리 잡기

첫 단계는 어렸을 때 사람들이 묶어두어 내가 지금도 차고 다니는 사슬이 정확히 어떤 것인지 인식하는 데 도움이 된다.

우리의 독백에 귀를 기울이면 신념 체계의 실마리를 잡을 수 있다. 누구나 끊임없이 자신의 행동이나 남의 행동을 비판하기 마련이고, 해야 할 일과 해도 좋은 일을 정하기 마련이며, 일이 꼬일 때는 자신을 욕하기 마련이다. 몇 가지 예를 들면

- 앞으로 시몬을 만나면 본 체도 안 할 거야.
- 준비를 더 잘했으면 프로젝트를 따낼 수 있었을 텐데.
- 그렇게 까다로운 사람이 아니었다면 친구가 더 많았을 텐데.
- 사람들이 당신을 초대하지 않는 것은 당연해. 다른 친구들은 당신보다 훨씬 더 붙임성이 있어.

◦ 당신은 노력하지 않아도 돼. 그래봤자 헛수고일 테니까.

◦ 내가 없어도 달라지는 건 없을 거야.

◦ 끝내야 하는 일을 제대로 마무리한 적이 없어.

◦ 위험한 일은 손대지 마.

◦ 하는 일마다 꼬여.

◦ 너무 늦게 가면 그녀가 다시는 안 만난다고 할 거야.

당신의 마음속 목소리는 이렇게 말할 것이다.

◦ 맡은 일을 끝내지 못하면 기쁨도 없어.

◦ 열심히 노력하기는 하지만 그것만으로는 부족해.

◦ 자신을 특별한 존재라고 생각하면 그건 착각이야.

◦ 내가 원하는 것을 해주면 당신을 사랑할 거야.

◦ 업적을 달성하려고 노력할 때에만 가치가 있어.

◦ 완벽하지 않은 일은 칭찬할 가치가 없어.

◦ 다른 사람이 원하는 것을 할 때에만 사랑받을 거야.

◦ 다른 사람을 잘 풀리게 하는 것은 네 책임이야.

◦ 감정을 드러내서는 안 돼.

◦ 성공은 하늘에서 그냥 떨어지는 것이 아니야.

◦ 아무도 네 문제에 관심을 가지지 않아.

당신은 늘 "내가 제일 홀대받는다"라고 속삭이는 내면의

목소리를 들을 것이다. 예컨대 마르틴 발저_{Martin Walser}의 소설《어린 시절 옹호_{Die Verteidigung der Kindheit}》의 주인공 알프레드 도른은 이런 소리를 듣는다.

"아버지가 작별 인사를 하러 역에 나온 것은 알프레드에게는 다행한 일이었다. 아버지는 벌써 3년 전에 바우에른부슈의 집을 나갔다. 그때부터 이혼할 생각을 하고 있었다. 어머니가 동의하지는 않았겠지만. 알프레드는 아버지가 역에 나와주어서 속으로는 기뻐하면서도 아버지에게도, 어머니에게도 티를 내지 않았다. 아들이 작별 인사를 하러 온 아버지를 감격에 겨워 포옹하는 모습을 보여주면 아버지는 그것을 성공으로 여길 것이다. 아버지의 성공은 어머니의 실패를 의미하기 때문에 알프레드는 그런 일이 없도록 어머니를 보호해야 했다. 알프레드는 어머니를 속이고 싶은 마음이 눈곱만큼도 없었다. 어머니와 같은 편이 되고 싶어 했다. 특히 아버지와 맞설 때에는. 알프레드도 '내가 제일 홀대받는다'는 어머니의 말을 생각했을 것이다."

마음속 목소리는 온갖 주제를 알고 있다. "꼬꼬댁 우는 닭, 사람들은 언젠가 이들의 목을 비틀 것이다", "강한 사람은 고통을 모른다", "노력 없이 이루어지는 것은 없다", "일찍 일어나는 새가 벌레를 잡는다." 이런 격언을 들어본 적이 있는가? 당신은 자신과 남들에게 이런 말을 한다. 그러면서도 도대체 이런 '지혜'를 어디에서 얻어들었는지 깨닫지 못할 때가 있다. 또 이런 속담대로 행동하도록 어려서부터 교육받았다는 것도 깨닫지 못한다. 어렸을 때 누군가가 늘 말해준 이 속담은 오래전에 신념 체계가 되었고, 당신은 지금도 이것에 따라 행동한다. 이것은 종종 해롭지 않게 다가오지만 그 영향은 과소평가할 수 없다. 따라서 어떤 목소리가 당신에게 영향을 미치는지, 그 목소리의 메시지가 무엇인지 알아내는 것은 매우 중요하다.

마음속 독백에 주의를 기울이기

신념 체계의 실마리를 잡으려면 이제까지 자기도 모르게 중얼거린 마음속 독백에 의식적으로 주의를 기울여야 한다. 온갖 목소리가 당신을 설득할 가능성이 크기 때문에 당신은 거듭 나타나는 목소리를 걸러내야만 한다. 그렇게 하기 위해서는 인내와 훈련이 필요하다. 일이 자꾸 꼬일 때는 이렇게 물어보는 것도 좋다. 지금 무슨 생각을 하고 있는가? 자신을 어떻게 생각하고 있는가? 지금 다른 사람의 반응에 무엇을 기대하고 있는가?

파괴적 독백 가운데 자주 인용되는 유명한 예는 2007년에 작고한 심리요법가 파울 바츠라비크가 말한 '망치 이야기'이다.

"어떤 사람이 그림을 걸고 싶어 한다. 못은 있으나 망치가 없다. 망치는 이웃 사람이 가지고 있다. 그는 이웃집에 가서 망치를 빌리기로 한다. 하지만 그때 문득 의심이 든다. 망치를 안 빌려주면 어쩌나? 그 양반이 어제도 건성으로 인사하던데. 급한 일이라도 있었나? 급하다는 건 핑계일 거야. 나한테 무슨 불만이라도 있는 걸까? 그게 뭘까? 난 해코지한 일이 없는데. 그는 잠시 상상에 잠긴다. 누군가 연장을 빌려달라고 하면 '나는' 두말하지 않고 빌려줄 텐데. 그런데 이 양반은 왜 안 빌려주려는 거지? 어떻게 이웃 사람한테 그만한 친절도 베풀지 않는 걸까? 이 양반 같은 사람은 딴 사람한테 폐만 끼칠 거야. 그러면서도 그는 이웃 사람에게 도움을 청해야겠다고 생각한다. 그 사람이 망치를 가지고 있다는 이유만으로. 그는 망치가 꼭 필요하다고 생각하면서 이웃집으로 가 초인종을 누른다. 이웃집 사람이 문을 연다. 이웃집 사람이 '안녕하슈?'라고 인사도 하기도 전에 그는 성큼성큼 걸어가서 말한다. '낡은 망치는 놔두시오, 이 양반아.'"

바츠라비크의 이야기에 나오는 이 사람이 자신의 행동을 근거로 신념 체계를 '찾아낸다'고 가정하면 그는 무엇을 찾아낼 수 있었을까? 이 사람은 그 양반이 정말로 친절을 베풀까 하고 미심쩍어하기도 하고, 자기도 모르게 이미 그 양반

심리학이 어린 시절을 말하다

의 비위를 거스르지 않았나 하고 의심해보기도 한다. 그러다가 자기한테 필요한 것을 가지고 있는 사람에게 절대 손을 내밀지 않겠다고 생각한다. 그래서 단념하고 만다. 이 사람의 행동을 조종한 신념 체계는 "나는 선물 받아본 적이 없다. 하지만 뭔가 하나 얻어보겠다고 꼴사나운 짓은 하지 않겠다"라는 것인지도 모른다.

당신은 이와 비슷한 상황을 얼마나 자주 겪었는가? 당신의 욕구, 소원, 동경 따위에는 아무도 관심이 없을 것으로 보고 이를 포기한 적이 얼마나 많았는가? 갖고 싶은 것을 결코 얻지 못하리라고 여기고 지레 단념한 적이 얼마나 많았는가? 막연한 감정을 근거로 다른 사람을 적으로 여기거나 무관심한 사람 또는 거부하는 사람으로 분류한 적이 얼마나 많았는가?

신념 체계는 아주 오래된 것이다. 이것은 우리 마음속에 깊이 뿌리박혀 있고, 끈기 있고 집요하게 그 정체를 폭로할 때에만 무력해진다. 그렇게 하기 위해서는 신념 체계에 의구심을 품고 그 의미를 의심해보고 그것을 위한 증거가 아니라 반증을 찾아야만 한다.

신념 체계
의심하기

사고와 행동에 영향을 미치는 이 목소리를 확인하자마자 당신은 다음과 같이 이것에 의구심을 품어야 한다. 이 목소리가 실제로 당신에게 맞는 이야기를 하는가? 현재의 당신 모습을 옳게 평가하는가? 이 목소리는 과거만 알기 때문에 이 목소리가 전혀 알지 못하는 또는 전혀 알 수 없는 다른 면, 성질, 능력이 당신에게 있는가? 이 목소리와 함께(또 자신과 함께) 이 문제에 대해 토론해보자. 그 정당성을 의심하자마자 부정적 이야기와 문제되는 이야기는 이제 유지될 수 없다는 것을 금방 알아챌 것이다. 지금까지의 이야기 래스터에 어울리지 않는 자신에 대한 체험, 행동 방식, 감정을 발견할 테니까.

마리아 바르발의 소설에서 어머니한테 울보, 못난이, 겁쟁이, 코흘리개 등등 온갖 욕을 듣는 소녀 리타는 어느 날 자녀가 없는 이웃집에서 하룻밤 묵는다. 거기서 리타는 어머니의 모습과는 딴판인 모습을 발견한다. "접시를 헹구고 나자 그 여자가 접시를 닦으라며 흰 천을 준다. 나는 포크를 떨어뜨리고 멍하니 서 있었다. 그 여자는 다시 접시를 물에 담갔다. 느닷없이 내 손에서 천을 빼앗아 가거나 나보고 '말썽쟁이'라고 하기는커녕 접시를 조심스럽게 천에 올려놓고

심리학이 어린 시절을 말하다

나에게 살짝 미소를 지었다." 다음 날 리타를 집으로 데리고 간 어머니는 얌전하게 행동했는지 물었다. 그 말에 리타는 '정당하게 분노를 터뜨린다. 리타는 이제 어린애가 아니다.'

이웃집 여자가 보여준 존중을 통해 리타는 매우 중요한 사실을 깨닫는다. 자신을 어머니와 다르게 대해주는 사람이 있다는 것을 알게 된 것이다. 자기를 존중해주고 사랑스럽게 여기는 사람이 있다는 것은 어머니가 부당하게 자기를 대하지 못하게 대들어야 한다는 것과, 자기는 이제 어머니 마음에 들게 행동해야 하는 어린애가 아니라는 것을 인식할 가능성을 리타에게 제공한다.

"나는 이제 어린아이가 아니다."

이 말은 당신의 신념 체계를 논박하는 데 도움이 되는 핵심어이다. 리타처럼 당신도 자신의 신념 체계를 논박할 수 있는 증거, 경험, 체험을 찾아야 한다. 물론 쉬운 일은 아니다. 마음속 목소리를 증명해주는 것을 오로지 과거에서만 지각하기 때문이다. 반증을 찾는 것은 훨씬 더 어렵다. 그것은 실제 체험으로 습득해야만 한다.

"난 아무짝에도 쓸모없어", "난 늘 외로워", "좀 더 귀여워야 사랑받을 수 있을 텐데." 이런 신념 체계 또는 이와 비슷한 신념 체계를 가지고 살아가거나 이런 신념 체계를 당신

삶 이야기의 전부로 여기면 당신은 당연히 이런 것들이 진리라고 생각할 것이다. 지금까지 이 '진리'를 다시 점검한다는 생각은 해보지 않았을 것이다. 그럼, 이 진리를 재점검해보자!

이런 것들이 자기 기술을 위해 무엇을 의미하는지부터 자문해보자. 누가 나를 버렸는가? 언제, 어떤 상황에서? 주위 사람들은 언제 나를 신뢰하지 않았나? 이렇게 자문해보고 나서 다음과 같이 대안 리스트를 만들어보자. 이런 가정에 반대되는 것은 무엇을 의미하는가? 현실은 실제로 어떤가? 나는 언제 조금이라도 성공할까? 누구한테서 공짜로 무언가를 얻을 수 있을까? 모든 사람이 나를 버리지는 않는다는 것을 보여주는 증거가 있는가?

심리 치료를 받은 47세의 여성이 작성한 다음 두 리스트는 이런 행동이 구체적으로 무엇을 의미하는지 잘 보여준다. 먼저 그녀는 자신이 따돌림받는다는 것과 무슨 일에나 실패한다는 것을 보여주는 것들을 열거했다.

1. 직업을 잘못 선택했다. 일은 열심히 하는데 보수는 쥐꼬리만 하다.
2. 결정을 하고 나면 늘 잘못했구나, 하고 후회한다.
3. 너무 뚱뚱하다. 체중을 줄이지 못한다.
4. 어릴 때부터 따돌림받았다. 체육 시간에는 늘 놀림을 받

았다. 너무 뚱뚱해서 운동을 잘 못했으니까.

5. 잘하는 것이 하나도 없다. 악기도 잘 못 다루고, 그림도 잘
   못 그리고, 글도 잘 못 쓰고, 노래도 잘 못한다.

6. 어머니는 걸핏하면 "언제 철들래?"라고 말한다. 어머니
   도 나를 믿지 않는다.

7. 여동생이 나보다 훨씬 낫다. 여동생은 예쁘고 날씬하고
   직장에서도 잘나간다. 아버지는 여동생이 대견하다고 입
   에 침이 마르도록 칭찬한다.

긍정적 사례를 적는 리스트를 작성하라고 하자 이 여자
는 쩔쩔맸다. 생각나는 것이 없는 모양이었다. 자신에 대한
부정적 사례를 들기는 쉬웠으나 긍정적 사례를 드는 것은
어려운 일, 아니 불가능한 일처럼 보였다. 심리요법가가 격
려하는 질문("살아오면서 잘한 일도 있잖아요? 기쁜 마음으로 한 일
은 무엇인가요? 친구들은 당신의 어떤 점을 좋게 보던가요?")을 하자
이 여자는 비로소 백지를 채워나갔다.

1. 내가 사랑하고 또 나를 사랑해주는 남자를 만났다.

2. 그는 뚱뚱한 내 몸매에도 아랑곳하지 않고 나를 보고 예
   쁘다고 한다.

3. 돈을 많이 벌지는 못하지만 내 옷 가게는 많은 기쁨을 준
   다. 나는 특별한 것을 찾는 손님에게 기꺼이 조언해준다.

4. 나는 믿을 수 있는 친구이다. 남의 말에 귀를 잘 기울이니까.
5. 나는 요리하기를 좋아한다. 내가 만든 음식을 맛있게 먹는 사람도 많다.
6. 노인들에게 신문을 읽어주는 자원봉사 활동을 한다.
7. 집에 무언가 고장 나면 대개 손수 고칠 수 있다.

처음에는 관점을 바꾸는 데 크게 어려움을 겪었으나 따돌림 당하는 사람이라는 안경을 벗는 데 성공하자 이 여자는 "나는 아무것도 못해. 나는 따돌림 받는 사람이야"라는 신념 체계를 버리게 되었다.

신념 체계에 이의 제기하기

지금까지 무턱대고 받아들인, 자신에 대한 진리를 시험대에 올리느냐 마느냐는 것은 언제 이 신념 체계가 생겼고 언제부터 이 신념 체계가 자신과 이야기하기 시작했느냐는 것에 달려 있다.

당신의 마음속 목소리가 자꾸 '뭐 하나 제대로 되는 일이 없어'라고 하면 이 문장을 연습 문장으로 삼아 써놓고 의도적 질문을 통해 이 문장의 메시지를 재점검해보자.

'뭐 하나 제대로 되는 일이 없어.'

이 말이 맞다고 가정한다. 이 문장에서 나는 무엇을 인식하는가?

'나는 걸핏하면 일을 미뤄. 나는 대인 관계가 원만하지 않아. 나는 자식들을 잘못 가르치고 있어.' (당신은 분명히 이 질문에 많은 답을 발견할 것이다)

이 말이 틀렸다고 가정하라. 이를 증명하는 반증도 틀림없이 있을 것이다. 최근에 예외적으로 성공한 일이 없는가? 곰곰 생각해보자.

'맞아. 있어. 내가 준비한 남편 생일 상차림이 근사했어.'

그 외에는? 생각나는 것이 또 없는가?

'아, 맞다. 헬스클럽에 등록했어.'

그래서?

'잘 다니고 있어.'

이 내적 대화는 자신과 대화하는 방법을 잘 보여주고, 부단히 자신을 되돌아봄으로써 요지부동의 신념 체계를 버릴 수 있다는 것을 잘 보여준다.

거리 두기

신념 체계의 힘을 무력화하는 또 다른 방법은 심리요법가 스티븐 하이에스와 관련이 있다. 하이에스는 남들이 말하는 신념 체계를 보지 말고 자신의 신념 체계를 보라고 한다. 우리는 '지금 여기서 떠오르는 신념 체계를 신념 체계로 보는' 법을 배울 수 있고, 그렇게 함으로써 자신의 신념 체계에 거리를 둘 수 있다. 이를 잘 보여주는 좋은 예가 있다.

"나는 사랑받을 가치가 없다"고 여겨질 때 당신은 분명히 "나는 사랑받을 가치가 없다는 생각을 가지고 있다"는 신념 체계를 가지고 있을 때와는 다르게 느낄 것이다. 또 두 번째 인용문은 첫 번째 인용문만큼 와 닿지 않을 것이다. 이는 당신 자신과 당신의 신념 체계 사이에 거리가 있다는 것을 의미한다. 스티븐 하이에스는 이를 '격리entschmelzung'라고 하고 다음과 같이 설명했다. "말과 자신을 격리하는 방법을 배우자마자 의식적으로 살아가는 것, 이러쿵저러쿵하는 말이 들릴지라도 가치 있게 살아가는 것이 더 쉬워진다."

당신은 '인지적 격리 테크닉'의 도움을 받아 어린 시절에 완전히 공감하면서 획득한 부담스러운 신념 체계를 당연히 있어야 할 곳으로 옮길 수 있다. 다시 말해 신념 체계를 떨쳐버릴 수 있다. 예컨대 당신은 "아하, 옛날에 많이 듣던 소리구나. 새로운 이야기는 하나도 없어"라고 말할 수 있다. 이런 방법으로 당신은 신념 체계를 감정에서 격리할 수 있다. 하이에스는 "격리는 안개를 통해 미리 보고 난 후에 안개를 빠져나와 당신 뒤에 있는 사물을 직접 보는 것과 같다"라고 했다.

하지만 거리를 두고 신념 체계를 보는 법과 이 신념 체계가 우리에게 영향을 미치지 못하게 하는 법을 배울 수 있는 방법은 무엇일까? 스티븐 하이에스는 독창적인 격리 테크닉을 몇 개 소개했다. 예를 들어 당신의 신념 체계 가운데 하나가 "난 나쁜 놈이야"라면 당신은 이 신념 체계가 떠오를 때마다 '라디오' 테크닉을 응용할 수 있다.

○ 라디오를 틀었더니 아나운서가 다음과 같이 말하고 있다고 상상해보자. "여러분은 지금 나쁜 소식만 전하는 방송을 듣고 있습니다. 아무개(당신 이름을 대입해보자)는 나쁜 사람입니다. 여러분은 아무도 이 아무개를 사랑하지 않는다고 생각합니다. 자세한 소식은 정규 방송 시간에 전해드리겠습니다." 하이에스는 떠오르는 신념 체계를 모두 이 뉴스에 대입해보라고 권한다. "오늘은 2009년 12월 1일 월요일이다. 아무개는 오늘도 아무것도 할 수 없다고 생각한다. 따라서 해야 할 일을 마냥 미루기만 하고, 그럼으로써 아무것도 할 수 없다는 감정을 강화한다."

○ 또 다른 격리 테크닉은 원치 않는 광고처럼 인터넷에 떠서 클릭해도 사라지지 않는 귀찮은 팝업 창 같은 부정적인 신념 체계를 상상하는 것이다.

○ 집요하게 떠오르는 신념 체계를 종이에 적어서(다른 사람은 보지 못하게) 가지고 다녀라.

○ 부주의한 탓에 어떤 신념 체계가 또다시 떠오르면 잠시 멈추고 "이놈의 신념 체계는 도대체 얼마나 오래된 거야? 이게 정말 나한테 맞는 거야?"라고 자문해보자. 이런 방

법으로 거리를 둘 수 있다.

◦ 그런 신념 체계가 도대체 무슨 도움이 되는지 자문해보
자. "아무도 나를 사랑하지 않는다고 생각한다고 해서 득
될 것이 무엇인가?" 이런 신념 체계가 아무짝에도 쓸모없
다는 것을 알면 이미 이 신념 체계에 거리를 둔 것이다.

◦ 그래도 난 쓸데없는 놈이고 무가치한 놈이고 무얼 해도
안 되는 놈이라고 생각하면 당신 스스로 당신의 신념 체
계 곧 과거의 소리를 옳은 것으로 만들어버린다. 스티븐
하이에스는 그럴 경우 "나는 어떤 사람이 되고 싶어 하는
가? 의로운 사람인가 아니면 그냥 목숨만 부지하는 사람인
가?"라고 자문해보라고 충고한다.

신념 체계가 있다는 것을 그냥 받아들이고 그것을 몸(또
는 영혼)과 거리를 두는 법을 배우면 행동의 자유를 얻게 된
다. 우리는 이것이 이전에는 중요했으나 지금은 중요하지
않다는 것을 알게 된다. 그렇게 인식하면 이것을 떨쳐버릴
수 있다. 옛 중국의 속담대로 "당신은 걱정이라는 새가 머리
위에 나는 것을 막지는 못하지만 머리 위에 둥지 트는 것은
막을 수 있다."

이 새를 날려 보내면 신념 체계 때문에 지금까지 우리가
얼마나 비싼 대가를 치렀는지 알 수 있다. 연인의 애정을 받
을 가치가 없다고 생각했기 때문에 그 사람을 떠나보낸 적

도 있지 않은가? 이 신념 체계의 힘이 더 적었다면 우리는 무엇을 할 수 있었을까? 인생을 어떤 방향으로 발전시킬지 스스로 결정할 수 있었을 것이다.

바로 시작할 수 있으면 가장 좋다. 어린 시절을 '정리'할 때까지 기다려서는 안 된다. 신념 체계가 사라지거나 다른 것으로 대체되기까지 기다릴 필요가 없다. 현재의 신념 체계를 받아들이고 그러면서 거리를 두는 것으로 충분하다. 그것으로 얻은 기회를 당신은 인생의 방향을 돌리는 데 이용할 수 있다. 라디오에서 나오는 소리는 점점 작아지고, 팝업 창은 더 적게 뜬다.

어린 시절에 형성된 신념 체계와 거리를 두는 데 효과적인 방법이 또 있다. 다음 장에서 이것을 살펴보기로 한다.

9

스스로 자신을
돌보는 방법

어린아이
———
달래기

"오늘 우리가 하는 이야기는 지금 일어난 일이 아니다."

_ 귄터 그라스 Guenter Grass

당신은 다 컸다. 이제 어른처럼 행동한다. 어쨌든 대부분 그럴 것이다. 하지만 상황, 말, 사건에 따라서는 어른답지 않게 반응하기도 한다. 당신은 두려워하기도 하고 화를 내기도 하며 외롭다거나 홀대받았다고 느끼기도 한다. 때로는 절망에 빠져 앞날이 깜깜하다고 하면서 쩔쩔맨다. 무슨 일이 있었는가? 특히 스트레스를 받으면 왜 발밑의 땅이 내려앉는 것처럼 안절부절못하는가?

무의식은 시간을 초월한다. 여러 해 전에 일어난 일이 무의식 속에서는 방금 일어난 일처럼 존재한다. 어린아이는(당신도 한때 어린아이였다) 무의식 속에서 고향을 발견한다. 그 고향은 살아 있고, 그와 함께 어린아이가 겪은 경험도 살아 있다. 당신이 어린아이의 존재를 알지 못한다는 것과 당신이 커가면서 겪는 경험에 어린아이가 참여하지 못한다는 것은 운명이다. 어린아이는 당신의 현재 능력과 인생관에 대

해 아무것도 알지 못한다. 어린아이는 어디까지나 어린아이
일 뿐이어서 아는 것이 없다. 어린아이는 어른의 논리로 아
무것도 시작할 수 없고, 어른의 능력과 수단으로 자신을 달
랠 수도 없다.

내면아이
돌보기

'내면아이'라는 단어에 대해 들어보거나 어디선가 읽어본
적이 있을 것이다. 많은 입문서가 이 개념을 다루고, 또 많은
심리요법가들이 이 개념을 이용하고 있다. 정신과 의사 빌
리 헤르볼트와 울리히 작세는 "'내면아이'는 이제 요법·심
신 건강·비교秘敎·카운슬링 분야에서 각광받는 스타가 되
었다"라고 단언한다. 이 단어를 검색해보면 항목이 30만 개
이상 뜬다. 놀라운 일이다. 물론 이 개념을 아무 때나 써서도
안 되고, 과대평가해서도 안 된다. '내면아이'와 접촉하면 당
신은 '원래' 삶이나, 우주와 접촉하지 못한다. 그러나 어려운
상황에 처했을 때 안정을 얻는 방법, 장기적 관점에서 자신
의 '어린아이'를 더 잘 이해하고 이제까지 다루어온 것보다
더 잘 다루는 방법을 알게 될 것이다.
　내면아이란 당신의 어린 시절을 겪은 바로 그 아이를 가

리키는 개념이다. 어린 시절에 어떤 경험을 했던 간에 누구나 자신 안에 이 어린아이를 가지고 있다. 이 어린아이는 어릴 때 일어난 일을 모두 기억하고 있다. 아름다운 체험은 말할 것도 없고 (때로는 무의식 속)고통, 수치, 열등감 같은 것도 다 기억하고 있다. 내면아이와 접촉하는 데 성공하면 한때 가지지 못했던 많은 것을 어른이 된 지금 그 아이에게 줄 수 있다. 스트레스 상황은 이 아이와 접촉할 수 있는 좋은 기회이다. 바로 그때 이 내면아이가 눈을 떠 주의를 환기시키기 때문이다. 그러면 이 어린아이의 충족되지 않은 욕구, 불안, 겁, 자기 의심이 당신을 지배하고 당신의 감정과 행동에 영향을 미친다.

두 아이의 어머니인 젊은 여자가 있다. 그녀는 부모에게 신경을 많이 썼다. 아버지는 몇 년 전부터 치매를 앓고 있고, 어머니는 기력이 좋은 편이나 딸에게 크게 의지하고 있다. 그녀는 부모를 만족시키려고 안간힘을 썼다. 쇼핑을 해주기도 하고, 병원에 데려다주기도 하고, 집안일을 해주기도 했다. 또 파출부를 붙여주기도 했다. 거의 매일 부모 집에 들러 필요한 것이 없는지 살폈다. 그녀는 그렇게 하는 것이 당연하다고 생각했다. 하지만 사실은 기쁜 마음으로 그렇게 하는 것은 아니다. 부모 집에 있을 때는 늘 의기소침하고 화가 나는 것을 느끼기 때문이다. 그녀는 그렇게 해봤자 알아주지도 않는다고 생각한다. 어머니는 고맙다는 말을 한 번도 하지 않았다. 고맙다는 말은 고사하고 딸이 자기 마음에 들지 않는 것을 사 오면 툴툴거리기까지 한다. 딸이 어떻게 지내는지 묻는 법도 없고, 딸이 무슨 일이 있어 어쩌다가 늦게 오거나 오지 않으면 삐치곤 한다. 여자는 어릴 때부터 알고 있는 사실, 부모한테 인정받으려고 온갖 노력을 해도 좋은 소리 못 듣는다는 것 때문에 괴로워한다.

이 여자는 걸핏하면 어린 시절에 생긴 "나는 사랑받지 못한다"라는 구덩이에 빠졌다. 하지만 어린 시절과 달리 지금은 이 구덩이를 인식하고 있어 무턱대고 빠지지는 않는다. 그녀는 어린 시절을 있는 그대로 받아들인다. 그런데도 '낭떠러지'를 피하는 데, 구덩이를 피하는 데 아직 성공하지 못했다. 멀쩡한 젊은 여자이자 어머니인 그녀는 부모 앞에만 서면 무기력한 어린아이가 되어버린다. 그래서 때로는 우울해지고, 때로는 부모가 자기를 대하는 것처럼 부모를 대한다. 툴툴거리기도 하고 야단치기도 하고 불평하기도 하는 것이다.

부모 앞에 있으면 오래전에 어른이 된 이 여자에게 불가사의한 일이 일어난다. 다시 어린아이가 되는 것이다. 심리학자의 말을 빌리면 자아 상태가 달라진 것이다. 이 여자의 '자아'는 슬그머니 어른 옷을 벗고 어린아이 옷을 입는다.

옷을 갈아입는 행위를 통해 이 젊은 여자는 다시 어린아이가 된 것처럼 느낀다. 어머니한테 야단을 맞으면 어린 시절 일이 떠오른다. 어릴 때 부모를 만족시키지 못하면 벌을 받아야만 했던 것이다. 그녀는 어릴 때 어머니를 두려워했고, 지금도 어머니한테 야단을 맞으면 그때 느낀 두려움이 되살아난다. 그래서 그때 하던 행동을 되풀이한다. 입을 다물어버리거나 대드는 것이다.

다른 자아 상태에 빠지면 무엇보다도 이상한 감정, 무서운 감정에 사로잡힌다. 헤르볼트와 작세는 하루에도 몇 번씩 감정이 달라지는 것은 극히 정상적이고 당연한 일이라고 말한다. "주말의 감정 상태가 주중의 감정 상태와 다른 사람이 많다. 축구 팬인 세무서 직원이 있다고 치자. 그는 축구장에서는 세무서에서 일할 때와는 딴판으로 행동할 수 있다. 아마 젊은이처럼 행동할 것이다. 알록달록한 숄을 걸치거나 얄궂은 모자를 쓴 채 과격하게 행동할 것이다. 누구나 여가나 휴가 중에, 심지어는 근무 중에도 때때로 퇴행 상태에 빠진다."

퇴행, 곧 어린 시절로 돌아가는 것은 긍정적인 현상이다. 그러나 스트레스를 받을 때 어린 시절로 돌아가면 지나치게 무거운 짐이 되지는 않을지라도 불쾌하고 불안한 짐이 될 수 있다. 어린 시절에는 부담스러운 상황만 주어졌다. 그때 우리는 어린아이였고, 사고방식과 행동 방식은 어린아이로서 살아남아야 하고, 또 살아남고 싶어 나름대로 적응한 결과로 나온 것이다. 어렸을 때는 그렇게 행동함으로써 부모의 꾸지람, 변덕, 이기심, 분노를 피할 수 있었다. 그때 느낀 불안감과 두려움 때문에 우리는 내향적인 사람, 말수가 적고 잘 나서지 않는 사람이 되었다. 그것은 어느 정도까지는 우리를 보호해주는 역할을 했다. 대들지 않고 고분고분 행동함으로써 위험을 모면한 것이다. 그러나 지금은 순응하지 않아도 된다. 이제 우리는 다 컸고 어른답게 자신을 보호할 수 있다. 하지만 우리 마음속에 있는 어린아이는 이것을 모른다. 이 어린아이는 늘 해오던 방식대로 반응한다. 어린 시절에 그 방식으로 재미를 보았기 때문이다.

스트레스받을 때의 어린아이 상태

스트레스받을 때는 내면아이가 좋아하는 행동을 하게 마련이다. 적합하다고 생각되는 것과 익숙하지 않은 것을 구별하기가 쉽지 않기 때문이다. 우리는 이것을 구별하는 힘을 길러야만 한다. 어린 시절에 부분적으로나마 심한 트라우마를 겪은 사람을 집중적으로 연구한 심리요법가 존 왓킨스John. G. Watkins와 헬렌 왓킨스Helen H. Watkinsh는 이렇게 말했다. "어린 시절 환경이 현재의 환경과 얼마만큼 다른지 알아야 한다. 어린 시절 문제를 이해하지 못하는 한 덮어놓고 자아 상태가 바뀌기를 바라거나 현재 어른이 된 후 겪는 문제에 적합한 행동을 하라고 할 수는 없기 때문이다."

깊은 절망감, 고독감, 버림받았다는 느낌, 무력감은 대개 당신 속에 있는 어린아이가 알려주는 것을 보여주고, 이제는 어른의 행동 방식을 따를 수 없다는 것을 보여준다.

당신 내면의 어린아이 자아는 당신이 몇 살 때로 퇴행하느냐에 따라 여러 가지 모습으로 나타날 수 있다. 예컨대 당신은 '반항하는 10대'처럼 행동할 수 있다. 금세 자존심에 상처를 받기도 하고, 화가 나면 문을 쾅 닫거나 물건을 내던지기도 한다. 이런 것은 감정을 푸는 데 도움이 된다. 당신은 상처받고 싶어 하지 않는다. 당신은 다른 사람을 신뢰하지 않고, 자기 손발로 자신을 지켜야 한다고 주장한다. 그러면서 다른 사람들이 당신이 얼마나 끔찍한 상황에 놓였는지 알아주기를 바라고, 도와주러 와주기를 바란다.

'상처 입은 어린아이'는 어린아이 자아 상태의 또 다른 버전이다. 상처 입은 어린아이는 어리고 무력하기 때문에 시키는 대로 해야 한다고 느낀다. 하지만 반항적인 10대와는 달리 상처 입은 어린아이는 자기 자신 속에 틀어박힌다. 그래서 말도 하지 않고 푸념도 하지 않고 조르지도 않는다. 이런 아이들은 자신이 사랑받지 못한다고 느끼고, 이 세상 어디에도 자신을 위한 곳은 없다고 생각한다.

특히 스트레스가 너무 큰 위기 상황에 처하면 우리 마음속의 상처 받은 어린아이가 종종 (행동이라는 배의) 키를 잡는다. 이런 상황에서는 당신의 어른 논리가 먹혀들지 않는다. 이성만으로는 이 언짢은 감정을 몰아낼 수 없다. 억누른다고 될 일도 아니다. 의식적으로 어린아이에 신경을 쓰고 진짜 어린애 달래듯이 이 내면아이를 달랠 때에만 성공한다. 내면아이를 잘 돌볼 때 당신은 남에게 의존했던 어린 시절에 당신에게 몹시 필요한 것이면서도 결코 얻지 못한 것을 이 아이에게 줄 수 있다. 요컨대 이제 당신은 당시의 부모와는 본질적으로 다른 부모 입장이 되어보아야 한다. 당신의 아버지나 어머니보다 훌륭하고 동정심, 이해심, 애정도 더 많은 부모가 되어야 한다는 것이다. 당신은 할 수 있다. 이제 어른이 되었고 철도 들었기 때문이다. 당신은 이것을 마음속 어린 자아에게 전해줄 수 있다. 이제 당신은 어린 시절에 당연히 누려야 했던 것, 배울 수 없었던 것을 자신한테 준다. 당신은 어렸을 때 필요로 했을 배려와 보살핌에 마주친다. 요컨대 당신 자신이 어머니나 아버지 입장에서 행동하면 어린 시절의 구덩이에 빠지는 것을 피할 수 있다.

그렇게 하려면 어린 시절에 당신이 당연히 누려야 했던 것 즉 당신에게 결여되었던 것이 무엇인지, 이 결손을 보충하려면 무엇을 해야 하는지 최소한 대충이나마 알아야 한다. 당신은 자신을 잘 다룰 수 있는 알맞은 도구를 가져야 한다. 정신과 의사이자 심리요법가인 빌리 헤르볼트와 울리히 작세는 이른바 '스킬 트레이닝Skills-Trainimg'이라는 프로그램을 개발했다. 이 프로그램은 당신의 홀대받은 어린아이(당신은 한때 이런 어린아이였다)를 적절하게 보살피는 데 도움을 준다. 이 두 전문가는 외부 원인에 의해 자꾸만 어린아이 상태에 떨어지는 사람은 커서도 적절한 행동 방식을 배울 수 없다는 것을 전제로 한다. 따라서 어른은 나이에 걸맞은 스킬을 배워야 하고, 능력을 갖추어야 하고, 내면아이를 배려해야 한다(이것은 당신의 부모가 당신에게 결코 줄 수 없었던 것이다).

그러면 '스킬'이란 무엇일까? 이것은 부모나 그 밖의 정신적 지주가 되는 사람이 당신을 홀대해 당신의 발전에 필요할지도 모르는 관심과 배려를 받지 못한 때가 언제냐는 것과 관련이 있다. 내면아이를 감지할 때 당신을 지배하는 증상, 감정, 생각을 근거로 당신은 이에 맞게 대응할 수 있다. 빌리 헤르볼트와 울리히 작센은 "몇 살 때 내면아이를 느꼈는지 정확히 알면 알수록 막연히 '어쨌든 상태가 안 좋다'고 느낄 것보다 더 정확히 당신 자신을 돌볼 수 있다"라고 말한다.

어린아이 자아, 한두 살 때

사랑하는 사람과 헤어지고 난 후 불안감에 시달리거나 발밑의 땅이 꺼져 매 순간 삶이 끝나는 것 같은 느낌이 들면 당신은 매우 어린 나이, 예컨대 한두 살 때 극단적인 외로움과 버림받은 감정을 체험했을지도 모른다. 당신은 이것을 생생히 기억하고 있지는 않겠지만 당신의 몸과 마음은 기억하고 있다. 그때 당신이 억눌러놓은 두려움을 몸과 마음은 기억하고 있다. 한 살 때 우리는 전적으로 부모, 특히 어머니한테 의존한다. 어머니는 음식, 따뜻함, 청결함, 애정 어린 관심에 신경 쓰면서 우리를 돌본다. 이런 기본적 욕구가 제대로 충족되지 않으면 어린아이는 불안감과 끊임없는 불안정감을 체험한다. 어린아이는 아무한테도 의지할 수 없고 달랑 혼자 내버려졌다는 것을 안다.

45세인 안나는 한 살이 조금 지났을 때 위험한 바이러스에 감염되어 병원에서 몇 달을 보냈다. 어머니는 처음에는 보호복을 입고 곁에 있어 주었으나 나중에는 잠시 있다가 돌아갔다. 안나가 퇴원하자 부모는 밤이면 늘 불을 켜놓아야만 했다. 부모가 깜빡 잊고 불을 켜지 않으면 안나는 자지러질듯이 울어대다가 불이 켜진 후에야 간신히 그쳤다.

이혼한 안나는 몇 년 전 어떤 유부남과 사랑에 빠졌다. 이 남자는 최대한 빨리 부인과 이혼하겠다고 안나에게 약속했지만 일 년이 지나도 이혼할 생각을 하지 않고 안나를 계속 속이기만 했다. 한번은 이 남자가 혼자 여행 갔다 오겠다고 말한 적이 있다. 그가 부인과 같이 갔다 온 것을 알고 안나는 세상이 무너지는 듯한 경험을 했다. 안나는 자신이 무지렁이라는 감정이 들었고, 절망하여 자포자기한 심정이 되었다. 밤에는 걷잡을 수 없는 불안감에 시달렸다. 침실 등을 밤새 켜놓아야만 진정할 수 있었다.

안나의 경우 어렸을 때 병원에서 체험한 극도의 고독감과 절망감이 엄청난 스트레스를 받을 때마다 되살아난다고 추론할 수 있다. 안나는 어린아이 자아에 지배되어 한 살 때 체험한 고독감과 절망감을 느낀다. 안나는 이것을 생생히 기억하지는 못한다. 그렇게 어릴 때 일어난 일은 기억이 잘 안 나기 마련이니까.

어린아이처럼 느껴져 정말 숨고 싶을 때와 같은 어려운 상황에 처하면 당신은 아주 어릴 때 홀대받았을 가능성이 크다. 아주 어린 시절 당신이 불안해할 때 당신은 어린아이에게 필요한 것을 받지 못했다. 이것은 당신이 지금 아버지나 어머니로서 울거나 슬퍼하거나 불안해하는 젖먹이나 어린아이에게 마땅히 관심을 보여주어야 한다는 것을 의미한다. 당신은 어린아이한테 이렇게 말해주어야 한다. "난 네가 안전하고 보호받고 있다고 느끼게끔 보살피고 있어. 넌 나만 의지하면 돼. 이 세상에는 너를 위한 사랑과 배려가 충분히 있어."

어린아이는 아직 말도 못하고, 위험을 분별하지도 못한다. 어린아이는 위험에 몸으로 반응하고, 또 몸으로 (위험을)

진정시키려고 한다. 그래서 엄지손가락을 빨기도 하고, 몸을 이리저리 흔들기도 하고, 소리를 지르기도 하고, 장난감 동물을 껴안기도 한다. 먹을 것, 포근함, 자장가도 성난 어린아이를 달랠 수 있다. 이 나이 무렵에 어려운 상황에 처하게 되면 당신에게도 바로 이런 관심이 필요하다. 이성을 작동해 위험이 전혀 없다고 하는 것, 이 상황을 극복할 것이라고 막연히 생각하는 것, 자신에 만족하지 못해 스스로 경멸하는 것은 도움이 안 된다. 당신은 이와 반대로 행동해야 한다. 무서워하거나 어른의 보호가 필요한 어린아이를 얼러줄 수 있는 것으로 어린아이를 달래야 한다는 것이다. 향긋한 비누로 목욕을 하거나 마사지를 하거나 어릴 때 좋아하던 음식(예컨대 푸딩이나 그리스브라이(거칠게 간 보리죽 같은 것 - 옮긴이))을 요리하거나 동화 테이프를 듣거나 일부러 동요를 불러야 한다. 좋아하는 장난감 동물을 꺼내 가지고 놀아도 된다. 탕파湯婆(더운물을 넣어서 허리나 배를 따뜻하게 하는 데 쓰는, 쇠나 자기로 만든 용기 - 옮긴이)를 안고 침대에 누워 담요를 살며시 머리까지 덮어도 좋다. 언제 이런 것에 관심을 가지고 있었는지, 어른이 되어 언제 다시 세상에 관심을 가질 수 있을지 따위는 생각하지 않아도 된다.

정신과 의사 울리히 작세는 어떤 여자 환자가 어린아이 자아를 달랜 방법을 소개했다.

"어릴 때 나는 테디 베어를 몹시 갖고 싶었다. 하지만 살 돈이 모자랐다. 나는 늘 언니들 장난감을 가지고 놀았다. 그러나 언니들도 인형이나 테디 베어를 가지고 놀고 싶어 했기 때문에 자꾸만 장난감을 빼앗아 갔다. 그래서 다툼이 끊이지 않았다. 실제로 내 것은 하나도 없었다. 어느 토요일 나는 시내를 한참 돌아다니면서 온갖 장난감 가게를 뒤지다가 어릴 때 늘 갖고 싶었던 바로 그 테디 베어를 발견했다. 테디베어가 꽤 비쌌으나 나는 냉큼 사버렸다. 나는 집으로 가서 테디 베어를 안고 침대에 누워 두 시간이나 엉엉 울었다. 그 후 나는 그때보다 지금 훨씬 더 잘 살 수 있다는 것을 절실히 느꼈다. 나는 부모가 물려준 성격을 훨씬 더 개선할 수 있다. 나는 자신한테 훨씬 더 많은 것을 허용할 수 있고 또 가능하게 할 수 있다. 지금 나는 자신한테 아무것도 금하지 않는다. 돈만 넉넉히 있으면 원하는 것을 다 할 수 있다."

위기에 처했을 때 마음속에 한 살배기 어린아이가 감지되면 당신은 이 아이를 쫓아내지 말고 의식적으로 이 아이한테 관심을 가져야 한다. 이 아이의 절망감을 잘 이해하고 있다는 것, 이 아이를 위해 당신이 옆에 있다는 것, 당신의 현재 지식과 역량을 모두 발휘해 이 아이를 도와주고 있다는 것을 보여주어야 한다. 이 아이가 어릴 때 얻지 못한 안정감, 이 아이에게 필요한 안정감을 주어야 한다. 그래도 절망에 빠져 헤매거나 지나친 부담감에 시달리거나 불안하기 때문에 다른 사람한테 한 걸음도 다가가고 싶지 않을 때는 마음속으로 손을 잡고 당신의 어린아이 자아와 자신한테 "내가 옆에 있잖니. 무서워하지 않아도 돼. 날 믿어도 돼"라고 말해야 한다.

심리요법가 부부 존 왓킨스와 헬렌 왓킨스는 심리 치료 사례를 통해 이런 연관성을 잘 보여준다. 성인 여성 환자가 어린 시절 무대로 되돌아가서 아기 침대 앞에 서 있다고 상상한다. 침대에 누워 있는 아기는 울고 있고, 매우 불행하다. 이 여자 환자는 심리요법가가 아기를 침대에서 꺼내야 할지 자신이 꺼내야 할지 심리요법가와 상의한다. 두 사람은 여자 환자가 젖먹이를 돌보아야 한다는 데 의견의 일치를 본다. 이 여자 환자는 "내가 돌보면 아기를 안전한 곳에 데리고 가서 보살펴줄 수 있다"라고 그 근거를 든다.

어린아이 자아, 세 살에서 열한 살까지

나이가 좀 든 뒤, 즉 세 살에서 열한 살 무렵에 당신의 어린아이 세계가 흔들리기 시작하면 독립심과 자기 존중감에 문제가 생길 것이다. 분노하거나 화를 내는 것, 의지를 인식하고 밀어붙이는 것, "아니요"라고 말해야 할 때 "네"라고 말하는 것이 더욱 어려워질 것이다. 자립심과 독립심이 위협

받고 당신의 욕구가 무시되면 당신은 당신의 어린아이 자아에 지배될 것이다. 그럴 때는 제 발로 서고 싶다는 목소리, 당차게 "아니요"라고 말하게 하는 목소리, 당신이 하는 일을 마무리 짓게 하는 목소리, 당신의 행동에 책임을 지고 싶어하는 목소리, 요컨대 어른의 목소리가 필요하다.

이 나이 무렵에 흔들리는 경험을 하면 어떻게 아이한테 기쁨과 용기를 줄 수 있을지 잘 생각해보아야 한다. 수영을 하거나 자전거를 타는 것이 좋은 방법이 될 것이다. 혹은 그 아이를 숲속에서 마음껏 뛰놀게 하라. 그 아이와 함께 아우크스부르크의 인형 상자를 보거나 미키마우스가 나오는 텔레비전 프로그램을 보라. 그 아이한테 즐거운 음악을 들려주거나 피자나 케이크를 사주어라. 그리고 의지를 관철하거나 "아니요"라고 말하거나 화를 내는 것이 다 가능하다고 그 아이한테 말해주어라.

나이가 얼마나 많든 (어른이 된) 당신이 어릴 때 배우고 싶어 한 악기를 배워보라. 청소년용 도서를 찾아내라(집에 없으면 도서관에서 빌려라). 〈빙하시대〉나 〈마다가스카르〉 같은 어린이 영화나 청소년용 영화를 보라. 법석을 떨며 제트코스트를 타보라. 내면아이를 위해 좋은 아버지나 좋은 어머니가 되려면 무엇이든 해보는 것이 중요하다. 일부러라도 한 번 해보라. 의식적으로 어린 시절로 돌아가보라.

당신의 어린아이 자아가 더 컸거나 말에 반응을 할 수 있으면 다른 방법도 유용하다. 어른이 된 당신은 이 어린아이 자아와 대화를 할 수 있다. 내면아이가 열등하다거나 무기력하다거나 자립심이 부족하다고 느낄 때 당신은 어른답게 지식을 이용해 이 아이를 도와주며 이렇게 말할 수 있다. "넌 자신을 지킬 수 있어. 넌 '아니요'라고 말할 수 있어. 넌 스스로 결정할 수 있어."

어린아이 자아, 10대 시절

당신은 때때로 10대로 되돌아가기도 할 것이다. 이때는 감정이 격해지기 쉽고 온 세상으로부터 오해받고 버림받았다고 느끼기 쉽다. 이때 당신의 감정은 그야말로 혼란스럽다. 당신은 자신의 감정을 정확히 알지 못한다. 몹시 격해지기도 하고 금방 슬퍼하기도 한다. 당신은 자신의 감정을 믿을 수 없다고 생각한다. 그래서 불안해하고, 다른 사람이 당신의 감정 상태와 건강 상태에 대해 말하는 것에 쉽게 영향을 받는다.

이런 상태에서는 당신이 10대에 이미 시도해본 방법을 써보는 것도 도움이 된다. 일기를 쓰면서 감정을 정리하는 것이다. 당신이 가지고 있는 CD 중에서 청소년 시절에 즐겨 들었던 것을 골라보자. 어쩌면 롤링 스톤스 CD일지도 모른다. 아니면 비틀스가 될 수도 있고, 마돈나가 될 수도 있다. 그것은 당신이 어느 시기에 10대를 보냈느냐에 달려 있다.

청소년 시절에는 철학에도 심취해 인생의 의미에 대한 답을 찾는다. 서점을 기웃거리며 심금을 울려줄 철학 관련 책을 찾기도 할 것이다.

당신 자신을 돌봐라

당신이 해야 할 일은 어려운 시기에 나타나는 내면아이를 적절히 보살피는 것이다. 그렇게 하지 않으면 어린 시절의 자아 상태가 자리 잡고, 당신은 거기에 빠져 꼼짝하지 못하거나 만성적 불안에 시달리거나 우울해질 위험이 있다. 처음에는 당신의 어린아이 자아가 무엇을 필요로 하는지 정확히 잘 모를 것이다. 그럴 때는 당신이 우는 아이, 반항적인 아이, 불안해하는 아이를 어떻게 다루고 싶은지 자문해보기만 하면 된다. 이 아이를 어떻게 달래고 진정시키고 싶은가? 일곱 살 난 아이가 다른 친구들과 어울리기를 두려워하고 자신을 외톨이라고 느낄 때 당신은 어떻게 하는가? 그렇다. 당신은 그 아이를 인정해주고 칭찬해줄 것이며, 이미 혼자서 실현한 것들을 기억나게 해줄 것이다.

어린아이 자아 상태를 돌보면 자신을 돌보는 셈이 된다. 당신은 이제 아버지나 어머니에게서 배려를 받지 못한 것을 아쉬워하는 입장에 있지 않고 배려해야 할 입장에 있다. 당신은 모성이나 부성을 발전시켜 부모로부터 독립할 뿐만 아니라 성인기에 부모 맞잡이(서로 힘이 비슷한 사람 - 옮긴이) 노릇을 하는 사람으로부터도 독립한다. 이제는 남편이 아버지처럼 행동해주기를, 또는 아내가 어머니처럼 행동하기를 바라지 않는다. 이제는 직장에서 사장에게 대들지도 않고, 아버지 맞잡이(또는 어머니 맞잡이) 노릇을 하는 사람한테 예전처럼 끌리지도 않는다. 당신과 내면아이가 함께 협력하면, 내면아이가 당신이 자기를 잘 돌보아준다는 것을 알면, 당신이 그 일을 기꺼이 떠맡으려고 하면 당신은 이제 일을 그르치지 않아도 된다.

무엇보다도 당신은 매우 중요한 것 곧 식별하는 것을 배운다. 언제 기분이 언짢아지는지, 당신의 내적 독백이 언제 부정적인 말이 되는지 안다. 당신은 이제 이런 것들이 지금 다루어야 할 일이 아니고 과거의 일이라는 것을 안다. 당신은 슬프고 외롭다고 느끼는 것이 내면아이라는 것을 알고, 이 어린아이한테 더욱 관심을 쏟을 수 있다.

21세 이상인 사람은 대부분 원칙적으로 어린아이와 청소년을 다룰 때 무엇이 중요한지 안다. 울리히 작세는 "이 지식을 우리 자신한테 적용하는 것이 몹시 어렵다는 것은 기묘한 일이다"라면서 의아해한다. 우리는 다른 사람을 위해서 뿐만 아니라 자신을 위해서도 이 지식을 활용할 수 있다.

심리학이 어린 시절을 말하다

어른이 어린 시절에 자신을 돌보던 것처럼 우리 자신을 돌보면 뇌 속에 남아 있는 어린 시절의 불행한 경험인 '생물학적 흉터'가 스트레스 상황에서 덧나지 않게 할 수 있다.

앞에서 말한 것처럼 우리가 살면서 받아들인 긍정적인 관계는 이 흉터를 잘 아물게 하는 특효약이다. 예를 들면 잘 이해해주는 심리요법가나 애정이 많은 반려자와 좋은 대체 경험을 하면 어린 시절에 영향을 받은 뇌의 구조마저 바뀔 수 있다. 심리 치료나 애정 관계를 통해 얻을 수 있는 긍정적 경험에 적용되는 것은 우리 자신에게도 적용된다. 우리도 언젠가 내면아이가 아름다운 경험을 하도록 만들 수 있다. 우리 자신과 내면아이에게 관심을 가지고 이 아이가 말하는 것에 귀를 기울이는 것, 그것이야말로 인생을 더 나은 것으로 바꿀 수 있는 대체 경험이다.

10

다른 눈으로
부모를 보기

용서

"모든 것이 지난 일이라는 것은 터무니없는 말이다. 고통은 사라지지 않는다. 시간은 이 상처를 치유하지 못한다. 용서란 없다. 용서란 있을 수 없다. 아버지가 나에게 용서해달라고 한 적은 없다."

_플로리안 하베만 Florian Havemann

구동독의 유명한 반체제 인사 로
베르트 하베만의 아들 플로리안 하베만은 절대 아버지를 용
서할 수 없다. 용서할 수 없는 것이 한두 가지가 아니지만
특히 이런 경우는 결코 용서할 수 없다.

"갈수록 곪고 결코 완치되지 않는 상처, 언제고 쉽게 들춰
내질 수 있는 상처. 어린 소년을 상상해보라. 아니, 어린 소
년 형제를 상상해보라. 몇 살이냐고? 동생은 아직 세 살도
안 된 아이이고 형은 한 살 조금 더 많은 네 살 된 아이라고
상상해보라. 두 형제한테 무슨 일이 있었느냐고? 동생이 병
에 걸려 6개월간 입원해 있어야 한다고 상상해보라. 그다음
에는 어떻게 되었느냐고? 석 달 뒤 형도 병에 걸려 입원해야
된다고 상상해보라. 병원에서 형제가 맛볼 재회의 기쁨을
상상해보라. 그다음에는 이렇다. 아버지가 온다. 뭐라고? 아

버지가 처음으로 병원에 온다. 아버지는 동생을 문병하러 온 적이 없다. 아버지는 형이 입원한 날 문병을 온다. 아버지는 더 좋은 병원에 입원시켜야겠다고 하면서 침대에 누워 있는 형을 안고 나간다. 동생은 여전히 그 병원에 있다. 동생은 자기한테 인사조차 하지 않은 아버지를 다시는 그 병원에서 보지 못한다."

플로리안 하베만은 아버지의 이 부당한 행동을 결코 용서할 수 없다. 그러면 다 큰 딸들과 아들들은 어떤가? 이들도 부모가 한 행동 또는 하지 않은 행동을 용서할 수 없다. 이들은 당시의 고통을 아직도 느끼고 있고, 이를 극복하지 못하고 있다. 지금까지 아무런 보상도 받지 못했다. 아버지가 잘못을 시인하지도 않고 진심에서 우러난 사과도 하지 않은 것이다. 이들은 부모와 사이가 벌어질 수밖에 없다. 플로리안 하베만은 아버지를 소재로 1천 쪽짜리 소설을 쓰고, 다른 형제들은 멀리 이사 가서 가능한 한 부모와 접촉을 피한다.

하지만 이런 조치는 모두 아무런 효과가 없다. 우리는 과거와 거리를 두고 이를 외면하려고 하거나 과거와 벌인 결코 끝나지 않을 싸움에 말려들어 비난과 원한에 사로잡혀 있다. 사건은 아직 바람직하게 해결되지 않았다. 그래서 발전하지 못한다. 분쟁이 생기면, 부모가 더 나이 들었을 때, 과거가 다시 우리 발목을 잡는다.

한 여성은 20대 초반에 고향과 어머니를 등졌다. 어머니의 과보호와 간섭에서 벗어나고 싶은 생각뿐이었다. 당시 이 여자는 어머니와 멀리 떨어져 있어야만 자신의 삶을 살 수 있다고 생각했다. 실제로 이 방법은 오랫동안 잘 먹혀든 것처럼 보였다. 떨어져 사는 덕분에 어머니와 그녀 간의 관계는 느슨해졌다. 그녀는 자연스럽게 전화로 어머니와 수다를 떨 수 있었고, 이제는 어머니한테 통제를 받거나 간섭을 받지 않아도 된다고 느꼈다.

어머니가 늙어감에 따라 그녀가 어머니한테 신경을 쓰게 된 것은 당연했다. 그녀는 보조 근무대와 명예 봉사대를 조직하고 이들과 지속적으로 접촉하면서(이들의 기분을 맞춰줌으로써) 어머니를 정기적으로 병원에 데려가게 하는 등 어머니한테 신경을 썼다. 하지만 어머니는 집에서 다쳐 입원한 후 다시는 회복하지 못했다. 담당 의사는 "이제 어머니를 혼자 두시면 안 됩니다. 어머니를 모셔야 합니다"라고 말했다. 의사의 말을 들은 그녀는 깜짝 놀랐다. 어떻게 모신단 말인가? 누가 돌본단 말인가? 그녀는 죽어도 그렇게 할 수 없었다! 직장도 있고, 가정도 있었다! 그리고 너무 멀리 떨어져 있었다!

충격에서 벗어나자 그녀는 의문이 들었다. 자신이 어둠 속에서 무서워하는 어린아이처럼 반응한 것이었다. 그녀답지 않은 일이었다. 이 여자는 평소에는 무슨 일이든 척척 헤쳐나갔다. 의사의 예상치 못한 말에 놀란 표정을 짓고 긴장한 것은 실수였을 것이다. 그녀는 어머니가 거처할 곳을 물색해(어머니가 사는 도시가 아니라 자기가 사는 곳 근처에), 잡다한 집기를 들여놓았다. 그만하면 된 것 같았다. 그만하면 되었다고? 천만에. 준비를 다 끝내고 한숨 돌려도 되겠다고 생각할 무렵 그녀의 생활이 엉망이 되어버렸기 때문이다.

어머니와 가까운 곳에서 지내게 되자 그녀에게 묘한 변화가 일어났다. 우선 일과가 완전히 바뀌었다. 어머니를 돌보아야 했기 때문이다. 그녀는 양로원에 있는 어머니를 찾아가기도 하고, 쇼핑을 해주기도 하고, 어머니와 함께 시간을 보내기도 하고, 책을 가지고 가서 읽어주기도 했다. 자기 일은 죄다 뒤로 밀렸다. 어머니가 1순위를 차지했고 일, 가정, 심지어 그녀 자신도 우선순위에서 밀려났다. 그녀는 자기가 무엇을 하고 있는지도 모를 지경이었다. 그녀의 손이 닿지 않는 데가 없었다. 몇 달 뒤 기진맥진한 그녀는 더는 할 수 없다는 것을 알아채고 새로운 상황에 대해 골똘히 생각하기 시작했다. 그러고는 "내 꼴이 말이 아니다. 언제나 축 처진 기분이다. 스트레스를 받아 기진맥진한 것 같다"는 것을 확인했다.

다 큰 딸이 옛날의 모범적인 아이로 돌아간 것이 분명했다. 그녀는 옛날에 느끼고 행동했던 것처럼 느끼고 행동했다. 고향을 떠나기 전의 자신으로 되돌아갔다. 모든 것이 예전과 같아졌고, 달라진 것은 하나도 없었다. 오래전에 극복했다고 믿었던 것들이 죄다 어머니 때문에 달라져 버렸다. 그녀는 다시 얌전한 딸이 되어버렸다. 어머니가 바라는 딸, 자신이 원하는 것을 접고 어머니를 실망시키지 않으며 어머니가 원하는 것을 실현시키는 딸이 되어버렸다. 다시 이런 시절의 구덩이에 빠져버렸다. 그녀가 오래전에 극복했다고 생각하는 감정, 상황, 행동이 반복되었다. 그녀는 과거를 옆으로 밀쳐내고 과거와 관련된 것을 죄다 억누르기만 했던 것이다. 어머니가 가까이 있자 모든 것이 되살아난 것이다.

이런 일은 누구한테나 일어날 수 있다. 성인이 된 후에도 다시 자립하지 못한 아이가 된다. 어머니나 아버지 때문에 자기 인생을 살지 못하고 옛 신념 체계로 되돌아간다. 부모 때문에 생긴 문제들을 오래전에 떨쳐버렸다고 생각하지만 사실은 달아난 것에 지나지 않는다. 사람들은 거리를 두게 되면 사정이 더 나아졌다고 생각한다. 그러나 그것은 실현되지 않은 희망 사항일 뿐이다. 적어도 비판적 입장에서 보면 우리는 여전히 어린아이, 다 큰 어린아이에 지나지 않는다. 부모가 나이 들어 우리 도움을 필요로 할 때 우리는 우리 잘못을 깨닫고 아무것도 달라진 것이 없다는 것을 인정한다.

만만치 않은
독립

어떻게 하면 어린 시절 구덩이에서 빠져나올 수 있을까? 어떻게 하면 어린 시절 감정과 의존적인 행동을 극복할까? 딱 한 가지 방법이 있다. 궁극적으로 어른이 되어야 한다는 것이다. 이것은 심리요법가들이 '세 번째 개체화'라고 부르는 것에 성공할 때 가능하다. 심리요법가들은 부모에게서 내적으로, 궁극적으로 독립하는 것을 세 번째 개체화라고 한다. 이것은 앞의 두 독립 단계를 잘 극복할 때 가장 잘 이루어진다.

'첫 번째 개체화'는 어린 시절에 이미 이루어졌다. 우리는 두 살 무렵에 부모에게서 독립해 자신의 자아를 확립한다. 젖먹이로서 어머니와 맺은 밀접한 유대는 이 시기에 느슨해진다. 우리는 자신의 의지를 발견하고, 혼자서 갈 수 있고, 어머니나 정신적 지주에게 얼마나 가까이 다가갈지 또는 얼마나 멀리 있을지 스스로 결정할 수 있다. 이것은 자립심이 크게 증가했다는 말이기도 하지만 그만큼 불안이 커졌다는 말이기도 하다. "혼자서 설 수 있고 혼자서 갈 수 있다"는 뿌듯한 감정은 어린아이에게는 외롭다는 불안감과 결합되어 있기 때문이다. 이 무렵에는 이해해주고자 하는 부모의 태도가 매우 중요하다. 이때 부모에게는 아이의 독립심을 조장하고 용기를 북돋아 줄 의무가 있다. 그러면서 "네가 우리를 필요로 할 때 우리는 언제나 곁에 있다"는 믿음을 아이한테 심어주어야 한다. 이것은 부모한테는 커다란 인내력 시험이기도 하다. 어린아이의 이 첫 '반항기'는 사실상 신경에 과도한 부담을 줄 수 있다. 이것이 어린아이와 힘 싸움을 하기 시작하면 어린아이는 이런 것을 배운다. "자신을 위해 무언가 하려고 하는 것은 좋지 않다. 자신의 의지를 가지는 것은 좋지 않다."

이 단계는 발달 과정에서 매우 중요하다. 자신의 인생을 살기 위해 충분한 안정감을 확보하느냐 불안에 떨면서 아버지나 어머니한테 강하게 매이느냐 하는 것이 이 무렵에 결정된다. 두 번째 단계가 어떻게 진행되느냐 하는 것은 이 첫 단계의 성공 여부에 달려 있다.

부모에게서 독립하려는 과정은 사춘기에 또 일어난다. 이것이 '두 번째 개체화'이다. 사춘기에 이르면 두 번째로 부모와 거리를 두게 된다. 이것은 대개 감정의 격변을 야기하는 과격한 방법으로 이루어진다. 우리는 부모한테 대들고, 부모가 좋지 않다고 하는 것을 좋다고 여긴다. 부모가 탐탁지 않게 여기는 옷을 입고, 부모가 좋아하지 않는 음악을 듣고, 부모가 전혀 어울리지 않는다고 생각하는 친구를 사귄다. 이 반란은 어른의 삶에 발을 들여놓기 위한 것이고 독립된 사람으로 느끼기 위한 것임이 틀림없다. 우리는 이 독립을 강조해야 한다. 진짜 요술은 반항을 하면서도 부모와의 관계를 단절하지 않은 채 가족 관계 내에서 자신을 독립된 존재로 경험하는 데 있다. 개별화와 유대가 중요하다. 이는 본질적으로 두 살 때와 비슷한 상황이다. 우리는 자아를 발전시키기 위해 사춘기 때의 이 독립을 더욱 강조해야 한다. 또 사춘기 말에는 차이를 받아들여야 한다. 부모가 우리와 다른 존재이고 우리가 부모와 다른 존재라는 것을 인정하는 것이야말로 독립과 자기 정체성 확립의 전제 조건이다. 유대 속에서 부모로부터 독립하는 것을 경험하면 두 번째 개체화 단계에 들어간다.

첫 두 개체화 단계를 잘 극복하고 어린이나 10대로서 이미 부모에게서 독립하고 또 부모가 우리의 독립 노력을 적절히 응원해주면 이 마지막 세 번째 개체화 단계(가족과 최종적으로 분리되는 것)는 순조롭게 이루어질 것이다. 이것은 자명한 사실이고. 별다른 노력 없이도 이루어진다. 그러면 대등한 눈높이에서 다시 말해서 어른 대 어른으로 부모와 마주칠 수 있다. 원한이나 분노, 비난 없이.

하지만 첫 두 개체화 단계에서 이미 문제가 있었다. 우리의 독립을 허용하지 않으려고 하거나 허용할 수 없는 부모에게 매여 있으면 어른이 되어서도 여전히 부모(이미 오래전에 죽었다 하더라도)에게 얽매일 위험이 크다. 우리는 부모의 영향력에서 궁극적으로 빠져나오기 위해 의식적으로 그리고 자신의 힘으로 '세 번째 개체화'를 이루어내야 한다. 이 단계에 성공하지 못하면 평생 부모의 무관심이나 지배 또는 부모의 관심이나 사랑에 의존하게 될지도 모른다.

예명이 로리오트인 빅토르 폰 뷜로프는 그의 영화 〈외디 푸시 Oedipussi〉에서 이것이 어떤 문제를 야기하는지 잘 보여 준다.

파울 빙켈만(로리오트 분)은 대대로 가구점과 장식 가게를 운영하는 집에서 태어났다. 그는 56세이고, 어머니 루이제의 집에서 살고 있다. 어머니는 그가 젊었을 때도 그랬지만 지금도 그를 돌봐준다. 또 빨래도 해주고 밥도 해주고 다리미질도 해준다. 그가 독신자용 작은 집을 한 채 가지고 있지만, 어머니는 그를 위해 아직도 어린이 방을 마련해두고 있다. 어머니가 인정하지 않는 짓을 그가 하면 어머니는 "날 슬프게 하려는 건 아니겠지"라고 하면서 뾰루퉁해진다. 어머니는 걸핏하면 다 큰 아들을 '푸시'pussi(영어의 pussy에 해당하는 말로 고양이라는 뜻임 - 옮긴이)라고 부른다. 어머니의 보호 아래 있을 때가 좋은 줄 알라는 듯이. 그는 거들먹거리기 좋아하고 좀 굼뜬 교수이다. 그는 자기 인생에 만족해하는 것 같다.

그러나 어느 날 그가 별로 젊지도 않은 독신의 여자 심리학자 마르가레테 티체를 알게 되었을 때 평지풍파가 일어난다. 그는 두 여자 사이에서 갈등한다. 어머니를 '슬프게' 만들고 싶지도 않고, 마르가레테에 대해 싹트는 사랑이 어머니 때문에 시들게 하고 싶지도 않다. 하지만 어머니는 아들을 다른 여자한테 양보하려고 하지 않는다. 56세인 빙켈만은 뒤늦게(하지만 아직 너무 늦은 것은 아니다) 어머니에게서 독립해야 하는 어려운 과제를 극복해야만 한다.

'세 번째 개체화'는 어른이 될 수 있는 마지막 기회이다. 이 단계를 넘지 못하면 언제까지나 정신적으로 부모한테 의존하는 어린아이밖에 안 된다. 인생의 실패에 대한 책임을 오로지 이 단계를 넘지 못한 탓으로 돌릴 수도 있다. 다음과 같은 에피소드는 이것을 잘 보여준다. 어떤 남자가 아내를 부르려고 하는데 본의 아니게 애인 이름이 튀어나와버렸다고 친구한테 말했다. 그러고는 이렇게 덧붙였다. "젠장. 요샌 가끔 가다 왜 이런 실수를 하는지 모르겠어. 아침 식사 때 어머니한테 버터 좀 건네달라고 한다는 것이 무슨 말이 튀어나온 줄 아니? '빌어먹을 년. 넌 내 인생을 망쳤어.'"

가끔은 아직도 부모의 영향이 미치는 걸 느낀다는 것은 확실하다. 위의 에피소드는 부모를 원망하는 마음이 무의식 속에 깔려 있다는 것을 잘 보여준다. 우리는 이 마음을 의식적으로 불러내지는 않는다. 부모를 원망할 때는 대개 (어린 시절의) 얌전한 아들이나 얌전한 딸을 이용한다. 이것이 생각만큼 쉽지 않기 때문에 우리는 될 수 있는 대로 부모와 접촉을 하지 않으려고 한다. 또 부모가 우리를 지배하려는 것을 계속 참고 있을 수는 없기 때문에 거리를 두려고 애쓴다. 그래서 부모와의 접촉을 완전히 끊어버리는 자녀도 적지 않다. 이것은 부모가 자식들이 독립하도록 도와주지 않았다는 증거이다. 물론 세 번째 개체화를 이루어내면 그런 고생은 하지 않아도 될 것이다.

우리는 언제까지나 어린아이인가?

"꽃다발을 조수석에 두고 차를 몰아 레브훈가街로 꺾어들자 마르티나는 흠뻑 젖은 양탄자가 가슴에 얹힌 듯 숨이 턱 턱 막혀왔다. 부모 집에 갈 때면 으레 일어나는 일이었다. 집이 가까워질수록 숨쉬기가 더 힘들어졌다. 마르티나는 무심코 핸들을 돌렸다." 우리 중에도 카렌 두베Karen Duves의 소설 《폭우Regenroman》에 나오는 주인공 마르티나 같은 사람이 분명히 많을 것이다. 일요일이든, 생일이든, 크리스마스든 간에 부모 집에 이르자마자 재회의 기쁨과 압박감이 뒤섞인 묘한 감정을 느낄 것이다. '젖은 양탄자' 같은 것이 마음을 짓누를 것이다. 이 압박감은 부모 집을 나설 때 비로소 누그러진다. 어른이 된 지 오래되었는데도 우리는 어린아이 때처럼 부모의 존재를 자꾸 의식한다. 부모 집의 분위기 때문에 옛 기억과 감정이 생생하게 되살아난다. 갑자기 온갖 감정이 되살아난다. '적절하지 않은' 감정, 사랑받지 못한다는 감정, 아무한테도 속하지 않는다는 감정, 아무 데도 관심이 없다는 감정…. 부모와 자신 사이에 다시 공간적으로 거리를 둘 때에만 우리는 제대로 숨을 쉰다. 그때에야 비로소 껄끄러운 감정, 죄책감과 분노 사이를 오가는 불편한 감정이 누그러진다. 겉으로 표명되지 않은 비난, 억눌린 원망, 옛 상처 때문에 갈수록 꼬인 매듭이 그때에야 비로소 풀린다.

당신이 지금 그런 상태라면(또는 부모가 살아 있을 때 그런 상태를 경험했다면) 내면아이를 완전히 떨쳐버리지 못한 어른이 되기 쉽다. 많은 사람들은 부모한테 의존하고 있다는 것을 오랫동안 깨닫지 못한다. 그러나 부모가 늙어 도움이 필요해지면 과거는 또다시 부모를 악착같이 따라다닌다. 그러면 부모는 애써 만든 보호벽이 너무 얇고 조그마한 압력에도 견디지 못한다는 것을 알아차린다.

갑자기 상처, 분노, 실망이 되살아난다. 어머니가 딸을 어릴 때 홀대했다면 다 큰 딸이 어떻게 어머니를 살갑게 대할 수 있을까? 아버지가 끊임없이 간섭해 아들 인생을 힘들게 하고 실제로 아들을 인정하지 않았다면 아들이 어떻게 아버지를 모실 수 있을까? 부모를 위해 손가락 하나 까딱하지 않

심리학이 어린 시절을 말하다

는 여동생을 부모가 더 아끼는 문제를 어떻게 해결할 수 있을까? 죄책감을 조장하는 부모의 그 능수능란한 솜씨를 어떻게 따라갈 수 있을까? 부모와 다 큰 자녀들의 삶의 마지막 장이 펼쳐지면 이전의 집안 문제가 다시 불거질 것이다. 그러면 50대나 60대가 된 자녀가 분노하거나 실망해 "아버지(또는 어머니)는 저를 사랑하지 않았어요"라고 90대의 부모를 비난할 수 있다.

당신이 아직 내면아이를 떨쳐버리지 못했다면 의무감과 죄책감, 깊이 뿌리박은 공격성 사이에서 외로운 싸움(당신이 한 번도 이겨본 적이 없다고 생각하는 싸움이다)을 벌여야 할 것이다. 설사 부모가 오래전에 세상을 떠났다 해도 부모와 맺은 관계는 여전히 당신에게 영향을 미칠 수 있다.

부모와의 응어리진 관계 때문에 현재 당신의 삶이 힘들어질 수 있다. 이 '응어리'를 원만하게 풀지 못하면 앞날도 힘들어질 것이다. 부모가 아직도 영향력을 발휘하기 때문에, 부모가 다 큰 아들딸의 부부 관계나 집안 문제에 직접적으로든 간접적으로든 영향을 미치고 있기 때문에 부모와 자녀의 관계가 힘들어진다.

조너선 프란첸Jonathan Franzen은 그의 소설《교정Die Korrekturen》에서 이런 상황을 묘사하고 있다. 은행 과장인 개리는 어머니와 아내 캐럴라인 사이에서 이러지도 저러지도 못하고 있다. 고부간에 싸움이 일어나면 캐럴라인은 신경이 예민해져 그에게 퍼부어댄다. "아직도 어머니를 두둔하는군요!" 캐럴라인은 쓰레기통으로 가서 자기가 버리라고 하지 않은 것이나 쓸 만한 것이 있는지 살핀다. 그러고 나서 진짜 10분이 멀다 하고 볶아댄다. "개리, 당신 도대체 누구 편이에요? 당신은 내 편을 들어주지 않아요. 편드는 건 고사하고 변명만 늘어놓아요. 왜 그러는지 모르겠어요. 내가 남편이라면 그렇게 하지는 않을 거예요."

개리는 아직도 의존적인 어린아이다. 독립한 성인으로서 어머니와 마주하는 법을 배우지 못했기 때문에 감히 아내 편에 서지 못한다. 소설 속의 개리는 어머니에게 매인 사람이기 때문에 결혼 생활이 위태로워지고, 자립심이 부족해서 우울증에 시달린다. 이것은 아직 살아 있는(또는 오래전에 세상을 떠난) 부모를 성인답게 대등한 수준에서 대하지 못하고, 부모 앞에서 자신이 여전히 어린아이라고 느낄 때 우리가 치러야 하는 대가이다.

부모에게서 최종적으로 독립하기란 쉽지 않다. 하지만 이것은 매우 중요한 일이다. 이 단계를 넘지 못하면 사실상 인생에서 전진할 수 없기 때문이다. 그러면 과거가 납덩이처럼 매달려 자유로운 움직임을 일일이 방해한다. 어떻게 하면 이 납덩이를 떼어버릴 수 있을까? 어떻게 하면 '세 번째 개체화'에 성공할 수 있을까?

이 질문에 대한 답은 딱 하나뿐이다. 처음에는 이 답이 마

심리학이 어린 시절을 말하다

음에 들지 않을 것이다. 당신은 어쩌면 분개할지도 모른다.
그 답은 부담스러운 어린아이 역에서 벗어나려면 당신이 부
모(또는 어린 시절에 당신에게 마땅히 주어져야 할 것을 주지 않은 사
람)를 용서해야 한다는 것이다.

꼭 필요한
용서

용서는 부모와 그 영향력에서 벗어나는 데 가장 중요한
전제조건이다. 부모를 용서하지 않는 사람은 자신을 희생자
라고 여기고 평생 의무감에서만 부모를 만난다. 심지어 부
모를 만나면 공격성을 내보이기까지 한다. 하지만 그렇게
하면 양쪽 다 피곤해진다. 늙은 부모는 정서적 거부감을 느
끼고, 이전보다 훨씬 더 '어렵게' 대할 것이다. 다 큰 자식한
테도 이것은 죄책감을 유발할 뿐만 아니라 자신을 평생 골
병들게 하는 엄청난 스트레스를 불러일으킨다.

"나더러 용서하라고?" 당신은 믿을 수 없다는 표정으로
이렇게 물을지도 모른다. 어쩌면 화를 내면서 이렇게 물을
지도 모른다. 나한테 해코지한 사람을 어떻게 용서하란 말
인가? 자신만 돌보고 어린 딸은 돌보지도 않은 어머니를 어
떻게 용서하란 말인가? 성적이 기대에 미치지 못한다고 벌

로 몇 시간이나 구석에 서 있으라고 한 아버지를 어떻게 용서하란 말인가? 술 마신 후 뒤치다꺼리를 어린 내게 다 떠맡긴 어머니를 어떻게 용서하란 말인가? 성공한 아버지가 출장 갈 때 함께 가기 위해 나를 조부모에게 맡기기도 하고 기숙사에 맡기기도 한 어머니를 어떻게 용서하란 말인가? 여덟 살 난 나를 혼자 남겨두고 자살해버린 어머니를 어떻게 용서하란 말인가? 용서하라고? 어림도 없는 소리. 절대로 그럴 수 없다!

이렇게 나오는 것은 당연하다. 해코지한 사람을 용서하지 않으려는 것이 인지상정이기 때문이다. "용서하고 잊어버려라"라는 말이 있다. 기독교에서는 "용서하라, 그러면 너희가 용서를 받을 것이다", "남을 심판하지 마라. 그러면 너희가 심판받지 않을 것이다", "우리가 죄지은 자를 용서해 준 것처럼 우리 죄를 용서해 주소서"라고 가르친다. 종교를 믿지 않는 사람이라면 자신에게 고통을 준 사람한테 관용을 베풀기가 쉽지 않을 것이다.

용서한다는 것은 해코지한 사람의 책임을 면제해주고(그 사람을 근본적으로 변화시키고) 그의 행동을 문제 삼지 않는다는 말이다. 우리는 '가해자'가 너무 일찍 그리고 부당하게 책임을 면제받을까 봐 두려워한다. 우리는 가해자가 우리의 원한이나 분노를 사가면서 살아갈 수 없다는 사실을 인정하려고 하지 않는다. 어린 시절에 마땅히 받아야 할 관심과 격려를 베풀지 않은 데 책임이 있는 사람은 그 책임을 져야만 한다. 그런 사람을 용서할 수는 없다. 그 사람의 죄를 용서해 줄 수는 없다. 그런 사람을 어떻게 용서하란 말인가? 속으로는 욕하면서 어떻게 아버지나 어머니를 달래는 척하란 말인가?

용서한다는 것의 의미

그렇게 생각하고 있다면 당신은 용서가 무엇인지 잘못 알고 있다.

용서한다는 말은 잊는다는 뜻이 아니다. 흔히들 다른 사람의 잘못을 용서해 줄 때는 우리의 고통과 아픔을 잊어야만 한다고 생각하기 쉽다. 그러나 용서한다는 것은 과거의 일을 모두 지워버린다는 말이 아니다. 용서한 후에도 당신은 여전히 과거를 모두 기억할 것이다. 잊어버릴 수도 없고 또 잊어버려서도 안 된다. 잊어버리는 것은 그야말로 잘못하는 일이다. 과거의 일을 기억하고 받아들여야 한다. 그래야만 용서할 수 있다. 용서에 이르는 열쇠는 잊어버리는 것이 아니라 기억하는 것이다. 과거를 잊는다는 것은 쉬운 일이 아니다. 일어난 일은 여전히 당신의 삶을 결정할 수 있다. 그와 반대로 당신이 의식적으로 기억하고 의식적으로 용서해 주면 과거는 없어지지 않고 여전히 있기는 하지만 있어야 할 곳, 즉 과거로 '추방된다.' 그럼으로써 과거는 현재 일어나는 일에 대한 지배력을 잃는다.

"용서하고 잊어버리라고? 난 그렇게 못해!"라고 생각하는 사람은 분명히 이것을 말도 안 되는 소리라고 생각할 것이다. 우리는 용서해 주기 위해서라도 잊어버려서는 안 된다. 물론 다른 감정들도 기억해야 한다. 그러면 더는 불안해하지 않고 화내지도 않고 성격이 비뚤어지지도 않고 복수심에 불타지도 않을 것이다. 또 반드시 구체적으로 화해를 해야 하는 것도 아니다. 늙은 어머니나 아버지와 굳이 말을 주고받지 않아도 된다. 용서하는 과정에서 가장 중요한 것은 분노, 불안과 같은 병적인 것과 관련된 부정적인 감정에서 자신을 보호하는 일이다. 스스로 좋은 일을 하는 것과 당신의 삶이 더는 과거에 좌우되지 않게 하는 것이 중요하다.

"지난 일은 지난 일이다. 그것은 나름대로 의미가 있다. 전화위복이 될지 누가 아는가?"라고 말하는 것이 용서를 의미하지는 않는다. 어린 시절에 당신이 당연히 누려야 할 것이 용서를 통해 정당화되지는 않는다. 틀린 것은 틀린 것이다. 물론 용서하면 과거의 영향이 줄어든다. 과거의 일이 현재의 삶과 미래의 삶을 더 적게 지배하게 되는 것이다.

용서는 어린 시절 당신에게 소중했던 사람이나 부모가 책임을 면한다는 것을 의미하지도 않는다. 그들은 용서받은 후에도 여전히 책임을 져야 한다. '면책'되지는 않는다. 고해하러 가거나 사죄를 청하러 가면 죄가 면제되듯이 당신은 그들의 '죄'를 면제해줄 수 없다. 당신의 어린 시절 사건에 책임이 있는 사람에게는 여전히 책임이 따라다닌다. 그들은 용서받는 것으로 어떻게 마음의 평화를 얻을 수 있는지 직접 보아야 한다. 당신이 용서해 준다고 해서 그들의 책임이 달라지는 것은 아니다. 달라지는 것은 당신의 감정이다. 용서해 주면 복수하거나 보복하고 싶은 마음이 사라지고 희생당했다는 생각도 없어진다. 과거에 일어난 일에 대한 당신의 태도와 감정을 바꿈으로써 마음의 평화를 얻는 것이 용서이다. "어머니는 용서받을 자격이 없다"라는 말은 정당하다. 하지만 그것은 전혀 중요하지 않다. 용서해 주면 더 행복해질 수 있느냐, 마음의 평화를 발견하고 독립된 삶을 누릴 수 있느냐고 묻는 것이 중요하다.

용서는 자기희생을 의미하지 않는다. 부모를 용서한다는 것은 이를 악물고 참는 것, 웃어 보이는 것, 나쁜 일에도 언짢은 표정을 짓지 않는 것을 의미하지 않는다. 자신의 진짜 감정을 억누르고 숨기는 것을 의미하지도 않는다.

용서(페어게벤)는 용서(페어차이엔)를 의미하지 않는다. 독일어에는 '용서하다'는 뜻의 단어가 두 개 있다. 하나는 '페어게벤vergeben'이고 다른 하나는 '페어차이엔verzeihen'이다. 이

두 개념은 완전히 다르다. 우리는 많은 것을 용서할 verzeihen 수 있다. 너무 늦게 오는 것도 용서할 수 있고, 발을 밟는 것도 용서할 수 있고, 속이는 것도 용서할 수 있다. 이 용서는 상호작용을 한다. 요컨대 우리가 용서해 줄 수 있도록 누군가 용서를 청해야 한다(여기까지는 페어차이엔이란 뜻의 용서임—옮긴이). 그러나 용서 vergeben 는 일방적으로 작용한다. 우리는 다른 사람을 개입시키지 않고도 용서해 줄 수 있다. 해코지한 사람을 용서해도 달라지는 것은 없다. 용서는 오로지 자신과 관련된 문제이다. 상대방이 용서해 준 것을 알아도 좋고 몰라도 좋다. 상대방이 아직 살아 있어도 좋고, 이미 죽은 후라도 좋다.

상대방이 어떤 조건을 먼저 충족시켜주지 않아도 우리는 용서할 수 있다. "아버지가 이러저러한 것을 하면 바로 용서해 주겠다"고 하면 그것은 일방적 용서(페어게벤)가 아니라 상대적 용서(페어차이엔)이다. 용서에는 전제 조건이 없다. 용서는 보상을 단념하는 것을 의미한다. 자신들이 한 행동, 또는 하지 않은 행동을 용서받기 위해 '가해자'들이 할 수 있는 일은 아무것도 없다. 용서는 내적인 과정이다. 용서는 마음속에서 일어난다. 용서는 자유의 감정, 수용의 감정이다.

용서, 자신에게 주는 선물

해코지한 사람을 용서하기로 결심한다는 것이 당신이 대

단히 착한 사람이 된다는 것을 의미하지도 않는다. 다만 당신이 마침내 자신(다른 사람이 아니라)에 대해 생각하기 시작한다는 것을 의미하고, 다른 사람이 아닌 자신이 잘되기 위해 용서한다는 것을 의미한다. 부모를 용서해 줄 수 없거나 용서해 주려고 하지 않으면 당신은 비싼 대가를 치러야 한다. 그러면 부담스러운 희생자라는 입장에서 벗어날 수 없고, 군데군데 상처를 입은 다 큰 어린아이로 평생 살아야 한다. 용서는 당신에게만 이로움을 주는 행위이다. 용서는 당신이 마땅히 살아야 할 삶을 영위하게끔 도와준다. 심리요법가 스티븐 하이에스는 "어원적으로 보면 용서라는 말은 줌으로써 제거한다는 뜻이다. 용서는 원칙적으로 당신 자신에게 주는 선물이지 위해를 가한 사람에게 주는 선물이 아니다"라고 말한다.

용서하면 정신적으로 안정된다는 사실을 심리학은 최근에야 발견했다. 이후의 많은 연구는 용서가 정신건강을 유지하는 데 필요한 정신적 저항력의 중요한 구성 요소임을 보여준다. 이런 주제로 행해진 연구 중 하나가 보여준 것처럼 용서는 정신 건강을 증진시킨다. 이 연구에 참가한 사람들은 다른 사람이 가한 상처나 모욕을 회상해보라는 요청을 받았다. 그런 다음에 참가자의 반은 상처를 준 사람의 동기를 이해해보고 그 사람의 입장에 서보고 나서 그 사람의 행동을 용서해 주라는 요청을 받았다. 나머지 반은 증오심에 사로잡혀 복수만 생각하라는 요청을 받았다. 복수할 생각에만 몰두한 참가자들은 심장박동, 혈압, 그 밖의 스트레스 수치가 현저히 높아진다는 결과가 나왔다. 그러나 이들이 가해자를 용서해 줄 생각을 하고 있을 때 이 수치들은 다시 낮아졌다. 그래서 이 연구를 행한 심리학자들은 끊임없이 상처를 받는 사람은 늘 병을 달고 살 거라고 추측했다. 끊임없이 상처를 받거나 다른 사람의 행동을 꿍하게 마음속에 품고 있으면 면역 체계가 약화되어 여러 가지 병에 걸릴 수 있다.

이와 달리 용서해 줄 수 있는 사람은 인생을 더 편하게, 그리고 더 오래 산다. 에이즈 환자를 대상으로 한 연구 결과는 에이즈를 감염시킨 사람을 용서해 준 환자가 복수심과 증오심에 사로잡혀 괴로워하는 환자보다 더 오랫동안 건강하게 지냈다는 것을 보여주었다. 시민전쟁 때 아들을 잃은 북아일랜드 여성들을 대상으로 한 연구도 이와 비슷한 결과를 보였다. 고통 때문에 가해자를 용서할 수 없었던 어머니들은 심장병과 면역 체계 약화에 시달리고 있었다.

분노와 증오심은 건강의 큰 적이다. 분노는 심근경색을 일으킨다, 설령 그렇지 않다 하더라도 오래 지속되면 심장병을 유발한다. 어떻게 해서 그렇게 될까? 어떤 사람에 대해 분노를 일으키면 그 사람 또는 그의 행위를 생각하게 되고, 그러면 몸에 스트레스 반응이 일어난다. 또 여러 가지 스트레스 호르몬이 분비되고 혈압이 올라간다. 생리학적인 반응

심리학이 이런 사실을 말하다

은 실제 위험 반응과 같다. 하지만 몸이 욕이나 싸움에 반응할 수 있는 위험이 전혀 존재하지 않기 때문에 스트레스 반응은 감소되지 않고 장기적으로는 심장을 손상시킨다.

마음의 상처를 입은 사람은 정신적으로 위축된다는 것을 입증하는 연구 결과도 있다. 상처를 곱씹고 있으면 피해가 더 커지기 때문이다. 그러나 과거의 일을 용서할 수 있으면 마음의 짐을 떨쳐버리고 더욱 자유롭게, 더욱 느긋하게, 더욱 건강하게 살 수 있다.

용서, 어떻게 이루어지는가?

무엇보다도 용서는 일회적인 결정이 아니다. 용서는 정신적 노고, 시간, 인내를 요하는 과정이다. 용서는 한 사람의 일생에서 가장 힘든 '여행'의 하나일 것이다. 하지만 당신이 독립적인 자유인이 되느냐 아니냐는 이 여행을 무사히 끝내느냐 못 끝내느냐에 달려 있다. 이것은 부모가 아직 살아 있느냐 그렇지 않느냐는 것과는 관계가 없다.

'용서'라는 여행은 상황이 다양하다.

1. 가장 중요한 전제 조건은 슬픔에 여유를 줄 수 있다는 것이다. 당신은 더는 가질 수도 없는 어린 시절과 결별해야 한다. 더 나은 과거에 대한 희망을 단념하고 과거를 원망하

지 않는 것이 꼭 필요하다. 당신은 삶이 당신에게 공정하지 않았다는 것을 인정해야 하고, 소급해서 변화시킬 수 없다는 사실을 받아들여야 한다. 요컨대 과거에 일어난 일도, 어린 시절에 당신에게 관심을 보이지 않은 사람도 변화시킬 수 없다는 것을 받아들여야 한다.

2. '용서하겠다'는 결정을 과감하게 내리는 것이 꼭 필요하다. '남 좋으라고 용서하는 게 아니라 오로지 나한테 득이 되기 때문에 용서한다'는 것을 깨달을 때 비로소 이런 결정을 내릴 수 있다. 이런 결정을 내리는 것은 의지의 작용이다. 불행한 어린 시절을 떨쳐버리고 어린 시절이라는 무거운 짐에서 벗어나는 것이 당신에게 좋다는 것을 알고 이해하기 때문이다.

용서를 하면 현재의 당신을 더욱 소중히 여기게 된다. 과거의 당신은 당신의 일부이기는 하지만 어디까지나 일부에 지나지 않는다. 당신은 이제 과거의 당신이 아니다, 이제 과거에 일어난 일이 당신의 정체성을 규정하지는 않는다. 당신은 이제 사랑받지 못하고, 부당한 대우를 받은 희생자가 아니다. 용서한다는 것은 자신을 더욱 소중한 존재로 여기고 삶을 더 나은 것으로 만드는 것을 의미한다.

3. 용서해 주기로 결정했다고 가정하자. 그다음은 어떻게 되겠는가? 그다음 단계가 가장 어려울지도 모른다. 관용과 이해의 태도로 부모를 대해야 하기 때문이다. 이것은 부모

를 당신과 분리된 존재로 여기고 그들 나름대로 삶의 이야기를 가지고 있고 존재로 여긴다는 것을 전제로 한다. 부모가 과거에 저지른 '잘못'만 보아서는 안 된다. 부모의 긍정적인 면을 볼 수 있고 또 부모가 예전에 한 행동 중에서 좋은 점을 볼 수 있으면 부모를 용서하기가 더욱 쉬워질 것이다.

용서한다는 말은 이해한다는 뜻이다

부모의 삶의 이야기를 신뢰하고 존경하는 마음으로 부모를 대하는 것은 용서 과정에 반드시 필요하다. 부모(아직 살아 있다면) 또는 당신보다 아는 것이 더 많은 친척에게 이런 것들을 물어보아야 한다. 부모가 왜 그런 행동을 했을까? 그 동기가 무엇이었을까? 어떤 상황과 어떤 심신 상태에 처해 있었을까? 참작할 만한 여지가 있었을까? 상처를 준 사람을 이해한다는 것은 쉽지 않다. 부모일 때는 더 어렵다. 자식의 행복에 무관심하고 자식을 냉담하게 대하고 학대하는 부모를 이해할 수 있겠는가? 어렵기는 하지만 불가능하지는 않다. 부모에 대해 알려고 하고 부모의 이야기에 관심을 가지는 것도 때로는 도움이 된다. 부모가 아직 살아 있으면 그들의 삶이 어떠했는지 자세히 물어볼 수도 있다. 부모가 이미 죽고 없어도 당신 자신이 몇 가지 답을 알고 있을 것이고, 당신이 물어볼 수 있는 연상의 친척이 있을 것이다. 부모의 삶의 이야기를 알아가면서 관점을 바꿀 수도 있다. 다시 말해서 당신도 그 시기를 거친 어린아이의 입장에서가 아니라 어른의 입장에서 부모의 삶을 관찰할 수 있다. 관찰의 중심을 어린아이에서 당신의 지금 상태인 어른으로 옮기면 당신이 이제까지 진실의 일부만 보고 많은 것을 간과했다는 사실을 알 수 있을 것이다.

어린 시절부터 시작하라. 당신의 아버지나 어머니의 어린 시절은 어떠했을까? 당신의 아버지나 어머니는 어떤 시대에 태어났을까? 전시였을까? 평화로운 시대였을까? 당신의 아버지나 어머니는 어린 시절을 어떻게 보냈을까? 어떻게 성장했을까? 사랑을 받는 아이였을까? 아니면 사랑을 받으려고 발버둥 쳤을까? 한두 살 때 행복했을까? 아니면 불행했을까? 건강했을까? 아니면 자주 아팠을까? 학대를 받거나 홀대받았을까? 형제자매는 얼마나 많았나? 형제자매 중에서 몇 번째였나? 그것이 어떤 영향을 미쳤을까? 부모는 자신의 어린 시절에 대해 무어라고 이야기하던가? 몇 가지 에피소드를 기억하고 있던가? 그 요지는 무엇이었나? 좋은 시절 이야기를 하던가? 아니면 나쁜 시절 이야기를 하던가?

이제 청소년기에 대해 물어보라. 당신의 아버지나 어머니는 청소년기를 어떻게 보냈는가? 재능을 꽃피울 수 있었는가? 좋은 교육을 받고 교양을 쌓았는가? 아니면 일찍부터 일을 해서 가족을 부양해야 했는가? 어떤 꿈과 목표를 가지고 있었는가? 어떤 직업을 가지고 싶어 했고 그 소원은 이루어졌는가? 부모 집에서 얼마나 오래 살았는가? 아니면 일찍이 화를 내며 집을 나갔는가? 당시에 남자친구나 여자친구가 있었는가? 어떤 취미를 가지고 있었는가?

마지막으로, 당신 아버지나 어머니의 성인기는 어떠했는지 물어보라. 당신이 어렸을 때 당신 아버지나 어머니의 삶은 어떠했는가? 아버지가 안 계시거나 술을 마시거나 돈을 잘 못 벌어 어머니가 스트레스를 받고 있었는가? 어머니가 오랫동안 병석에 누워 있어 아버지가 자녀 교육을 도맡아야 했는가? 당신이 어렸을 때 가정 형편은 어땠는가? 부모가 이혼하거나 실직하거나 죽은 일은 없었는가? 당시 당신의 아버지나 어머니는 어떤 문제를 안고 있었고 어떤 감정 상태에 있었는가? 부모가 입은 상처나 안고 있는 문제를 부모 입장에서 이해할 수 있겠는가? 그렇다면 부모가 어린 당신을 다룬 방식과 이 힘든 시기 사이에는 연관성이 있다.

엘케 하이덴라이히의 소설 《가장 아름다웠던 날들》에는 주인공 니나가 어머니와 함께 여행을 하면서 어머니와 과거에 대해 이야기하는 대목이 있다. 딸이 묻는다. "어머니는 그때 왜 절 때렸어요?" 어머니는 두려워하면서도 과도한 부담, 불행한 결혼 생활, 힘든 전시 상황에 대해 조심스레 이야기한다. 딸은 비로소 그런 시절에 아이를 키우는 것이 얼마나 힘든 일인지, 어머니가 어떻게 홀몸이 되었는지, 부모 사이의 문제가 이런 상황에 어떤 영향을 미쳤는지 이해한다. 하마터면 어머니를 위로할 뻔할 정도였다. 어머니의 이야기를 들은 딸 니나는 처음으로 어머니라는 여자에 대해 감동받는다. 니나는 자기가 알지 못했던 어머니의 입장에서 사물을 본다. 이 새로운 관점 덕분에 원망하는 마음 없이 어머니를 볼 수 있게 된다.

마리아 바르발의 소설 《내면의 땅》의 주인공 리타도 어느 날 어머니라는 여자에 대해 알고 싶어 한다. 리타는 아버지에게 묻는다. "어머니는 왜 그런 행동을 했어요?" 아버지는 어머니가 어린 시절 스페인 내전과 프랑코 정권의 만행을 겪어야 했던 끔찍한 체험에 대해 딸에게 이야기해준다. 외할아버지가 프랑코 파시스트한테 살해당하고 외할머니, 어머니, 이모가 강제로 끌려갔다는 것이다. 리타는 어머니가 겪은 일을 듣고 나서 어머니의 무기력과 절망감이 어디에서 온 것인지 이해하고, 어머니가 어린 시절에 그런 것을 견뎌야만 했다는 것을 이해한다.

당신이 여자로서의 어머니, 남자로서의 아버지에 관심을 가지고 더 알고 싶다면 시야를 넓히는 것이 중요하다. 어린 시절의 부모가 처한 상황뿐만 아니라 그 이전 세대도 살펴보아야 한다. 관점을 넓혀 조부모에 대해서도 물어보아야

심리학이 어린 시절을 말하다

한다. 조부모는 어떻게 살았을까? 조부모는 자식들한테 무엇을 해줄 수 있었을까? 할아버지, 외할아버지는 어떤 남자였나? 할머니, 외할머니는 어떤 여자였나? 조부모 집에는 어떤 불행이나 이상한 일이 있었나? 조부모는 전쟁 통에 무엇을 체험했는가? 고향을 떠나왔는가? 자살했는가? 정신병을 앓았는가? 사생아가 있었는가?

사회학자이자 작가인 마리안느 크뤌Marianne Kruell은 어머니의 삶을 파고들어서 다음과 같은 사실을 알아냈다. "할머니 안나는 결혼 생활에 불만이 많았고, 결국 파탄이 났다. 어머니는 외동딸이었고, 줄곧 할머니하고만 살다가 아버지와 결혼했다. 어머니가 결혼한 후에도 할머니는 우리 집 근처에서 살았다. 할머니는 손녀를 보고 '우리' 새끼 또는 '내' 새끼라고 했다. 어머니는 거만하고도 무시하는 태도로 할머니를 대했다. 나는 딸이 어머니를 무시하는 것이 당연하다는 것을 어머니에게 배웠다. 어머니가 나한테 어떤 모델을 제공한 것이다. 그래서 20년 후 나는 어머니가 할머니를 대하는 것과 똑같이 어머니를 대하고 있다."

여러 세대에 걸친 배경을 이해하면 당신은 이제 부모를 독립된 하나의 개체로 보지 않고 전체 맥락에 연결된 남자 또는 여자로 보게 된다. 또 여러 세대에 걸쳐 당신의 집에 자리 잡은 신념 체계를 알게 된다. 이것은 매우 중요하다. 당신이 이 신념 체계를 인식하자마자 이것을 당신 삶에까지 계속 끌어들이는 것을 막을 수 있기 때문이다. 또 어떤 점에서는 부모도 시스템(이것을 통찰하지 못해 피하기 힘들었기 때문에)의 꼭두각시에 지나지 않았음을 알게 된다. 당신은 부모를 남자 또는 여자로 인식할 수 있을 뿐만 아니라 달리 선택의 여지가 없는 상황 속에서 산 사람, 장단점을 가진 사람으로 인식할 수 있다.

가족요법가 데이비드 스투프는 성경에 나오는 한 세대의 신념 체계가 다음 세대에 어떻게 전해지는지 잘 보여주고 있다.

아브라함과 사라는 자식이 없어서 대를 이을 자식을 간절히 원하고 있었다. 절망한 사라는 아브라함을 하녀 하갈과 동침시켜서 아이를 갖기로 결심했다. 그렇게 해서 이스마엘이 태어났다. 그 시대의 관례대로 이스마엘은 사라의 아들이 되었다. 그러나 몇 년 후 사라는 임신해 아들 이삭을 낳았다. 사라는 더할 나위 없이 행복해했으나 곧 갈등이 생겼다. 사라는 친아들 이삭을 두둔하기 시작했고, 하갈의 아들인 이스마엘보다 더 사랑했다. 갈등이 심해지자 아브라함은 아들 이스마엘을 그 어머니 하갈과 함께 쫓아내 버렸다.

장성한 이삭은 레베카와 사랑에 빠져 두 아들 에서와 야곱을 낳았다. 두 아들은 성격이 판이한 아이로 성장했다. 에서는 성질이 불같았고, 야곱은 내성적이고 조용했다. 이삭은 그 가문 사람 중에서도 유달리 공정한 사람이었다고 하는데, 두 아들을 두고는 그렇지 못했다. 이삭은 에서를 더 사랑하고 레베카는 야곱을 더 사랑한 것이다.

같은 이야기가 계속 반복된다. 할아버지 아브라함처럼 야곱에게도 아내가 둘 있었고, 두 아내 사이에 열세 아이를 두었다. 두 여자는 야곱의 관심을 끌려고 다투고, 제 자식이 인정받게 하려고 다투었다. 하지만 야곱도 자식들을 공정하게 대하지 않았다. 라헬과 그 소생 요셉을 더 좋아한 것이다.

이 가족 이야기는 홀대하는 것과 두둔하는 것을 다룬 이야기이다. 아브라함과 사라가 처음 보여준 신념 체계가 몇 세대 동안 이어진다. 이 이야기에 등장하는 사람 중 그 누구도 이것을 의식하지 못하고, 그들 앞에 무슨 일이 벌어지는지 깨닫지 못한다. 이는 성경 속에만 존재하는 것이 아니다. 현재 우리 가족에게도 이 이야기를 적용할 수 있다. 대부분의 경우 이 신념 체계는 인식하기가 쉽지 않고, 때로는 세대 간의 공동생활을 힘들게 하는 신념 체계와 근본 확신으로 가장된다.

미국의 심리요법가 테리 하그레이브Terry Hargrave가 소개한 다음의 가족요법 사례는 어떠한가? 이 예는 이전에 형성된 신념 체계가 52세의 페기와 77세의 어머니 그레이스의 관계를 얼마나 악화시키는지 잘 보여줄 뿐만 아니라 자신의 가족 이야기 연구가 어떻게 진행되고 그 연구가 어떤 유익한 인식을 가져다주는지 잘 보여준다. 한 심리요법가가 몇 세대를 연구하기가 쉽지 않다는 점에서 이 경우가 전형적인 것이라 하더라도 이 이야기는 어떻게 상대방을 이해하게 되고 그럼으로써 용서하기가 얼마나 쉬워지는지 잘 보여준다.

그레이스는 얼마 전에 딸 페기의 집 근처 양로원에 들어갔다. 모녀가 유달리 가까운 사이는 아니었지만 페기는 어머니와 더 친하게 지내기를 바랐다. 하지만 어머니는 모든 배려를 거절했다. 딸이 찾아오면 보란 듯이 양로원의 다른 사람과 이야기를 하고, 딸이 전화하면 몇 마디 안 하고 끊어버리고, 딸이 선물을 보내면 아무렇게나 내버려 두었다. 가족요법가 테리 하그레이브는 먼저 어머니와 만나서 그녀의 인생에 대해 이것저것 이야기를 했다. 대화를 나눈 지 얼마 되지 않아 하그레이브는 이 어머니가 사이가 안 좋은 부모 때문에, 자신의 삶을 방해하는 소유욕 강한 어머니 때문에 어린 시절을 불행하게 보냈다는 사실을 알았다. 또 이 어머니의 인생 모토가 "누구에게도 짐이 되지 마라"라는 것이라는 사실도 알았다. 그러고 나서 하그레이브는 딸을 불러 그녀가 바라는 것과 그녀가 입은 상처에 대해 털어놓게 했다. 딸의 노고를 사랑의 증거가 아니라 의무 이행으로 간주하던 어머니는 딸의 말을 듣고 깜짝 놀랐다. 어머니는 어떤 경우에도 딸에게 짐이 되고 싶어 하지 않았기 때문에 딸의 모든 노력을 거절했던 것이다. 치료를 통해서 어머니는 딸이 어머니한테 필요한 존재가 되고 싶어 하고 자기한테 얼마나 인정받고 싶어 하는지 비로소 알았다. 딸 페기는 어머니와 할머니의 사이가 얼마나 안 좋았는지 처음으로 알았다. 이제야 딸은 어머니의 냉담한 태도를 이해할 수 있었고 용서해 줄 수 있었다.

과거와 화해하려고 하면 부모를 우리한테 해를 끼치려는 '가해자'로 보지 않는 것이 중요하다. 부모가 자식한테 해를 끼치면 그것은 과거 언젠가 그들이 불행한 일을 겪었고 그 일이 불가피하게 다시 자식한테 전해지는 것이라고 볼 수 있다. 어쩌면 부모는 무거운 짐을 극복하도록 과도한 요구를 받았을지도 모르고 실직, 병, 결혼 생활의 어려움 등등을 이겨내야 하기 때문에 자식한테 신경 쓸 여력이 없었을지도 모른다. 부모가 어릴 때 그들을 괴롭힌 것이 무엇인지, 그들이 자녀를 낳고 부모가 되었을 때 어떤 악마와 싸워야 했는지 이해하는 것이 중요하다. 부모는 자식을 기를 때도 자신의 신념 체계에서 벗어나지 못한다. 악순환의 고리를 끊지 않는 한 나쁜 신념 체계는 다음 세대까지 전해진다. 손찌검을 일삼는 부모, 자식한테 신경 쓰지 않는 부모, 병을 달고

사는 부모, 과도한 부담에 시달리는 부모 밑에서 자란 부모
는 자식을 제대로 보살필 수 없다. 자신의 감정도 제대로 추
스르지 못하기 때문이다. 그들은 자식들이 감정을 다스리고
이해하도록 도와줄 수 없다.

　물론 어린아이는 부모의 감정을 다 이해할 수 없고(이것은
어림도 없는 일이다), 어린 영혼에 지나치다 싶은 요구와 관계
된 것만 이해하려고 한다. 그러나 어른이 되면 그렇게 할 수
있고 또 자신의 이익을 위해서라도 마땅히 그렇게 해야 한
다. 물론 부모를 이해한다는 생각은 대개 몹시 생소한 것이
다. 때로는 부모가 이해받을 자격이 없다고 생각한다. 그 생
각이 맞을지도 모른다. 하지만 부모를 이해하면 불행한 어
린 시절의 파괴적인 영향을 약화시킬 수 있고, 과거와 화해
할 수 있다.

　부모를 용서하기로 했으면 마리안느 크륄이 어머니에 대
해 다음과 같이 말한 것을 음미해볼 필요가 있다. "우리가
어린 시절에 경험한 어머니의 모습은 우리 머리에 각인된
설계도이자 기억이다. 이 모습은 우리가 자신과 함께 질질
끌고 가는 감정, 우리 자신의 일부인 감정들이다. 우리가 한
때 거친 그 어린아이가 더는 존재하지 않는 것과 마찬가지
로 이 어머니는 이제 존재하지 않는다는 것을 알아야 한다.
그것은 우리 자신의 여러 모습일 뿐이다. 지금 우리가 몇 살
이든 간에 우리는 어머니를 만날 때 옛날의 모습을 얼마든

지 볼 수 있다. 어머니 모습은 살아 있는 것이고 끊임없이 활성화되는 것이기 때문이다. 어머니는 여전히 우리를 어린아이로 본다. 그 결과 우리는 지난 일, 감정, 비난에 다시금 연루된다. 이런 것들은 터무니없는 것이고, 우리가 현재 살고 있는 상황에 부합하지 않는 것이다. 그러나 나는 어머니의 모습을 바꿀 수 있다. 예컨대 젊은 시절의 어머니를 돌려줌으로써 말이다. 어머니는 소녀였고, 꿈을 지닌 젊은 여자였다."

부모에게는 자신의 이야기가 있다는 것, 부모가 과거에 한 행동에는 나름대로 이유가 있었다는 것을 이해하게 되고 온갖 어려움을 극복하고 자신의 삶을 만들어가는 데 성공하면 당신은 과거를 떨쳐버릴 수 있고 용서해 줄 수 있다. 부모가 이미 세상을 떠났다면 당신은 그들에게 자신이 용서했음을 보여줄 수 없지만, 해방과 위안을 맛볼 수는 있다. 부모가 아직 살아 있으면 당신은 홀가분한 마음으로 부모를 대할 수 있을 것이고, 이전에 불가능했던 것처럼 보이는 많은 것들을 가능하게 할 수 있을 것이다.

어린 시절의 불행한 경험 때문에 코미디언이 될 수밖에 없는 운명이었다고 말한 배우 스티브 마틴은 커서 부모와 화해했다. 그것은 기나긴 도정이었다. 마틴은 부모와 다시 가까이 지내려고 부모를 식사에 초대하고 공통된 기억을 주고받는 일을 15년 넘게 했다. 10년쯤 지나자 아버지는 누그러졌고, 아들의 노고를 인정하기 시작했다. 아들을 후원하기 위한 작은 일, 즉 팬레터에 답장 쓰는 일을 맡기도 했다. 어느 날 스티브 마틴은 벌써 여든 살이 넘은 부모와 함께 점심을 먹은 후 부모를 차 있는 곳으로 데리고 갔다. 여느 때 같으면 그들은 서먹서먹한 키스를 주고받았을 것이다. 그때 아버지가 느닷없이 아들을 껴안고 "잘 안 들려"라고 말했다. 스티브 마틴은 "아버지를 사랑합니다"라고 적어 보여주었다. 마틴은 자서전에서 "부자간에 이런 말을 한 건 처음이었다"라고 썼다. 며칠 후 마틴은 아버지한테 편지를 보냈다. 편지에는 "아버지가 '나도 널 사랑한단다'라고 하시는 말씀을 들었습니다"라고 적혀 있었다.

이젠 어린아이가 아니니까

어린 시절이 불행했다고 해서 성장한 뒤에도 불행해야 한다는 법은 없다. 오프라 윈프리, 야노쉬, 스티브 마틴의 어린 시절 이야기는 누구나 자신의 현재와 미래는 자기가 결정한다는 것을 보여주는 좋은 예이다. 우리는 과거의 그늘에서 빠져나올 수 있고, 더 나은 인생을 살 수 있다.

물론 그 길은 평탄하지 않다. 그 길을 가려고 결심한 때는 용기가 필요하고, 무엇보다도 인내가 필요하다. 지금까지 수십 년 넘게 몸에 밴 신념 체계와 사고방식이 하루아침에 바뀌지는 않기 때문이다. 당신 자신과 과거에 대해 얻은 많은 통찰과 좋은 의도에도 당신은 옛 신념 체계에 빠져들 위험이 크다. 우리의 행동은 학습 과정을 통해 고착되고 그 결과 신경에 길을 내기 때문이다. 다시 말해 사고와 행동에 있어서 특정한 버릇과 습관적 행동은 우리의 뇌에 자국을 남기기 때문이다. 무언가를 되풀이해서 하거나 생각하면 뇌 속에 있는 뉴런 사이에 안정된 결합이 형성된다. 뇌 연구자 만프레드 슈피처는 이 과정을 "뇌를 자꾸 사용하면 자국, 곧 기억이라는 것이 생긴다. 눈 속에 난 발자국을 여러 사람이 계속 밟고 지나가면 길이 되는 것과 같다"라고 말한다. 이 신경관은 얼마나 자주 사용되느냐에 따라 강도가 달라진다. 무언가를 바꾸려면 이 관을 약화시켜야 하고, 뇌의 구조를 바꾸어야 한다. 옛것을 잊고 새것을 배워야 한다는 말이다. 다시 말하자면 옛길을 버리고 새 길을 내야 한다. 오래된 자국일수록 그러기가 힘들다.

"어린 시절이 불행해서 지금 불행하다"는 옛길을 버리고 새 길을 내는 것은 쉽지도 않고 하루아침에 되지도 않는다. "어린 시절은 불행했지만 행복해지려고 노력한다"라는 목표를 달성하려면 좌절을 극복할 엄청난 인내력, 새로운 것을 감행할 용기가 있어야 한다.

어린 시절에 대한 태도가 삶에 얼마나 많은 영향을 미치는지는 저명한 전문가 두 사람이 잘 보여준다. 정신분석학자 제임스 힐만 James Hillman 은 "어린 시절 자체가 인생을 결정하는 것이 아니라 어린 시절을 보는 눈이 인생을 결정한다"라고 말했다. 또 힐만은 "트라우마 자체가 우리에게 입힌 상처보다 어린 시절을 자기 의사와는 상관없는 불필요한 재앙(이 때문에 비뚤어진 사람이 되었다)이라고 보는 사고방식이 입힌 상처가 더 크다"라고 강조한다.

사회심리학자 필립 짐바르도 Philip Zimbardo도 이와 비슷한 견해를 밝혔다. "누구나 과거의 영향을 받지만 과거가 전적으로 어떤 사람을 결정하지는 않는다. 과거의 사건이 인생에 결정적인 영향을 미치는 경우는 별로 없다. 사건에 대한 우리의 태도가 사건 자체보다 훨씬 중요하다. 현재의 해석과 과거를 구별하는 것은 중요하다. 왜냐하면 변화에 대한 희망을 주기 때문이다. 과거에 일어난 일은 바꿀 수 없다. 그러나 그것을 보는 관점은 바꿀 수 있다. 틀을 바꾸면 도움이 되는 경우가 많다. 틀을 바꾸면 전체 모습이 다르게 보인다."

어릴 때는 하나의 관점, 자신의 관점만으로 세상을 본다. 모든 것을 자신과 관련시키고, 자신을 세상의 중심으로 여긴다. 긍정적인 것이든 부정적인 것이든 모든 일이 자신과 관련이 있다고 생각한다. 남들이 화를 내거나 무관심한 것이 자기 탓이라고 생각하는 것처럼 남들이 친절하고 상냥하게 대하는 것도 자기 때문이라고 생각한다.

어렸을 때는 자신이 전능하다고 생각하기 쉽다. 그래서 치명적인 오판을 하게 된다. 자신한테 좋지 않은 일이 일어나면 전능한 자신이 제대로 행동하지 못했기 때문이라고 생각하는 것이다. "뭐 하나라도 제대로 하면 어머니가 그렇게 화를 내지 않을 텐데", "내 행동이 마음에 들면 아버지가 그렇게 술을 많이 마시지 않을 텐데." 내면아이를 떨쳐버리지 못하면 우리는 일어난 모든 일에 대한 책임을 떠맡을 수밖에 없다. 무언가 잘못되면 죄책감에 사로잡힐 수밖에 없다. "내 책임이야", "내가 칠칠치 못했어", "내가 잘못했어. 그렇지 않으면 아버지가 여전히 나를 사랑할 텐데", "아무도 믿을 수 없어." 이런 생각은 시간이 지나면서 강화되어 행동을 유발하는 신념 체계가 된다. 어렸을 때 자기중심주의(당시에는 정상적인 것이었다) 속에서 발전시킨 죄책감과 자기 불신이 인생의 동반자가 되었다.

그래서 힘들고 부담스러운 상황에 맞닥뜨리면 어른인 우리는 무대 뒤로 사라지고 우리가 한때 경험한 어린아이가 행동하고 느끼게 된다. 물론 우리는 대개 이것을 의식하지 못한다. 우리는 지금 일어나는 일에 어린아이로서 반응하고, 이 반응이 부적절하다는 것을 모른다.

어린 시절 경험은 지울 수 없다는 것을 인식하는 것도 '받아들인다'는 주제에 해당한다. 우리는 어떤 상처, 특히 스트레스를 받기만 하면 도지는 상처를 가지고 있다. 사실 우리는 이 상처를 떨쳐버리지 못한다. 어린 시절 경험은 아직 남아 있다. 이것은 우리가 서 있는 땅을 어린 시절에 안정을 경험한 사람보다 언제라도 더 빨리 흔들 수 있다. 이 사실을 아는 것은 매우 중요하다! 상처가 있다는 것을 알고 이 상처가 특정한 상황에서 덧난다는 것을 알면 미리 준비할 수 있기 때문이다. 인생이 계속 힘들기만 할 때, 자신을 이해하지 못하게 될 때, 연거푸 운명의 타격을 입을 때 우리는 "조심하라, 길의 구덩이를!"이라는 말을 떠올릴 것이다. 우리는 이 위험을 보고, 이 위험을 인식한다. 우리는 이 위험에 어떻게 대처해야 하는지 알고 있다.

스트레스 연구가 욘 카바트-친은 "파도를 멈출 수는 없다. 그러나 파도를 탈 수는 있다"라고 말했다. 이 말을 어린 시절에 적용하면 당신은 어린 시절에 일어난 일이 평생 따라다닌다는 것을 알게 될 것이다. 과거와는 관련이 많고 현재와는 관련이 거의 없는 감정, 기억, 고통이 끊임없이 나타날 것이다. 이것을 태연히 받아들일 수 있으면, 이것과 싸우거나 이것을 무시하지 않으면 가끔 몰려오는 어린 시절이라는 파도를 능숙하게 탈 수 있을 것이다. 당신의 이야기에는 이 파도뿐만 아니라 금빛 모래밭, 높은 야자나무, 따뜻한 태양, 넓은 바다도 있다는 것을 당신은 알고 있다.

인생길 곳곳에 놓인 구덩이 피하기 전략

당신은 지금 길을 걷고 있다. 길에는 깊은 구덩이가 파여 있다. 그러나 그 구덩이를 보지 못하고 빠져 깜짝 놀란 나머지 안절부절못한다. 그러면서 구덩이에 빠진 것이 다 자기 탓이라고 생각한다. "좀 더 조심했어야 하는데!"라며 한참 동안 자책하다 힘겹게 구덩이에서 빠져나온다.

얼마 후 당신은 또 같은 길을 걸어간다. 길에는 여전히 구덩이가 파여 있다. 당신은 그 사실을 알면서도 구덩이가 없는 듯이 행동하고, 결국 또 빠지고 만다. 쩔쩔매면서도 또다시 같은 일이 일어났다는 사실을 좀처럼 믿으려고 하지 않는다. 길에 파인 구덩이를 원망하기도 하지만 무엇보다도 자신을 원망한다. 그러면서 구덩이에서 빠져나오려고 안간

힘을 쓴다.

몇 주 후 당신은 또다시 이 길을 지나간다. 역시 구덩이는 그대로 있다. 당신은 구덩이를 뻔히 보고도 또 빠진다. 그러고는 구덩이를 피하지 못한 것은 자신의 어리석음 때문이라고 책망한다. 크게 절망하면서 반복해서 구덩이에 빠진 일을 곱씹는다.

살아가면서 겪는 경험이 인생의 길에 있는 '구덩이'가 될 수 있다는 생각은 미국의 작가 시드니 사이먼Sidney Simon과 수전 사이먼Suzanne Simon의 이론에서 빌려 온 것이다. 때로는 길 위에 난 구덩이를 보지 못한다. 설사 보았다 하더라도 피할 수 없다. 걸핏하면 같은 구덩이에 빠지고 달갑지 않은 경험을 되풀이한다. 이 반복적 경험이 나쁜 영향을 미치는 줄 뻔히 알면서도 상황을 바꾸지 못한다. 이런 경험이 있다면 인생의 길에서도 다음과 같은 위험한 구덩이에 맞닥뜨릴 것이다.

- 걸핏하면 '그릇된 행동'을 하고, 그때마다 자책감에 시달리며 실망감을 맛본다.
- 몹시 지쳤을 때는 우울해진다. 이 우울증은 며칠 또는 몇 주나 지속된다.
- 작은 실패에도 자신의 능력을 근본적으로 의심한다.
- 단호히 결단을 내리지 못한다. 작은 것일지라도 진정으로

하고 싶은 일을 찾지 못한다.

◦ 너무 많이 먹는다. 특히 외롭다고 느낄 때는 더 많이 먹는다.

◦ 화날 때는 술로 스트레스를 푼다.

◦ 이유도 없이 불안할 때가 있다.

◦ 남들이 자기를 좋아하는지 의심하고 그 때문에 사람을 멀리한다. 성공에 성공을 거듭하고도 자신을 마뜩잖게 여긴다.

◦ 남들과 가까이 지내기를 바라면서도 정작 접근해 오면 피해버린다.

이런 상황과 기분(인생의 '구덩이')은 매우 주기적으로 나타나고, 그때마다 같은 행동을 되풀이한다. 구덩이에 빠지는 것이다. 이를테면 일이나 음식, 술이나 마약 같은 것에 빠져 자신을 달래고 불안이나 의기소침 같은 감정과 싸운다. 자신이나 남을 원망하기도 하고, 인생과 운명을 원망하기도 한다. 구덩이를 피해보려고 하지만 마음대로 되지 않기 때문이다. 그래서 똑같은 행동을 되풀이한다. 구덩이를 보지 못하거나 구덩이가 없는 것처럼 행동하는 것이다.

하지만 구덩이는 엄연히 존재한다. 이 구덩이는 오래전 당신이 어릴 때 생긴 것이다. 당시에는 조심해야 할 장애물이 있다는 것을 인식할 수 없었다. 위험을 볼 수도 없었고,

피할 가능성도 전혀 없었다. 그저 맞닥뜨릴 수밖에 없었다. 어린 시절에 부모나 그 밖의 소중한 사람이 파헤쳐놓은 이 구덩이를 자신의 힘으로는 어떻게 해볼 도리가 없었다.

이 구덩이는 대개 악의나 고의에 의해 생긴 것은 아니다. 자식이 가야 할 길에 일부러 구덩이를 팔 부모는 없다. 부모는 하나같이 자식이 잘되기를 바란다. 어떤 부모가 고의로 자식에게 해코지를 하거나 자식이 가야 할 길에 장애물을 놓으려고 할까? 부모는 '좋은' 부모가 되려고 애쓰고, 자식이 자신보다 잘되도록 온갖 노력을 기울이게 마련이다. 하지만 아무리 자녀에게 잘해주고 싶어도 마음대로 되지 않는 때가 있다. 부모에게도 나름대로 문제가 있고, 약점이 있기 때문이다. 이것이 자녀와의 소통에 영향을 미친다. 부모는 사랑 문제나 돈 문제로 괴로워하기도 하고, 실직하거나 아프기도 하고, 자주 이사를 해야 하기도 한다. 요컨대 살아가면서 줄곧 지나치게 무거운 짐에 시달린다. 부모는 자신의 삶이 힘들기 때문에 자식들 삶도 힘들게 만든다.

32세인 어떤 여성은 체육 선생이 부모를 만나러 집으로 찾아온 날을 아직도 정확히 기억하고 있다. 당시 이 여성은 열한 살이었다. 체육 선생은 그녀가 수영에 재능이 있다고 확신하고 수영협회에 등록시키고 싶어 했다. 그러나 부모는 동의하지 않았다. 이 여성은 어른이 되어서도 그날 어머니가 한 말을 또렷이 기억하고 있다. "아이한테 수영 교습을 시킨다고요? 말도 안 돼요." 딸이 생후 6개월 때 지독한 바이러스에 감염되어 병원에서 장기간 치료를 받았기 때문에 어머니는 딸이 다른 아이보다 몸이 약해 질병에 걸리기 쉬울 거라고 생각했다. 그래서 수영 교습은 어림도 없다고 생각한 것이다.

당신도 이 여성처럼 과잉보호를 받았다면 어른이 된 지금도 좀처럼 외출하려 하지 않을 것이다. 당신은 위험을 두려워하고, 위험이 없는 곳에서도 위험을 본다. 그렇다면 당신의 구덩이는 '인생의 불확실함'일 것이다.

아마 당신은 일에 쫓겨 집에 있는 시간이 적은 부모나 무슨 까닭에선지 당신을 살갑게 대해주지 않는 부모 밑에서 자랐을 것이다. 그래서 어릴 때부터 자립할 수밖에 없었을 것이다. 부모에게도 나름대로 문제가 잔뜩 있었을 테니까. 당신은 분명히 남보다 조숙했을 것이고, 지금도 이 사실을 자랑스러워할 것이다. 당신에게는 아무도 없어도 된다. 당신은 오로지 자신만 믿는다. 그렇다면 당신의 구덩이는 '가까운 사람에 대한 불안'일 것이다.

어쩌면 당신은 공평하지 않은 가정에서 자랐을 것이다. 미국 학자들의 연구 결과에 따르면 부모 중 3분의 2가 어느 한 자녀를 다른 자녀보다 좋아한다. 대부분의 부모에게는 편애하는 자녀가 있다. 맏이나 막내가 부모의 관심과 사랑을 더 많이 받는 것으로 생각된다. 부모가 편애를 하면 부작용이 생긴다. 홀대받는 자녀는 자신감을 잃고 공격적인 행동을 하기 마련이다. 실제로 문제 행동은 이들 홀대받은 자녀에게서 더 자주 나타난다. 오랜 연구 결과에 따르면 부모의 편애는 자녀가 성장한 뒤에도 계속된다. 때로는 다 큰 자녀에게도 그들이 이 아이를 마음에 담아두지 않는 것을 노골적으로 표현하기도 한다. 부모는 자신의 가치관이나 사고방식을 닮은 자녀를 편애한다.

"요즘도 어머니는 오빠가 오거나 오빠한테서 전화가 오면 만사를 제쳐둬요. 옛날부터 늘 그랬어요. 어머니는 오빠만 좋아해요." 성공한 어느 여성 CEO의 말이다. 그녀에게 이는 눈물을 의미한다. 그녀는 어머니가 오빠를 편애하는 것을 생각하면 지금도 슬퍼진다.

이런 경험을 하면 당신은 '나는 사랑받지 못하고 있다'는 구덩이에 거듭 빠질 것이다.

어쩌면 당신은 마음대로 응석을 부리도록 내버려 두고 무엇이든 일일이 챙겨주고 숙제도 대신해주는 부모 밑에서 자랐을지도 모른다. 눈빛만 보고도 바라는 게 무언지 알아챌 수 있을 만큼 부모의 사랑을 듬뿍 받고 자랐다면 당신의 어린 시절은 낙원 같았을지도 모른다. 하지만 적어도 학교 다닐 무렵이면 문제가 하나둘 생겼을 것이다. 그 무렵이면 당신은 모든 게 뜻대로 이루어지지는 않는다는 것과 당신에게 무언가를 요구하는 사람이 있다는 것을 분명히 알아챌 것이다. 어른이 된 지금도 당신은 어쩌면 한계를 받아들이고 남들의 요구를 상대하는 데 여전히 어려움을 겪을지도 모른다.

18세인 어떤 청년은 고등학교를 졸업한 후에도 진로를 결정하지 못했다. 어머니는 신문에서 보거나 인터넷에서 찾은 새로운 정보를 매일 아침 식탁에서 들먹인다. 이 청년은 자리를 박차고 일어나 다시 침대에 드러눕고 싶다고 생각한다. "어머니는 자기가 관심 있는 것만 좋다고 해. 어머니가 일일이 간섭하지 않으면 내가 뭘 하고 싶어 하는지 곰곰이 생각해볼 수 있을 텐데…."

어린 시절에 지나치게 간섭을 받았다면 당신이 걸핏하면 빠지는 구덩이는 '나는 뭘 하고 싶어 하는지 모른다'는 감정과 관련이 있을 것이다.

아버지나 어머니가 정신 질환을 앓거나 알코올에 중독된 사람이라면 당신은 어린 시절에 관심이나 애정을 거의 받지 못했을 것이다. 부모는 자기 나름의 문제에 시달렸을 것이고, 정신 질환을 앓는 아버지나 어머니는 병원에서 치료를 받느라 자주 집을 비웠을 것이다. 당신은 이런 것을 이해할 수 없었고, 그 때문에 불안해했다. 정신 질환을 앓는 아버지나 어머니를 걱정해야 하거나 앞날이 암담하다는 것을 어린 시절에 경험하면 정신에 자국이 남고, 그 결과 성인이 되어서도 병(자신의 병이든 남의 병이든)을 두려워하고, 자신의 욕구를 억누르게 된다. 만성 질환 환자나 알코올에 중독된 사람을 부모로 둔 자녀들은 대개 책임감이 지나치게 강해지고 변화에 불안하게 반응하고 매사를 너무 진지하게 생각하며 자신을 남과 다르다고 느낀다는 연구 결과가 있다. 그렇게 되면 '나는 남들보다 못하다'는 구덩이에 반복해서 맞닥뜨리게 된다.

부모의 이혼은 자녀의 어린 시절에 그림자를 드리우고 장기간 영향을 미친다. 베스트셀러《습지대Feuchtgebiete》의 저자이자 앵커우먼인 샤를로테 로슈Charlotte Roche는 2008년 쥐트도이체 차이퉁Sueddeuche Zeitung과의 인터뷰에서 부모의 이혼에 대해 다음과 같이 말했다. "저는 아버지 없이 자랐고, 평생 무거운 짐에 시달렸습니다. 하지만 부단히 노력했습니다. 저는 인정받으려는 욕구가 매우 강했습니다. 어릴 때는 부모를 두 분 다 곁에 두기 위해서라면 뭐든지 할 수 있다고 생각한 적도 많습니다. 부모는 제가 다섯 살 때 이혼했습니다. 당시 사이가 얼마나 나빴는지 제가 받을 고통 따위는 안중에도 없었습니다. 아이들이란 잘못을 모두 자기 탓으로 돌린다는 걸 이제야 알았습니다. 아이들은 자기가 부모한테 사랑받는 존재가 아니기 때문에 부모가 이혼했다고 생각합니다."

부모가 이혼하면 남들보다 일찍 독립심이 생기긴 하지만, 그 후 몇 년간 학교 성적이 나빠질 것이다. 그리고 부모가

이혼한 것이 자신 탓이라고 생각하므로 십중팔구는 분리 불
안(유아가 어머니와 헤어졌을 때 나타내는 불안감이나 공포감 - 옮긴
이), 우울증, 죄책감이 생긴다. 당신은 어렸을 때 부모가 재
결합하기를 몹시 바랐고, 어른이 된 지금도 부모를 화해시
키려고 애쓰고, 부모 간의 갈등을 두려워하고, 부모가 다툴
때는 기꺼이 중재자 역할을 한다. 또 어릴 때 부모의 이혼을
심각한 위협으로 느낀 적이 있기 때문에 지금도 버려지지
않을까 하는 불안에 시달린다. 버림받지 않으려고 하거나
가까운 사람을 남한테 빼앗기지 않으려고 하거나 어떤 사람
과 헤어지지 않으려고 할 만큼 이 불안감은 크다. 그렇지 않
으면 소중한 사람의 사랑을 잃지 않으려고 고분고분하게 군
다. 성인이 되어서도 사랑이나 결합에 대한 동경과 부모처
럼 되지 않을까 하는 커다란 불안감 사이에서 괴로워한다.

그렇다면 당신이 몇 번이고 부닥쳐야 하는 이 구덩이는
'나는 의지할 사람이 없다'는 구덩이라고 할 수 있을 것이다.

어쩌면 당신은 자신의 문제에 너무 신경 쓰느라고 당신
에게 필요한 사랑과 관심을 줄 수 없는 부모 밑에서 자랐을
지도 모른다. 아버지나 어머니는 자신들이 어렸을 때 받지
못한 애정을 자녀인 당신에게 기대한다. 따라서 당신이 아
버지나 어머니의 기대를 채워줄 때만 당신에게 관심을 보인
다. 당신이 무슨 일이든 제대로 해내면 만사가 순조롭다. 그
렇지만 부모의 기대에 어긋나는 행동을 하면 곧 부모의 사

랑을 잃는다. 그렇기 때문에 당신은 부모의 사랑을 잃지 않으려면 어떻게 행동해야 하는지 일찍부터 깨닫고, 자신의 욕구를 감추는 법도 터득한다. 이 교훈을 뼈저리게 체험한 터라 자신이 무엇을 원하는지 알지도 못하고, 걸핏하면 '나는 아무짝에도 쓸모없다'라는 구덩이에 빠진다.

어쩌면 당신은 어머니의 차가운 성격을 물려받았는지도 모른다. 사람들은 당신에게 최고의 능력을 기대하면서도 칭찬은 거의 해주지 않았을 것이다. 애정과 관심을 거의 받지 못하고 어린 시절 내내 자포자기한 심정으로 외롭게 지냈을 것이다. 또 걸핏하면 놀림을 받았을 것이고, 친구도 없었을 것이다. 어쩌면 당신의 부모는 억지로라도 당신을 '훌륭한' 사람으로 키우겠다고 생각했을지도 모른다. 당신은 어둠 속에서 불안에 떨었겠지만 아무도 당신의 눈물을 닦아주지 않았을 것이다. 아버지는 권위 의식에 빠져 당신을 제멋대로 다루었을 것이다.

구덩이 피하기 전략,
빠를수록 좋다

당신은 이미 어린 시절에 길이 순탄치 않다는 것을 느꼈고, 이에 따라 구덩이에 빠지지 않기 위한 전략을 개발했다.

어쩌면 싸우는 법을 배워 걸핏하면 '말썽'을 일으키는 반항적인 아이가 되었을지도 모른다. 어쩌면 자신에게 관심이 쏠리는 것을 피하면서 길에서 구덩이를 맞닥뜨릴 위험을 모면하려고 했을지도 모른다. 또는 다른 전략을 선택해 모든 것을 감내하고 원하는 바를 입 밖에 내지 않는 아이가 되었을지도 모른다.

본능은 당신에게 '조심해, 조심하란 말이야. 길은 안전하지 않아!'라고 속삭이곤 했다. 지금도 이 본능은 더욱 조심하라고 경고한다. 어디에 어떤 구덩이가 있는지 모르기 때문에 당신은 안전을 위해 계속 싸운다는 전략을 고수한다. 그래서 지금도 여전히 숨고, 계속 참는다.

이 구덩이는 당신의 대인 관계를 결정짓는다. 당신은 어린 시절에 재미를 톡톡히 보았다고 생각하는 극복 전략에 따라서 행동할 것이다. 싸우는 법을 배웠다면 남들을 견제하거나 시샘하거나 위협함으로써 수단과 방법을 가리지 않고 관심을 끌려고 애쓸 것이다. 도망치는 것이 위협적 상황에 대한 답이라고 배웠다면 감정적으로 깊이 개입하지 않을 것이다. 어릴 때 인내하는 것을 선택했다면 지금 당신은 신뢰할 수 없는 사람이나 상황은 절대 변하지 않는다고 생각하는 사람에게 관심을 보일 것이다.

이런 것은 사실상 알지 못하는 사이에 일어난다. 그것이 좋다는 것을 체험했기 때문에 그런 행동을 하기도 하고, 달리 대안이 없기 때문에 그렇게 행동하기도 한다.

인생이 계속 힘들기만 할 때, 자신을 이해하지 못하게 될 때, 연거푸 운명의 타격을 입을 때 우리는 "조심하라, 길의 구덩이를!"이라는 말을 떠올릴 것이다. 우리는 이 위험을 보고, 이 위험을 인식한다. 우리는 이 위험에 어떻게 대처해야 하는지 알고 있다.

당신은 이제 남이 시키는 대로 해야 하는 어린아이가 아니다. 이제 당신은 위험을 직시하고 이를 극복하는 법을 배울 수 있다. 당신을 안전하게 목적지에 데려다 줄 새 길을 선택할 수 있다.

　　두 스님 탄산과 에키도가 편력(이곳저곳을 널리 돌아다
님 - 옮긴이)을 하다가 강가에 이르렀다. 강을 건너려는데,
강가에 예쁜 처녀가 서 있었다. 그 처녀도 강을 건너야 했
지만 무서워서 망설이는 것 같았다. 에키도는 처녀를 못 본
것처럼 행동했다. 승규僧規에 여자와 접촉하는 것을 금하고
있었기 때문이다. 하지만 탄산은 일언반구도 없이 처녀의
팔을 잡고 강을 건넜다. 그 후 두 스님은 말없이 한참 나란
히 걸어갔다. 이윽고 침묵을 견디지 못한 에키도가 말문을
열었다. "방금 무슨 짓을 한 거요! 승규를 어기고 처녀의 팔
을 잡다니!" 탄산은 아무 말도 하지 않다가 이윽고 나직이
말했다. "난 처녀를 강가에 두고 왔소. 하지만 당신은 마음
속으로 처녀와 동행하고 있는 것 같구려."

에키도 스님처럼 우리는 오래전에 지나간 일에 집착하곤 한다. 우리는 지난 일을 생각하거나 지난 일에 대한 기억에 매달리느라고 에너지를 너무 많이 허비한다. 우리는 그때 당한 고통을 끊임없이 불러내고, 이 고통이 우리한테 지운 무거운 짐을 느끼고, 이런 것들을 참고 견디는 수밖에 없다고 생각한다. 우리는 살아가면서 이런 일을 많이 겪는다. 특히 어린 시절의 일은 더 그렇다. 우리는 이것을 오래전에 '강가에' 놓아두었어야 하는데 그렇지 못하고 계속 짊어지고 다닌다. 나는 이 책에서 "누구에게나 어린 시절이 있다"라고 했다. 누구나 과거를 가지고 있고, 나도 가지고 있다. 따라서 이 책을 쓰면서 나 자신의 어린 시절을 곰곰 생각해보고 어린 시절에 나와 함께했고 나에게 영향을 미친 사람들에 대해 곰곰이 생각해보지 않을 수 없었다. 이것은 이 책을 쓰지 않았다면 지금까지 모르고 있었을 아주 특별한 '일탈'이었다. 어린 시절을 회상하는 것은 도움이 되기도 했지만 때로는 방해가 되기도 했다. 몇 번이나 이야기의 끈을 놓칠 뻔했다.

그러나 아래에 열거한 분들 덕분에 이런 일은 일어나지 않았고, 나의 내면을 들여다보면서도 오류를 범하지 않게 되었다. 이분들은 내가 이 책을 쓰는 동안 커다란 관심과 공감을 보여주었고, 이런저런 방법으로 나를 도와주었다. 편집자 안네 슈타들러, 남편 헤이코 에른스트, 대리인이자 친구

인 되르테 빙커트, 친구 알렉사 겔베르크와 요헨 겔베르크,
게르하르트 슈나이더 박사에게는 특별히 감사를 드린다. 박
사의 도움이 없었다면 이 책은 결코 나오지 못했을 것이다.

- 크리스토프 아멘드, 마티아스 슈톨츠:『나는 늘 자신을 의심한다』엘마 베퍼와 의 대화,『차이트 마가진 레벤』Nr. 7, 7. 2. 2008

- 하인츠 L. 안스바허, 로베나 R. 안스바허:『알프레드 아들러의 개체 심리학』아 들러의 저서를 요약하고 그 이론을 체계적으로 설명하고 있다. 에른스트 라인 하르트 출판사, 뮌헨/바젤, 5판, 2004

- 마리아 바르발:『내면의 땅』, 트란지트 출판사, 베를린, 2008

- 한스-게오르크 베르,『어린 시절』, 아이히보른 출판사, 프랑크푸르트 암 마인, 2002

- 안드레아스 E. 벤츠:『널 낳을 때 아팠단다』, 쿠르스부흐, 1998

- 에릭 번:『'안녕하세요?'라고 말한 다음에는 무슨 말을 하는가?』, S. 피셔, TB, 프랑크푸르트 암 마인, 2000

- 도미니크 카터:『노 마마 보이. 과거를 떨쳐버리고 미래를 안는 법』iUniverse. Inc., 뉴욕, 2007

- 마르틴 돈즈:『어린아이의 감정 세계』, S. 피셔, TB, 프랑크푸르트 암 마인, 2000

- K. 아이슬러:『인간의 타락』아이슬러의『죽음에의 충동, 상반되는 감정, 나르 시시즘』에서, 뮌헨, 킨들러, 1980

- 페르 올로프 엔퀴스트: 저널리스트 빌리 빙클러와 나눈 인터뷰에서『쥐트도이 체 차이퉁』, 123, 30. / 31. 5월 / 1. 6. 2009

내면아이의 상처를 껴안는 화해의 심리학
심리학이 어린 시절을 말하다

1판 1쇄 발행 2010년 11월 30일
1판 7쇄 발행 2012년 2월 3일
2판 1쇄 발행 2022년 12월 15일

지은이 우르술라 누버

발행인 양원석 **책임편집** 이하린
디자인 신자용, 김미선 **영업마케팅** 양정길, 윤송, 김지현

펴낸 곳 ㈜알에이치코리아
주소 서울시 금천구 가산디지털2로 53, 20층 (가산동, 한라시그마밸리)
편집문의 02-6443-8861 **도서문의** 02-6443-8800
홈페이지 http://rhk.co.kr
등록 2004년 1월 15일 제2-3726호

ISBN 978-89-255-7724-1 (03180)